단아한 주의 음성

지은이 　이환
초판 발행 　2024년 10월 17일

펴낸곳 　에셀나무
디자인 　에셀나무
등　　록 　제 2020-000064호
주　　소 　서울 송파구 양산로8길 4, A상가 207호
전　　화 　02-423-4131 / 010-6642-4131
팩　　스 　02-423-4138
ISBN 979-11-987580-6-4
한권값 25,000원

저작권자의 허락 없이 이 책의 일부 또는 전체를
무단복제, 전재, 발췌하면 저작권법에 의해 처벌을 받습니다.

단아한 주의 음성

에셀나무

성령님의 감동으로 기록한 이환 목사의 두 번째 이야기

단아한 주의 음성

이환

지음

어느 날 자는데 음성이 들렸습니다.
바로 저의 어머니의 기도 소리였습니다.
저를 위해 기도하시든 어머니의 음성입니다.
단아한 음성으로 들린 어머니의 기도가 주의 음성입니다.

에셀나무

| 서문 |

이번에 또 책이 나오게 되어 기쁩니다. 단아한 주의 음성이라고 제목을 정한 이유가 있습니다.

어느 날 자는데 음성이 들렸습니다. 바로 저의 어머니의 기도 소리였습니다. 저를 위해 기도하시는 어머니의 음성입니다.

저의 어머니는 작년 구정이 지나고 며칠 뒤에 뇌경색으로 쓰러지셨습니다. 저는 아무 이상이 없기를 바랐지만, 언어장애와 오른쪽에 마비가 왔습니다.

몇 번의 죽을 고비를 넘기시고 지금은 말도 어눌하게 잘하시지만, 걷지를 못하십니다. 지금은 요양병원에서 매일 저와 영상통화를 합니다.

제가 기도해 드리면 "아멘! 아멘!" 하시며 좋아하시는 모습이 전화를 끊어도 눈에 선합니다. 어머니에게 "제 기도하시죠?" 여쭤보면 "그럼 당근

이지" 하십니다

그 어머니의 기도 소리가 저는 주의 음성으로 들렸습니다. 작지만 힘이 있는 어머니의 기도가 저를 살립니다. 어머니는 저를 살린 분입니다.

제가 걷지 못하고 보조기를 차고 있을 때 어린 저를 업고 신촌 세브란스병원을 1년 이상 다니셨던 어머니, 결국 저를 걷게 만드신 분이십니다.

어머니는 앞으로 더 좋아지실 겁니다. 언제까지 사실지는 모르지만, 천국에 가셔도 제 기도를 하실 겁니다.

단아한 음성으로 들린 어머니의 기도가 주의 음성입니다. 어머니에게 이 책을 드립니다.

매일 보고 싶은 어머니 더 건강히 저의 곁에 있어 주세요.

2024년 가을
분당구 수내동 서재에서

차례

서문　　4

제1부
2022년 은혜의 날　　09

| 3월 | 4월 | 5월 | 6월 | 7월 | 8월 |
| 9월 | 10월 | 11월 | 12월 |

제2부
2023년 은혜의 날　　165

| 1월 | 2월 | 3월 | 4월 | 5월 | 6월 |
| 7월 | 8월 | 9월 | 10월 | 11월 | 12월 |

제3부
2024년 은혜의 날   345

1월   2월   3월   4월   5월   6월

제1부
2022년 은혜의 날

"이는 하늘이 땅보다 높음 같이
내 길은 너희의 길보다 높으며
내 생각은 너희의 생각보다 높음이니라"
(이사야 55장 9절)

01

3월 7일

영국 런던에 에드워드 모트라는 사람이 있었습니다. 그는 아무 데도 의지할 곳이 없는 처지로 어렸을 때부터 가구 공장에서 일을 했습니다. 그는 가끔 외로운 마음을 달래기 위해 런던 거리를 이리저리 쏘다니곤 했습니다.

그러던 어느 날 모트는 무심코 한 교회에 들어갔습니다. 그때 마침 목사님이 설교를 하고 계셨는데 그 말씀이 그의 심령 속에 깊이 박혔습니다.

모트는 그동안 세상에 믿고 의지할 사람이 아무도 없는 줄 알았는데 성경 말씀을 통해서 예수 그리스도께서 자신과 함께하심을 알게 되었습니다.

그때부터 모트의 인생관이 달라졌습니다. 그는 주님을 위해서 열심히 직장에서 일을 했습니다. 그러다 보니 가구공장의 직공에서 성실성을 인정받아 사장이 되었습니다 그리고 사업도 확장되었습니다.

모트는 사장이 되어 지난날을 돌이켜 볼수록 하나님이 베풀어 주신 사랑에 감격하지 않을 수가 없었습니다. 그래서 그 뜨거운 감격을 시로 적었는데 그 시가 바로 오늘날 우리가 부르는 찬송가 488장입니다.

1절을 한번 음미해 볼까요?

이 몸의 소망 무엔가 우리 주 예수 뿐일세
우리 주 예수 밖에는 믿을 이 아주 없도다
굳건한 반석이시니 그 위에 내가 서리라 그 위에 내가 서리라

  보잘것없는 일개 가구 공장의 직공이 말씀을 통해 살아계신 예수님을 만나고 그 예수님과 같이 삶으로써 사장까지 된 다음에 교만하지 않고 더욱 굳건한 믿음을 갖기 위해 찬송가 488장의 가사를 쓰게 된 것입니다.
  오늘날 꿈에 예수님을 만나는 것도 좋고 혹은 환상 중에 예수님을 보는 것도 좋지만, 에드워드 모트처럼 성경 말씀을 통해 반석이신 예수님을 매일 만나는 것이 제일 좋습니다. 오늘도 살아계신 예수님이 말씀을 통해서 우리의 일상적인 삶 가운데 역사하여 주시기 때문입니다.

"다 같은 신령한 음료를 마셨으니
이는 그들을 따르는 신령한 반석으로부터 마셨으매
그 반석은 곧 그리스도시라"
(고린도전서 10장 4절)

02

3월 10일

　패트 노벡은 보스턴의 교외에 위치한 기독교 병원의 목사로 봉사하고 있었는데 하루는 의사와 간호사들이 찾아와서 어떤 환자를 봐 달라고 부탁을 했습니다.

　나이가 60대인 존이라는 이름의 그 환자는 몸이 날로 쇠약해져서 2주 동안이나 아무것도 삼킬 수 없는 상태였습니다. 그런데 병원에서 모든 검사를 다 해 보아도 아무런 이상을 발견할 수 없어서 노벡에게 데리고 온 것이었습니다.

　그래서 노벡 목사가 존을 만나 이야기를 하는데 갑자기 그에게 "성찬을 받고 싶은지 물어라" 하는 성령의 강한 음성이 들렸습니다.

　노벡은 그 즉시 존에게 물었습니다. "성찬을 받을 생각이 있습니까?" 그러자 존은 "그럴 수 없어요! 내 죄는 용서받을 수 없어요!" 하며 울부짖었습니다.

　노벡은 고린도전서 11장 29절의 "주의 몸을 분별하지 못하고 먹고 마시는 자는 자기의 죄를 먹고 마시는 것이니라"는 말씀을 설명해 준 다음 "그렇다면 죄를 회개하고 성찬을 받겠습니까?" 하고 다시 물었습니다.

　이 말에 존은 고개를 끄덕이며 자신의 죄를 고백했는데 성매매업소에 습관적으로 다니며 성관계를 맺었다고 했습니다. 마귀가 죄책감을 타고 들어와서 존의 인생을 비참하게 만들고 건강까지 쇠약하게 만들었던 것입니다.

노벡 목사는 존에게 "예수의 이름으로 죄를 회개해서 용서를 받았으니 다시는 죄를 짓지 말라"고 한 후 이제 성찬을 떼라고 했습니다.

존은 조심스럽게 빵을 떼서 입에 넣고 포도주도 받아 마셨습니다. 그 순간 존은 나중에 간증하기를 자신의 마음에 해방과 자유가 넘치는 것을 경험했다고 고백했습니다.

그동안 그를 억눌렀던 죄로부터 완전히 자유함을 얻은 것입니다. 존은 성찬을 받은 지 3일 만에 건강을 완전히 회복하고 자기 발로 걸어서 병원을 나갔습니다.

위의 경우처럼 우리의 죄는 예수 그리스도의 십자가 보혈에 의해서만 사함을 받습니다. 또한 예수 그리스도의 부활하심을 믿고 바라봄으로 진정한 자유와 해방을 얻습니다.

예수 그리스도의 살과 피를 먹는 성찬을 통해 부활하신 예수님을 만나고 모든 죄로부터 진정한 자유와 해방을 누릴 수 있습니다.

"내 살을 먹고 내 피를 마시는 자는 내 안에 거하고
나도 그의 안에 거하나니"
(요한복음 6장 56절)

03
3월 14일

1944년 7월 20일 히틀러 암살 사건에 연루되어 게슈타포에 붙잡혀 사형을 당한 괴들러 박사의 수기를 보면 다음과 같은 글이 나옵니다.

'잠을 이룰 수가 없다 개인의 운명에 관심을 가지고 있는 하나님은 과연 존재하는가? 나는 그것을 믿기 어렵다. 왜냐하면 하나님은 수백만 명의 사람들이 공포와 절망 속에서 미쳐 가는 것을 그대로 놓아두셨기 때문이다.

하나님은 수백만 명의 사람들이 죄도 없이 공포의 뜨거운 풀무불 속에 떨어져 허우적거릴 때 손끝 하나 꼼짝하지 않고 죽게 내버려두었다.'

과연 괴들러 박사의 말은 맞을까요? 유대인들은 지금도 자신들이 하나님께 선택받은 선민이라고 믿고 있습니다.

그리고 유대인들은 예수님이 그리스도, 즉 구세주라고 믿지 않습니다. 한 젊은 선지자가 죽은 것으로 알고 있습니다.

하나님은 예수님이 피를 쏟으며 죽을 때 유대인들이 했던 말을 기억하고 있습니다.

"예수의 피를 우리와 우리 자손에게 돌릴지어다"

즉 예수님을 죽인 죗값을 우리가 치르겠다는 말입니다.

이들의 말대로 후손인 유태인들이 죗값을 치렀습니다. 히틀러에 의해 유대인들은 6백만 명이 죽었습니다.

성경을 보면 이해할 수 없는 고난은 없습니다. 예수님이 십자가에 달려 죽으셨을 때 2천 년이 흐른 후 악인인 히틀러를 통해 그 죗값을 치르게 하신 것입니다.

하나님은 시간이 흐른 후 왜 그런 고난과 아픔을 주셨는지 다 알게 하십니다. 그러니 절망하거나 낙심하지 마십시오. 그저 주님만을 믿고 의지하십시오. 만남도 다 주님이 계획하신 것입니다.

우리의 생각보다 크신 주님을 의지하십시오. 우리가 하고 있는 믿음의 행동 한가지가 우리의 후손들에게 큰 복으로 올 것입니다. 주님을 제대로 믿읍시다.

"백성이 다 대답하여 이르되 그 피를
우리와 우리 자손에게 돌릴지어다 하거늘"
(마태복음 27장 25절)

04

3월 17일

요새는 학원에서 선행학습을 해야 서울에 있는 대학에 겨우 들어간다고 합니다. 그리고 초등학교 5학년 때부터 고등학교 때 배우는 미적분을 푼다고 합니다. 영어도 마찬가지라고 합니다. 중학교 1학년 때 토플을 배운다고 합니다.

이래야 좋은 대학과 학과에 간다고 합니다. 이것이 옳은 것일까요? 마음 놓고 친구들과 놀고 웃고 떠들어야 할 나이에 선행학습을 해야만 하는 것이 안타깝습니다.

주님은 초등학교 때부터 고등수학을 하라고 하신 적이 없습니다. 또 토플을 공부하라고 하신 적도 없습니다. 물론 학생은 학창 시절에 공부를 열심히 해야 합니다.

그러나 가장 중요한 것은 주님을 구세주로 믿는 것입니다. 어려서 믿을수록 주님께서 지혜와 지식을 깨달아 알게 하시고, 분별력을 주셔서 옳고 그름을 알게 하십니다. 진정으로 거듭나길 주님은 바라십니다.

주님의 생각은 우리의 생각을 초월하시고 그분의 길은 우리의 길과 다릅니다. 주님은 우리를 인도하십니다. 우리의 자녀들의 길도 주님이 아십니다. 진정으로 우리의 아이들이 거듭났다면 걱정하지 마세요. 주님이 함께하십니다.

"이는 하늘이 땅보다 높음 같이 내 길은 너희의 길보다 높으며
내 생각은 너희의 생각보다 높음이니라"
(이사야 55장 9절)

05
3월 21일

금이 가고 조금 깨진 물 항아리 하나가 있었습니다. 그 항아리의 주인은 다른 항아리와 함께 그 깨진 항아리를 물을 긷는 데 사용했습니다.

오랜 세월이 지나도록 주인이 버리지 않고 사용하자 깨진 항아리는 항상 주인에게 미안한 마음이 들었습니다.

깨진 항아리는 속으로 다음과 같이 말했습니다.

'내가 온전치 못해서 주인님께 폐만 끼치는구나. 나로 인해 그토록 힘들게 구한 물이 새어 버리는데, 아직도 나를 사용해 주시다니'

그래서 하루는 용기를 내서 주인에게 물었습니다.

"주인님! 왜 저를 버리고 온전한 새 항아리를 구하지 않으시나요? 저는 별 쓸모가 없을 텐데요"

그 말에 주인은 싱긋이 웃기만 했습니다. 항아리는 이해할 수 없었습니다.

'새 항아리를 사면 좋겠는데 나같이 금이 가고 깨어져서 물이 줄줄 새는 항아리를 왜 사용하실까?'

한참이 지난 후에 주인은 다음과 같이 말했습니다

"우리가 걸어온 뒷길을 돌아보아라."

돌아보니 많은 꽃들이 길에 피어 있었습니다. 아주 하늘하늘한 바람에 나부끼며 아름다운 꽃들이 예쁘게 피어 있었습니다.

주인은 깨진 항아리에게 다음과 같이 설명해 주었습니다.

"네가 깨닫고자 하느냐? 네가 깨어진 물 항아리가 되어서 물을 줄줄 흘렸기 때문에 저 꽃들이 다 살아나고 아름답게 피어 있는 거란다. 물을 한 방울도 안 흘렸으면 저 꽃들은 다 말라 죽었을 것이다. 이제 알겠느냐?"

항아리는 고개를 끄덕끄덕하고 이해를 했지만, 우리는 주님의 깊은 뜻을 알 수 없습니다. 피조물인 우리는 우리를 향한 주님의 깊은 사랑을 알 수 없습니다. 우리가 아는 건 주님이 자신의 목숨을 내놓을 정도로 우리들을 사랑하셨다는 것입니다. 그 사랑이 있기에 금이 가고 깨진 우리를 사랑하십니다 주님은 사랑이십니다.

"하나님의 사랑이 우리에게 이렇게 나타난 바 되었으니
하나님이 자기의 독생자를 세상에 보내심은
그로 말미암아 우리를 살리려 하심이라"
(요한1서 4장 9절)

06

3월 24일

1980년대 초반에 교회를 불광동에 개척하셨던 한OO 목사님의 간증입니다.

한 목사님이 천막을 치고 열심히 전도를 해서 겨우 수십 명의 교인이 모였을 때인데, 그 교인들 가운데 사는 형편이 괜찮고 충성스럽게 교회를 돌보던 미망인 권사님이 계셨다고 합니다.

그 권사님에게는 아들과 딸 그렇게 두 자녀가 있었는데 하나뿐인 아들이 한여름 더울 때 친구들과 같이 계곡에 놀러 갔다가 물에 빠져 죽었습니다. 권사님은 장례를 정신없이 치른 후 한 목사님을 찾아와 옷깃을 잡고서 울면서 다음과 같이 말했다고 합니다.

"목사님! 왜 이러십니까? 왜 내게 이런 일이 생깁니까? 내가 교회도 열심히 나오고 십일조도 드리고 새벽기도도 하고 주님을 잘 섬겼는데, 왜 내 아들이 물에 빠져 죽습니까? 왜요? 설명 좀 해 주십시오. 이해가 되지 않습니다. 왜 이렇습니까?"

한 목사님도 이해할 수가 없어서 그 자리에서 아무 말도 못 하고 같이 울었다고 합니다. 그 권사님이 떠난 후 홀로 천막에 앉아서 주님께 다음과 같은 기도를 했다고 합니다.

"왜 그 아이를 데려가셨나요? 주님의 뜻이 어디에 있는지는 모르겠지만 외아들이었는데 너무 하시네요. 그 권사님이 우리 천막교회의 기둥이었는데 전 어떡합니까? 제가 물에 빠져 죽고 싶은 심정입니다."

한 목사님은 다음날 그 권사님의 집을 찾아가서 "아드님은 천국에 갔다. 그리고 모든 일에는 다 주님의 뜻이 있으며 주님을 믿는 우리에게는 합력하여 선을 이룬다"고 하셨다고 합니다.

한 달이 지난 후 권사님은 교회에 나오셨다고 합니다. 자기 아들이 교회의 잘못 때문에 죽은 것도 아니고 목사님이 같이 울어줘서 고맙다고. 그 권사님은 돌아가실 때까지 한 목사님 곁에 있었다고 합니다.

한 목사님은 40년 전의 그 일과 권사님을 잊을 수 없다고 합니다. 지금도 주님이 왜 권사님의 외아들을 데려가셨는지 이해할 수 없지만, 주님이 얼마나 권사님을 사랑하셨는지는 옆에서 보고 알 수 있었다고 합니다.

우리 주님은 사랑이십니다. 특히 자신의 자녀들에게는 절대 사랑이십니다. 그래서 주님의 계획 속에서 가장 좋은 길을 가게 하십니다. 주님은 사랑이십니다. 이것을 가슴 깊이 새기시기 바랍니다.

> "하나님이 우리를 사랑하시는 사랑을 우리가 알고 믿었노니
> 하나님은 사랑이시라 사랑 안에 거하는 자는 하나님 안에 거하고
> 하나님도 그의 안에 거하시느니라"
> (요한1서 4장 16절)

07

3월 28일

　한 선교사 지망생이 몹시 추운 겨울 새벽에 면접시험을 치르기 위해 선교국에 찾아왔습니다. 선교국에서 새벽 3시까지 늦지 말고 오라고 해서 간 것인데 아무리 기다려도 선교국 관계자들이 나오지 않았습니다.
　5시간이나 지나서 아침 8시가 되어서야 시험관 한 사람이 어슬렁어슬렁 나타나서는 미안하다는 말도 없이 면접을 시작하자고 했습니다. 그러면서 질문을 시작했습니다.
　학교라는 영어단어의 철자를 물어오자, 선교사 지망생은 또박또박 대답을 했습니다. 그다음 질문 역시 초등학생 수준이었습니다. "2의 두 배는 얼마입니까?" 대답을 하자 면접 시험관은 자리를 툭툭 털고 일어나면서 "참 좋다"고 하면서 "잘 했다"면서 "시험에 합격을 했다"며 내일 아침 선교사로 임명할 것을 선교국에 건의하겠다고 말했습니다.
　다음 날 아침 시험관은 선교위원회에서 선교사 지망생이 선교사로서의 자격이 충분한 이유를 다음과 같이 설명했습니다.
　"첫째, 극기시험에 합격했다. 추운 날 새벽 3시에 오라고 했는데 아무런 불평이 없었다.
　둘째, 그는 시간을 엄수했다. 신뢰와 약속의 시험에 합격한 것이다.

셋째, 다섯시간을 기다리는 인내의 시험에 합격했다.

넷째, 어린이 같은 문제로 면접시험을 보는데도 기분이 나쁜 표정 한번 짓지 않아 겸손의 시험에도 합격을 했다.

그렇기 때문에 우리가 요구하는 선교사로서의 요건을 다 갖추었으므로 기꺼이 선교사로 보낼 것을 추천한다."

하나님은 선교국의 시험관처럼 우리가 도저히 생각할 수 없는 시험으로 우리가 하나님이 시키시는 일에 합당한지 여부를 판단하십니다.

아브라함을 보십시오. 그는 왜 이삭을 하나님께 바쳐야 하는지 모르면서 그저 하나님의 말씀에 순종했습니다. 아브라함은 하나님이 이삭을 다시 살릴 줄 알았습니다. 오직 하나님에 대한 믿음과 순종으로 믿음의 조상이 된 것입니다.

우리에게도 만약 상식적으로 이해할 수 없는 일을 주님이 시키신다면, 즉 우리가 감당할 수 없는 의문이 생긴다고 하더라도 절대 사랑을 베푸시는 주님을 믿으면 시간이 흐른 후 나중에 알게 됩니다. 주님은 사랑이시기 때문에 우리를 가장 좋게 인도하십니다. 어떤 상황이 와도 이 사실을 믿으시기를 바랍니다. 주님은 우리를 절대적으로 사랑하십니다.

"여호와의 인자하심은 자기를 경외하는 자에게 영원부터 영원까지 이르며
그의 의는 자손의 자손에게 이르리니 곧 그의 언약을 지키고
그의 법도를 기억하여 행하는 자에게로다"

(시편 103편 17~18절)

08

3월 31일

김OO 안수집사님의 간증입니다. 어느날부터 교회에 나가는 것이 싫어졌다고 합니다. 10년 정도 다니다 보니 목사님 설교를 안들어도 다 알 것 같았습니다.

그래서 어느 주일 아침 김 안수집사님은 아내에게 "목사님의 설교 내용은 내가 다 알고 있으니 혼자 교회로 가라"고 한뒤 점심 도시락을 싸서 산에 올라갔습니다.

그는 신이 났습니다. 다음과 같이 말했습니다.

"야호! 이것이 진짜 예배가 아닌가? 자연의 하늘 밑에서 바람을 쐬며 아름다운 경치를 보고 찬송가를 부르니 이 얼마나 좋으냐!"

그는 찬송가 한곡을 부르고 나서 배불리 밥을 먹고 팔베개를 하고 누워 있다가 그만 잠이 들었습니다.

그런데 깨어보니 한밤중이었습니다. 몸은 오싹하고 추운데 어두워서 산을 내려가는 길을 알 수가 없었습니다. 그는 후회가 돼서 다음과 같이 말했습니다.

"아이고 하나님! 우리 와이프하고 교회가서 예배를 드렸더라면 편안하게 지금쯤 잠자리에 들었을 텐데, 나 혼자 산에 올라와서 예배 드린다고 고

집 부리다가 이 밤중에 어떻게 내려갈지 모르겠습니다. 하나님! 당신의 안수집사 좀 도와주시옵소서"

그리고 "주여! 주여!" 하면서 내려오다가 그만 벼랑에서 굴렀습니다. 천길만길 떨어지는 것 같았다고 합니다. 그러다 나무에 탁 걸려서 나무에 대롱대롱 매달렸습니다. 하늘을 보니 별들만 있고 아래를 보니 캄캄하여 아무것도 안보였다고 합니다.

"사람 살려"하고 고함을 쳐도 메아리 소리만 들릴 뿐 아무도 없었습니다. 굵은 나무가지가 뿌러질려고 하자 "하나님! 당신의 안수집사 죽습니다. 날 좀 살려 주옵소서"

그때 마음속에서 하나님의 음성이 들려왔다고 합니다.

"오냐. 나의 안수집사야! 내가 너를 살려주마. 조금만 기다려라. 나뭇가지가 부러져도 안 죽는다"

그러자 김 안수집사님은 "여보세요! 하나님 말고 다른 분 누구 없어요?"라고 소리를 쳤습니다.

그는 하나님의 음성을 이해할 수가 없었다고 합니다. 시간은 흐르고 얼마 지나지 않아 걸려있던 나뭇가지가 부러졌는데 겨우 지상 1미터 위였다고 합니다.

떨어져 보니 왜 하나님이 죽지 않는다고 하신 것이 이해됐다고 합니다. 자신이 좀 더 하나님의 말씀을 믿을걸. 때가 되면 다 알 텐데 자신의 믿음이 얼마나 적은지 창피했다고 합니다.

우리가 어려움에 부닥쳐 있을 때 우리가 믿음이 적다는 것을 알게 됩니다. 그렇기 때문에 우리는 매일 '나 자신이 너무나 약하구나. 하나님만을 의지해야겠구나. 나 자신이 아무것도 아니구나'를 뼈저리게 느껴야 합니다. 이것 한 가지만 기억하십시오. 우리는 약하지만 주님은 강하십니다.

"네 짐을 여호와께 맡기라 그가 너를 붙드시고
의인의 요동함을 영원히 허락하지 아니하시리로다"
(시편 55편 22절)

09

4월 4일

1930년대 미국의 대공황 당시 클래런스 대로우라는 유명한 무신론자가 있었습니다. 이 사람은 변호사인데 무신론자에다 무정부주의자였습니다.

미국이 경제공황에 빠지자, 그는 자신의 무신론을 여러 곳에 전할 수 있는 절호의 기회라고 생각했습니다.

그는 여기저기를 돌아다니며 다음과 같이 말하고 다녔습니다.

"여러분! 이 사태를 보십시오. 하나님이 살아계신다면 미국을 이 모양으로 내버려 놓겠습니까? 우리는 다 잃어버리고 말았습니다. 우리가 거지가 된 것만 보아도 하나님은 존재하지 않는 것이 분명합니다."

그는 미국 정부를 신랄하게 비판하며 무정부주의자답게 데모와 무장 폭동을 일으키도록 사람들을 부추겼습니다.

하루는 그가 흑인들을 모아 놓고 무신론 강연을 했습니다. 그는 다음과 같이 열변을 토했습니다.

"여러분! 우리는 가지고 있었던 모든 것을 잃어버렸습니다. 꿈도 잃어버리고 재산도 노래도 다 잃어버리고 말았습니다. 이런 상황에서 우리가 교회를 가서 무슨 찬송을 부를 수 있겠습니까? 하나님은 안 계십니다."

그러자 한 흑인 할머니가 손을 번쩍 들면서 "선생님! 저는 찬송을 부를 수 있어요"라고 외쳤습니다.

클레런스는 그 할머니에게 "이런 어려운 시기에 무슨 찬송을 부릅니까"라고 말하자 할머니는 지지 않고 다음과 말했습니다.

"예수님이 절 위하여 십자가에 못 박혀 몸이 찍히고 피를 흘려 주셨으므로 주님이 절 얼마나 사랑하는지 알고 있어요. 그렇기 때문에 저는 어려운 가운데서도 주님을 믿고 찬송을 부를 수 있습니다"

그러자 주변의 사람들은 "그래요. 맞아요! 맞아요! 우리는 찬송할 수 있어요. 예수님 때문에 찬송할 수 있어요."

그들은 환호하며 찬송을 부르기 시작했습니다. 이런 상황을 예측하지 못한 무신론자의 강연은 낭패를 당하고, 그 자리는 찬송이 울려 퍼지는 성령 충만한 곳이 되었다고 합니다.

우리도 상황이 어렵고 힘들어도 찬송을 부를 수 있습니다. 눈에는 아무것도 희망이 없어 보이고 소망의 소리도 안 들리고 손에는 아무것도 안 잡히고 나의 길이 칠흑같이 어두워도, 우리는 찬송할 수 있습니다. 우리 모두 힘을 냅시다. 곡조 있는 기도인 찬송을 주님께 드립시다. 주님이 기쁘게 받으실 것입니다.

"주의 성도들아 여호와를 찬송하며 그의 거룩함을 기억하며 감사하라"
(시편 30편 4절)

10

4월 7일

이OO 목사님의 간증입니다. 이 목사님이 디즈니랜드에서 고속열차를 타면서 느꼈던 일입니다.

이 목사님은 여름에 단기선교로 선교사님들이 사역하시는 곳을 다녀오신다고 합니다.

미국과 일본에 갔을 때 LA의 디즈니랜드에서 한번, 플로리다 디즈니랜드에서 한번, 도쿄 디즈니랜드에서 한번 고속 열차를 탄 적이 있다고 합니다.

제일 처음 미국 선교사님이 LA에서 자꾸 이 공포의 열차를 타자고 권면을 해서 타게 되었다고 합니다.

이 목사님은 이 고속열차가 어두운 동굴로 들어가서 쥐어틀고 그냥 곤두박질을 치는데 저절로 "주님 살려 주세요!"란 말이 나오고 너무나 고통스럽고 공포스러웠다고 합니다.

그런데 두 번째 플로리다에서 탔을 때는 한번 타 봤기 때문에 조금 자신감이 생겼다고 합니다.

'이쯤 가면 곤두박질친다. 이쯤 가면 튼다. 이쯤에서는 높이 올라간다.' 이렇게 알고 타니까 무서움이 좀 덜했다고 말합니다.

그러다가 나중에 도쿄에서 다시 고속열차를 탔을 때는 마음이 편하고 아무리 요란스럽게 곤두박질을 치고 쥐어틀고 올라가도 열차가 어디로 가는지 알고 있기 때문에 걱정할 필요가 없었다고 합니다.

인생도 마찬가지입니다. 인생이라는 열차를 모르고 타면 굽이굽이 많은 시험과 환난을 겪을 때 불안과 공포에 몸부림을 치게 됩니다.

그러나 인생 열차를 주님과 같이 알고 타면 '이것은 이쯤 오게 되어 있다. 또 여기를 가면 시련이 오고 시련의 결과는 어떤 것이 다가온다.'

주님과 같이 인생길을 간다면 길을 알고 가기 때문에 공포와 불안에서 해방되고 오히려 평안한 마음을 가질 수가 있습니다.

그러니 매일 성경 말씀을 보시기 바랍니다. 말씀이 인생길의 지도입니다. 힘써 말씀을 보시길 바랍니다.

"내 영혼아 네가 어찌하여 낙심하며 어찌하여 내 속에서 불안해 하는가
너는 하나님께 소망을 두라 그가 나타나 도우심으로 말미암아
내 하나님을 여전히 찬송하리로다"

(시편 43편 5절)

4월 11일

인도에서 복음을 전하던 89세의 할아버지 선교사가 뇌일혈로 쓰러져 미국으로 돌아갈 수밖에 없었습니다.

그러나 이 할아버지는 예수 그리스도의 이름으로 선포함으로 걸을 수 있다는 믿음을 가지고 기도를 했습니다. 기도의 응답으로 할아버지 선교사는 기적적으로 건강을 회복한 후 91세의 나이에 다시 인도로 돌아가 복음을 전했습니다.

이 할아버지가 바로 인도의 성자로 불리는 스탠리 존스입니다. 넬 마리라는 작가는 스탠리 존스의 전기에 이렇게 기록했습니다.

'그는 하나님께서 마침표를 찍으실 때까지 자신이 결코 쉼표를 찍지 않았다. 그의 고향은 미국도 인도도 아니었고 오직 예수 그리스도였다.'

제 2차 세계대전이 끝난 후 유럽의 백만장자 4천 명을 대상으로 그들이 부자가 될 수 있었던 이유를 조사한 적이 있었습니다.

그들은 "당신은 어떻게 성공할 수 있었습니까?"라는 질문에 공통으로 다음과 같이 대답했다고 합니다.

"첫째, 뚜렷한 목표를 가져라.

둘째, 마음에 꿈을 가져라.

셋째, 그것을 이루기 위해 인내하라."

위에서 얘기한 스탠리 존스 선교사님은 뚜렷한 목표인 인도를 성경 말씀으로 변화시키겠다는 마음을 가지고 평생 사셨습니다.

그렇기 때문에 뇌일혈과 고령의 나이를 극복하고 선교에 힘을 쏟을 수 있었습니다. 그리고 그 어떤 고난도 그를 향한 하나님의 뜻을 막을 수 없었습니다.

뚜렷한 목표와 꿈이 있으면 그 어떤 고난도 인내하며 이룰 수 있습니다. 사도 바울을 보십시오. 로마로 가야 한다는 뚜렷한 목표와 하나님의 뜻이 있자, 그는 행동으로 그 목표를 이루어냈습니다.

우리도 주님이 주신 인생의 목표가 있습니다. 어려운 일이 있더라도 주님을 의지해서 앞으로 나가야 합니다.

그래서 우리가 이 세상을 떠날 때 사도바울처럼 선한 싸움에서 이기고 자신의 믿음을 지켰다고 말할 수 있기를 기도합니다.

> "나는 선한 싸움을 싸우고 나의 달려갈 길을 마치고 믿음을 지켰으니
> 이제 후로는 나를 위하여 의의 면류관이 예비되었으므로
> 주 곧 의로우신 재판장이 그 날에 내게 주실 것이며
> 내게만 아니라 주의 나타나심을 사모하는 모든 자에게도니라"
>
> (디모데후서 4장 7~8절)

12

4월 14일

플라톤의 대화편 중 '파이돈'에서는 인간의 영혼과 육체의 문제를 다루고 있습니다. 인간의 영혼은 이데아의 세상에 있다가 인간이 출생할 때 육체라는 감옥 속으로 들어옵니다.

그래서 사람이 죽으면 인간의 영혼은 육체라는 감옥에서 벗어나서 진리와 이상의 세계인 이데아의 세계로 돌아간다고 말합니다.

정신과 물질 인간의 영혼과 육체를 이원적으로 나누어서 생각하는 이러한 헬라 철학이 기독교에 들어와서 영지주의라는 잘못된 사상을 낳았습니다.

영지주의자들은 육체는 악하기 때문에 구원받는 것은 영혼이지 육체가 아니라고 주장합니다. 그러나 성경은 분명히 "우리 육체가 다시 살 것"이라고 말씀하고 있습니다 .

인간의 육체를 가리키는 히브리어는 '바사르'인데 이것은 원래 영과 혼을 포함해서 인간의 전 생명을 가리키는 말입니다. 즉 전인적인 인간을 말하는 것입니다.

또한 병을 치료한다는 히브리어 '라파' 역시 육체의 질병을 치료하는 것뿐만이 아니라 인간을 원래의 완전한 상태로 회복시키는 것을 의미합니다.

영국의 신학자인 마이클 그린은 성경이 말하는 영과 육에 대해 다음과 같이 말했습니다.

"종교개혁 이후 천주교가 아닌 기독교라고 할 수 있는 교회들은 시시때때로 하나님께서 인간의 영적 요소에만 관심을 두시는 것처럼 행동했다. 그러나 복음서에 기록된 예수님의 사역은 이러한 태도가 잘못된 것이며 하나님의 구원은 육체도 포함하는 전인구원이라는 것을 보여준다. 실제로 구원이라는 용어는 복음서에서 질병의 치유에 대한 언급으로도 빈번하게 사용되었습니다."

우리는 영혼만 구원받는 것이 아닙니다. 예수님이 재림하실 때 우리의 육체도 변화되어 새예루살렘에 거하게 됩니다.

> "나팔 소리가 나매 죽은 자들이 썩지 아니할 것으로 다시 살아나고
> 우리도 변화되리라 이 썩을 것이 반드시 썩지 아니할 것을 입겠고
> 이 죽을 것이 죽지 아니함을 입으리로다"
>
> (고린도전서 15장 52-53절)

13

4월 18일

　미국의 레오 다르칸젤로라는 사람은 11살 때 한 부인의 핸드백을 소매치기한 것을 시작으로 16살에는 절도죄로 감옥에 들어갔습니다. 그리고 19살부터는 마약을 조달하는 일을 했습니다. 그 이후 그의 삶은 교도소를 들락거리는 일의 연속이었습니다.

　그러던 어느 날 교도소 벽에 누군가가 새겨 놓은 글이 그의 마음을 사로잡았습니다. 그 벽에는 이렇게 적혀 있었습니다.

　'당신이 갈 데까지 다 가서 이 문제가 당신의 마음을 괴롭히고 슬피 우는 일 외에 다른 길이 없는 것같이 보일 때, 예수님께 돌아오시오. 당신이 찾아야 할 분이 바로 예수님이기 때문이오.'

　레오는 이 글을 읽고 생각하기 시작했습니다. 그리고 벽에 있는 글처럼 예수님을 찾으며 기도했습니다.

　"예수님! 저는 주님의 도우심이 필요합니다. 저는 제 삶을 엉망진창으로 만들었습니다. 이것이 제 방황의 끝입니다. 주님께서 제 삶을 변화시킬 수 있으시면 제발 그렇게 해 주십시오. 저의 내일이 달라지게 해 주세요"

　그날 이후 레오의 삶은 변화되었습니다. 감옥에서 성경을 읽고 기도하며 자신을 돌아보고 주님을 더욱 의지했습니다.

형기를 마치고 출옥한 이후에 그는 고등학교를 졸업하고, 웨스트 체스터 주립대학을 나오고 필라델피아주의 웨스터민스터신학 대학원을 졸업하고 목사가 되었습니다. 그는 현재 교도소 선교를 활발하게 펼치며 부흥사로서 여러 교회와 청년 모임에서 말씀을 전하고 있습니다.

　레오의 삶은 주님을 만난 이후 완전히 달라졌습니다. 주님은 우리의 모든 죄악을 사하시며 우리를 좋게 만들어 주시며 우리의 병도 고쳐주십니다. 어떤 처지와 상황에 있더라도 낙심하지 마시기를 바랍니다. 레오는 전적으로 주님을 의지했습니다. 우리도 주님께 모든 걸 맡길 때 다 좋게 변화시켜 주십니다. 좋으신 하나님을 믿으시기 바랍니다.

> "그가 네 모든 죄악을 사하시며 네 모든 병을 고치시며
> 네 생명을 파멸에서 속량하시고 인자와 긍휼로 관을 씌우시며
> 좋은 것으로 네 소원을 만족하게 하사
> 네 청춘을 독수리같이 새롭게 하시는도다"
> (시편 103편 3~5절)

14

4월 21일

영국의 위글스워스 목사는 그의 사역 가운데 14번이나 죽은 자를 살렸습니다. 이런 그의 사역은 지금까지도 전 세계에 성령의 역사를 통한 복음 전파에 큰 영향을 주었습니다.

이 외에도 그는 많은 기적을 행했는데 초자연적인 하나님의 능력을 행할 때마다 항상 하나님의 능력을 믿지 못하는 사람들과 논쟁해야 했습니다.

한번은 어떤 젊은 목사가 그에게 "어떻게 이적을 행할 정도로 큰 믿음을 소유할 수 있나요?"라고 질문을 한 적이 있습니다. 그는 다음과 같이 대답을 습니다. "처음에는 싹이요, 다음에는 이삭이요, 그다음에는 이삭에 충실한 곡식입니다."

위글스워스 목사의 믿음은 갑자기 생긴 것이 아닙니다. 그의 믿음은 날마다 하나님을 알아감으로 성장하고 계속 성장함으로 커졌다는 말입니다.

심리학자들에 의하면 불신은 두려움에서 온다고 합니다. 에딘버러 대학의 심리학자인 칼스레오는 인간의 올바른 마음을 빼앗고 정신건강에 해를 끼치는 가장 큰 원인이 바로 '두려움이다'라고 말했습니다.

미국의 헨리 비쳐 목사는 다음과 같이 말했습니다.

"우리는 날마다 두 개의 손잡이를 잡고 하루를 살게 된다. 하나는 두려움의 손잡이요, 다른 하나는 믿음의 손잡이다."

두려움의 반대인 믿음은 하나님이 주신 보물입니다. 그러나 큰 나무가 하루아침에 큰 나무가 될 수 없듯이 우리의 믿음도 하루아침에 온전해질 수가 없습니다. 영적인 전쟁에서 두려워서 도망갈 것이 아니라 믿음을 선택하여 앞으로 나아가야 합니다. 믿음은 점점 자라는 것입니다. 성경 말씀을 보면서 믿음이 점점 커지고 두려움은 작아지는 것입니다. 선택의 상황에서 두려움이 아닌 믿음을 선택하시길 기도합니다.

"믿음이 없이는 하나님을 기쁘시게 하지 못하나니
하나님께 나아가는 자는 반드시 그가 계신 것과
또한 그가 자기를 찾는 자들에게 상 주시는 이심을 믿어야 할지니라"
(히브리서 11장 6절)

15
4월 25일

　독수리가 새끼들을 훈련할 때 쓰는 방법이 있습니다. 독수리 새끼들은 상당히 자란 후에도 둥지에서 나오려고 하지 않습니다.
　그러면 어미 독수리가 새끼들을 굶깁니다. 굶어서 배가 고파 못 견디니까 나중에는 어미 날개 위에 올라탑니다.
　그러면 어미 독수리는 하늘로 높이 올라가서 새끼들을 떨어뜨립니다. 그때까지 독수리 새끼들은 자신들에게 날개가 있는 줄을 모릅니다.
　그래서 높은 공중에서 떨어져 죽지 않으려고 발버둥을 치다 보니까 '어! 내가 날개가 있네! 내가 나는 줄 몰랐어. 내가 왜 높은 데를 두려워했지?'라며 깨닫게 되는 것입니다.
　LA 수정교회의 담임목사였던 로버트 슐러 목사님의 글에 이런 내용이 있습니다
　'절벽 가까이 나를 부르셔서 다가갔습니다. 절벽 끝에 더 가까이 오라고 하셔서 더 다가갔습니다. 그랬더니 절벽에 겨우 발을 붙이고 서 있는 나를 절벽 아래로 밀어 버리는 것이었습니다. 물론 나는 그 절벽 아래로 떨어졌습니다. 그런데 그때까지 나는 나 자신이 날 수 있다는 것을 몰랐습니다.'
　이 에피소드들을 읽으면서 어떤 생각들을 하시나요

우리는 누가 뭐라 해도 하나님의 자녀인 독수리입니다. 어미 독수리가 새끼 독수리를 훈련시키듯이 우리의 믿음이 자랄 수 있도록 훈련을 시키십니다.

믿음의 조상인 아브라함을 보십시오. 처음에는 하나님의 말씀을 어기지만 나중에는 자신의 유일한 상속자인 이삭을 죽이라는 전혀 상식적이지 못한 하나님의 말씀에 순종합니다.

하나님은 지금도 우리에게 아브라함과 같은 절대적인 믿음을 원하십니다. 믿음엔 독수리 새끼에게 날개가 있듯이 우리에겐 기적의 날개가 있습니다.

우리는 매 순간마다 선택을 해야 합니다. 그럴 때마다 믿음의 날개를 펴시기를 바랍니다. 날개를 펴서 날으시기 원합니다. 하나님이 주신 이 세상을 향해 선포하십시오. 난 날개가 있는 하나님의 자녀야!

"그가 하나님이 능히 이삭을 죽은 자 가운데서 다시 살리실 줄로 생각한지라 비유컨대 그를 죽은 자 가운데서 도로 받은 것이니라"

(히브리서 11장 19절)

16
4월 28일

'진퇴유곡'이란 말이 있습니다. 이 사자성어의 뜻은 전진도 후퇴도 할 수 없는 곤궁한 처지에 놓임을 말합니다.

또 '배수의 진을 친다'는 말도 있습니다. 뒤로 물러가면 바다나 강에 빠져 죽는데 앞에는 강력한 적의 공격을 받을 때 쓰는 말입니다.

두 말 다 죽기 아니면 살기로 사생결단을 내려야 하는 상황을 가리키는 말입니다.

이럴 때 살 수 있는 길은 무엇일까요? 바로 믿음의 길입니다. 배척간두에서 한 발짝을 내디뎌야 합니다.

이것은 벼랑 끝에 겨우 버티고 서 있는 사람에게 앞으로 나아가라는 것과 같습니다. 그러므로 믿음으로 발을 내딛는 길밖에는 다른 길이 없다는 말입니다.

어떠한 인간의 수단과 방법으로도 살아남을 수 없는 상황입니다. 오직 살리시는 하나님을 믿고 천길만길 벼랑에서 한 걸음 내디딜 때 살 수 있는 것입니다.

천길만길 벼랑 끝에서 눈 딱 감고 한 발짝을 내미는 이와 같은 용기는 믿음 이외에서는 절대로 찾을 수 없습니다.

출애굽 할 당시 이스라엘 백성들이 홍해를 앞에 두고 진퇴유곡의 상태였습니다. 애굽의 기마병들이 쫓아오는 상황에서 이스라엘 백성들은 두려움 앞에서 모세만을 바라보고 있었습니다.

모세가 지팡이를 들고 홍해에 한 발짝을 내딛자, 홍해는 두 쪽으로 갈라지면서 가운데에 맨땅이 드러났습니다.

우리에게도 어려운 일이 일어날 수 있습니다. 그럴 때 믿음의 한 발짝을 내딛기를 바랍니다. 믿음을 가진 작은 움직임이 우리를 살립니다.

주님은 우리가 잘 되길 원하십니다. 주님이 우리를 테스트할 때도 믿음의 한 발짝이 우리를 주님께로 더 가까이 가게 만듭니다.

우리는 적든 많든 믿음이 있습니다. 어려운 상황에서 우리의 작은 믿음으로 한 발짝을 내디딘다면 주님에 대한 믿음은 더 커질 것입니다.

우리 모두 믿음의 한 발짝을 내딛읍시다 우린 할 수 있습니다.

"모세가 백성에게 이로되 너희는 두려워하지 말고 가만히 서서
여호와께서 오늘 너희를 위하여 행하시는 구원을 보라
너희가 오늘 본 애굽 사람을 영원히 다시 보지 아니하리라"

(출애굽기 14장 13절)

17

5월 1일

아프리카의 선교사로 평생을 바친 리빙스턴은 목사 겸 의사였습니다. 특히 의사라는 직업을 통해 병을 고쳐주며 복음을 전했습니다.

그러나 목사로서 복음을 전할 때 성령의 역사가 강하게 일어났습니다. 그의 친구인 베네트 목사에게 보낸 편지를 보면 어떻게 성령의 역사가 일어났는지 잘 쓰여 있습니다.

그 편지의 내용은 다음과 같습니다.

'나는 이곳에 와서 많은 일을 겪었네. 지금은 20km나 떨어진 먼 곳에서 온 병자까지 치료하고 있지. 여기 사람들은 수술할 때 아주 잘 참네. 아낙네들도 직경 1센티 반이나 되는 상처를 칼로 째도 전혀 울지 않는다네. 그러나 이들도 성령의 역사 앞에서만큼은 견디지 못하네. 어떤 사람은 아이처럼 소리쳐 울기도 하고 양심의 가책을 이기지 못하고 교회 밖으로 뛰쳐나가 도망가듯 울면서 질주하기도 하고 방언이 터져 나와 교회 안이 시끄럽기도 하네. 그런데 신기한 것은 다시는 안 올 것 같던 사람들이 그다음 날 집회에도 온다네 사실이네. 그리고 이런 성령 체험을 한 사람들은 순순히 예수님을 구주로 영접한다네.'

이 편지의 내용처럼 사도 베드로가 성령세례를 받고 방언이 터지고 삼

천명을 구원했다는 것은 사실입니다.

지금도 이런 성령의 역사가 나타나고 있습니다. 베드로의 오순절 설교처럼 예수님을 증언하는 곳에는 성령의 놀라운 일들이 일어납니다.

성령의 강한 바람이 병자를 고치고 사람들의 심중에 파고 들어가 양심의 가책을 받아 죄들을 다 고백하게 만듭니다. 방언이 터져 큰 소리로 외쳤을 땐 속에 있던 상처들이 나가 후련합니다.

성령의 역사는 강력해서 그 체험의 기억은 평생 갑니다. 그리고 성령의 은사들을 주십니다. 교회와 주님을 증거하는 데 쓰라고 주신 것입니다.

절대로 자신이 잘해서 받은 것이 아닙니다. 이 글을 읽는 분들이 성령 받기를 원합니다. 성령의 강한 바람을 받으시길 기도합니다.

"이 예수를 하나님이 살리신지라 우리가 다 이 일에 증인이로다"
(사도행전 2장 32절)

18

5월 5일

　서울의 OO교회 장OO 장로님의 간증입니다.
　교회에 나오기 전 회사에서 스트레스를 받으면 술을 자주 마셨다고 합니다. 이런 일이 매일 같이 일어나니 결국 알코올 중독에 걸려 집에 오면 술기운에 손에 잡히는 대로 다 집어 던졌다고 합니다.
　그리고 자고 다음 날 아침에 일어나면 어제 일을 기억하지 못해 아내는 속이 상해 이혼하자는 말을 입에 달고 살았습니다.
　장로님은 사태의 심각성을 깨닫고 알코올중독을 고치기 위해 약도 먹고 병원에서 치료도 받으며 온갖 애를 다 써 봤지만 모두 허사였습니다.
　권사님은 이혼을 선언했고 짐을 싸서 금방이라도 집을 나갈 것 같았다고 합니다. 장로님은 다급한 나머지 방으로 뛰어 들어가 침대를 붙잡고 기도 했습니다.
　"하나님! 지금까지 하나님을 외면했던 저는 죽일 놈입니다. 용서해 주십시오. 게다가 저는 지금 알코올 중독에 걸려 있는 데 아무리 노력해도 고쳐지지 않습니다. 아내도 못 견디고 집을 나가려고 하니 이를 어쩌면 좋습니까? 하나님! 제발 저를 알코올 중독에서 벗어나게 해주시고 저희 가정을 지켜 주십시오"

장로님은 고함을 치며 울면서 기도하는데 갑자기 혀가 말리면서 이상한 말이 나오기 시작하고 뱃속에서 창자가 꼬이는 것 같더니 속에서 커다란 덩어리가 올라오기 시작했다고 합니다.

장로님은 화장실로 가서 뱃속에서 나오는 더러운 물과 침을 계속 토해 냈는데 마음속에 '이제 알코올 중독에서 고침을 받았다'는 확신이 들었다고 합니다.

장로님은 거실로 뛰어나가 권사님께 "여보 나 이제 새사람이 되었어. 드디어 알코올 중독에서 벗어났어. 이제 다시는 술을 입에 달지 않겠어."

권사님은 몇 번을 속아서 믿지 않았다고 합니다. 그러나 장로님의 눈을 보니 그전과는 뭔가 다르다는 것을 느껴 지켜보기로 했습니다.

그런데 하루, 이틀, 사흘이 지나도 술을 전혀 입에 대지도 않고 술을 마셔보라고 입에 갖다 댔는데도 안 먹더랍니다.

장로님은 그 이후 교회에 나가 장로가 되고, 자신이 섬기는 교회에서 충성된 일꾼이 되어 지금도 열심히 사신다고 합니다.

성령은 우리 속의 어떤 육체적 중독이나 탐욕도 다 없애 주십니다. 어떠한 더러움도 청소해 주시고 새사람으로 만들어 주십니다.

혹 지금 여러가지 중독으로 힘들어하시는 분이 있다면 간절히 주님께 기도하십시오. 주님이 해방시켜 주십니다. 주님은 우리를 고치시는 분입니다.

"내가 이르노니 너희는 성령을 따라 행하라
그리하면 육체의 욕심을 이루지 아니하리라"
(갈라디아서 5장 16절)

5월 9일

18세기 초 미국 사회는 청교도 신앙을 잃어버리고 영적 도덕으로 깊이 병들어 있었습니다.

특히 청년들의 일탈은 극에 달해 사회적으로 큰 문제가 되었습니다. 술집이 우후죽순같이 생기고 성적으로 타락이 심해 성매매들이 술집을 거점으로 확산되고 있었습니다.

이런 모습을 안타깝게 여기던 조나단 에드워즈 목사는 주님께 성령의 역사가 충만하여 미국을 변화시켜 달라고 눈물로 기도했습니다.

그는 가정마다 젊은이들을 찾아다니며 "회개하여 교회로 돌아오라"고 촉구했습니다.

그렇게 기도와 회개하자며 다닌 지 3년이 지난 1733년에 청년들 사이에서 강한 성령의 역사가 나타나기 시작했습니다

타락해 가던 지역사회가 성령의 뜨거움을 맛본 청년들을 통해 변화되기 시작했고 이 성령 운동이 미국 전역으로 번져 나갔습니다.

에드워즈는 당시 상황을 다음과 같이 말했습니다

"성령의 임재로 인해 사람들은 사랑과 기쁨으로 충만했다. 가정마다 그곳에 임한 구원으로 인해 말할 수 없는 성령의 기쁨으로 충만했다.

그리고 교회들은 성령을 사모하는 사람들이 모이는 곳이 됐고, 주일은 축제의 날이 되어 사랑의 처소가 되었다."

이와 같은 성령 운동은 각 개인을 변화시키고 그런 개인들이 모여 가정과 지역사회를 변하게 했고, 나라를 바꾸었습니다.

성령이 임하신 곳에는 죄악과 미움이 떠나가고 사랑과 용서가 충만해집니다. 이것을 저는 성령의 온기라고 말하고 싶습니다.

세상의 냉기 속에서 성령은 사랑의 따뜻함을 가져오십니다. 한 사람의 기도가 미국을 변화시켰듯이 우리도 할 수 있습니다.

우리의 간절한 기도가 나라와 세계를 성령으로 따스하게 변화시킬 수 있습니다. 힘을 냅시다. 화이팅!

"각 사람에게 성령을 나타내심은 유익하게 하려 하심이라"
(고린도전서 12장 7절)

20

5월 12일

　서울의 OOO교회 김OO 권사님의 간증입니다.
　김 권사님이 어느 날 자신이 다니는 교회 부흥회에 참석했는데 갑자기 이유도 없이 마음이 너무나 무거워졌다고 합니다.
　부흥사 목사님이 설교하고 있는데 답답한 마음을 견딜 수 없어서 입을 가리고 방언으로 계속 기도를 했다고 합니다.
　그렇게 부흥회가 끝날 때까지 기도했는데 교회를 나오고 나서도 30분을 입을 가리고 계속 방언으로 기도하고 나니, 마음이 편해졌다고 합니다.
　그리고 집으로 돌아왔는데 얼마 지나지 않아 시외버스 기사를 하는 남편이 얼굴이 백지장같이 하얗게 되어서 돌아왔더랍니다.
　그리고 하는 말이 "누가 나를 위해서 오늘 기도했지? 기적이 아니었으면 나는 오늘 죽을 뻔했소. 버스를 운전하고 가는데 경사진 곳을 올라가다가 그만 버스 엔진이 꺼졌어. 버스가 뒤로 굴러가는 것을 간신히 브레이크를 걸어놓고 버스에서 나와서 버스 뒷바퀴들을 돌로 고이고 버스에 타서 승객들을 다 내리게 했어. 마지막 사람이 내리자마자 버스가 받쳐놓은 돌을 넘어서 뒤로 굴러가더니 벼랑에 두 바퀴만 걸려서 달랑달랑했어."
　만약 버스가 벼랑으로 떨어졌으면 권사님의 남편은 죽었을 겁니다. 벌

벌 떨면서 그가 버스에서 기어 나오자마자 버스는 벼랑으로 떨어져 버렸습니다.

권사님의 남편은 그 자리에서 무릎을 꿇고 하나님께 부르짖었다고 합니다.

"하나님 기적을 베풀어 주셔서 나를 살려 주셨으니 감사합니다. 누가 나를 위해 기도해 주었습니까? 하나님이 응답해 주신 것을 감사합니다"

그런데 사고 난 시간을 알아보니 김 권사님이 부흥회에 참석해서 방언으로 기도했던 그 시간과 일치했습니다. 사고 난 시간에 성령이 기도하라고 무거운 마음을 주신 것입니다.

이처럼 방언으로 기도하는 것은 영으로 하는 기도입니다. 우리가 연약해서 알지 못하거나 기도할 바를 모를 때, 성령이 우리를 위해서 기도해 주시는 것을 따라 하는 기도입니다.

저는 많은 분들이 방언 받기를 원합니다. 기도에 자신감이 생기고 방언 기도를 하고 나면 속이 후련합니다 방언 받기를 사모하시기를 바랍니다.

"너희는 더욱 큰 은사를 사모하라
내가 또한 가장 좋은 길을 너희에게 보이리라"
(고린도전서 12장 31절)

21

5월 16일

서울 OO교회 박OO 집사님의 간증입니다.

박 집사님은 모교회인 OO교회에서 청년 때부터 열심이 있었고, 청년회에서 지금의 아내를 만나 가정을 꾸렸습니다. 아내인 진OO 집사님은 미용사로서 일을 열심히 했습니다.

박 집사님은 아내가 고된 일을 하는 것이 늘 마음에 걸려 돈을 많이 벌어 고생을 덜어줄 요량으로 주식에 손을 대기 시작했습니다.

처음에는 200만 원을 가지고 시작했는데, 수익이 조금씩 늘어났습니다. 잘될 때는 한 번에 5천만 원의 수익을 내기도 했었다고 합니다.

그러다가 차츰 손해가 생겼고 손해의 액수가 커져만 갔고, 이를 메우기 위해 친구나 친척들에게 돈을 꾸어야 했다고 합니다. 빚은 늘어나 손을 쓸 수 없는 액수인 7억 원의 빚을 지게 되었습니다.

박 집사님은 아내에게 이 사실을 있는 그대로 고백했고 용서를 빌었다고 합니다. 진 집사님은 며칠 동안 말없이 멍하게 있었습니다. 4일이 지난 후 아내는 새벽기도회에 가서 기도하고 사흘 동안 금식기도를 하자고 했고, 두 사람은 그 뒤로 매일 같이 새벽 예배를 드렸다고 합니다.

먼저 빚을 조금이라도 갚기 위해 자신들이 살던 오래된 빌라를 팔고 반지하 빌라로 이사를 갔습니다. 그래도 그들은 빌라를 판 돈의 십일조를 드렸습니다. 나머지 빚인 3억 원을 갚기 위해 박 집사님은 큰 식당에 들어가서 무슨 일이든 시키는 대로 열심히 했고, 아내는 좀 더 큰 미용실에 취직이 돼서 실력을 인정받게 되었습니다.

그래도 주일은 꼭 지켰고 교회 봉사도 열심히 했습니다. 3년이 지난 후 이들은 빚을 다 갚았다고 합니다. 3년 동안 단 한 번도 새벽예배에 빠진 적이 없고 주일을 철저히 지켰습니다. 빚을 다 갚는 동안 박 집사님은 교회와 집에서 가까운 중소기업체에 취업이 됐고, 빚을 다 갚고 1년 뒤 건강하고 귀여운 아들이 태어났다고 합니다. 박 집사님은 다시는 주식을 안 한다고 합니다. 사행성이 있는 복권이나 요행을 바라는 어떠한 것도 근처에 가지도 않는다고 합니다.

우리는 문제 앞에서 인간적인 지혜와 지식이나 방법을 내려놓고 오직 하나님만 의지하고 부르짖어 기도하면 하나님이 문제를 해결하기 위해 나서십니다.

환난을 두려워하지 마십시오. 이럴 때일수록 더 기도하고 더 성경 보고 더 빈 마음을 가지시기를 바랍니다. 어려울수록 나라는 자아를 죽이고, 주님 곁으로 가서 담대함을 가지십시오. 주님이 함께하십니다. 우리를 사랑하시는 주님이 우리를 지키십니다. 더 어려울수록 우리는 더 강해질 겁니다. 화이팅!

> "내 영혼아 네가 어찌하여 낙심하며 어찌하여 내 속에서 불안해 하는가
> 너는 하나님께 소망을 두라 그가 나타나 도우심으로 말미암아
> 내가 여전히 찬송하리로다"
> (시편 42편 5절)

22

5월 23일

　미국의 필립 얀시는 그의 책인 '뜻밖의 장소에서 만난 하나님'에서 인간은 최소한 세 가지 면에서 동물과 다르다고 말합니다.
　그 세 가지란 웃는 것과 기도하는 것과 일하는 것으로 모두가 하나님을 닮은 요소입니다.
　미국의 인간 심리 행동학 전문가인 데일 카네기도 웃음 예찬에서 다음과 같이 말했습니다.
　'웃음은 인간의 모든 독을 제거하는 해독제다. 이러한 웃음은 살 수도 없고 빌릴 수도 없고 도둑질할 수도 없는 것이다.'
　마릴린 몬로가 자살했을 때 유서에 이런 글이 있었습니다.
　'나는 한없는 사랑을 원했지만 나를 한없이 사랑해 줄 사람이 없어서 죽는다'
　우리가 알다시피 끝없이 잘못해도 한없이 사랑해 줄 사람이 누가 있겠습니까?
　그러나 주님의 사랑은 한이 없는 사랑입니다. 우리의 잘못과 결점을 보고 치실 때도 있지만 궁극적으로 용서와 사랑으로 감싸주시는 주님의 사랑이 한없는 사랑입니다.

이런 주님의 사랑을 맛본 사람이 진정으로 웃을 수 있습니다. 창세기에 보면 하나님은 세상을 창조하시고 심히 좋아하셨다고 말하고 있습니다.

여기서 심히 좋아하셨다는 것은 너무 좋아서 웃으셨다는 뜻입니다. 정말 좋아하셨다는 말입니다.

우리는 원래 웃기 위해 창조된 존재들입니다. 하나님이 너무 좋아서 웃으시는데 우리도 웃어야 합니다.

기도를 할 때, 말씀 묵상을 할 때, 찬양을 할 때, 설교를 들을 때 하나님의 사랑을 느낀다면 웃음이 안 나올 리가 없습니다.

우리 모두 주님을 믿고 산다면 웃읍시다. 이 세상을 창조하시고 심히 좋아 웃으셨던 그 웃음. 한없는 사랑을 주시는 주님의 웃음. 이제는 헛웃음이 아니라 주님의 웃음을 웃었으면 합니다. 오늘도 웃읍시다. 하하하!

> "하나님이 지으신 그 모든 것을 보시니 보시기에 심히 좋았더라
> 저녁이 되고 아침이 되니 이는 여섯째 날이니라"
> (창세기 1장 31절)

5월 26일

　국제투명성기구는 세계 72개국을 대상으로 2019 국제부패측정조사를 해서 결과를 발표했습니다. 그 결과 나라마다 부정부패가 가장 심한 곳은 정당과 국회인 것으로 드러났습니다.
　조사 대상 72개국 중 47개국에서 가장 부패가 심한 곳으로 정당을 꼽았고, 그다음이 국회와 법조인들이 있는 법원과 검찰과 로펌이었습니다.
　또한 주목해서 봐야 할 것은 교육기관의 부패가 갈수록 늘어나고 있음을 지적하면서 교육기관에서의 부패가 우리의 미래를 멍들게 하고 있다는 별도의 보고서도 내놓았습니다.
　이번 조사에서 성실히 응답한 51개국에서는 지난 3년간 부정부패가 점차 늘었다고 솔직히 답했습니다. 반면 부정부패가 조금이라도 줄었다고 응답한 국가는 8개국에 불과했습니다.
　이러한 조사 결과는 우리가 살고 있는 사회가 얼마나 심각한 부정부패 아래 있는지를 말해 줍니다. 세계 여러 나라들의 부패는 점차 증가하고 있습니다.
　정직과 청렴이 가장 요구되는 정당과 국회, 법조계 그리고 교육기관이 오히려 부정부패에 앞장서고 있는 실정입니다.

이는 아담의 타락 이후 한 번의 물 심판이 있었지만, 이 세상을 지배하고 있는 사탄의 계략에 우리들이 당하고 있기 때문입니다.

예수님을 믿는 우리들은 힘을 내야 합니다. 우리들의 가정과 일터에서 성경 말씀을 의지해서 살아야 합니다.

이 세상에서 하나님의 자녀답게 살아야 합니다. 우리는 성령으로 거듭난 하나님이 귀하게 보시는 자녀입니다.

사탄의 자녀가 되든지 하나님의 자녀가 되는 것은 우리의 자유의지에 달려 있습니다. 우리의 삶 속에서 선택의 순간에 성경 말씀대로 선택하는 우리가 되길 기도합니다.

말씀대로 사는 자들에게는 주님과 함께 사는 영생이 약속되어 있습니다. 우리가 거듭난 자로서 세상을 좋게 만들 책임도 있습니다.

하지만 우리의 본향인 천국에 대한 소망을 가져야 합니다. 영원히 천국에서 사는 삶을 꿈꾸시길 바랍니다.

우리는 영생을 약속받은 자들입니다. 우리 모두 영생 받은 자답게 자긍심을 가지고 사시기 바랍니다.

"내가 하나님의 아들의 이름을 믿는 너희에게 이것을 쓰는 것은
너희로 하여금 너희에게 영생이 있음을 알게 하려 함이라"

(요한1서 5장 13절)

24

5월 30일

부산의 OOO교회의 강OO 목사님의 간증입니다.

자신이 목회하는 OOO교회 40대 초반의 한 남성이 상담을 받고자 자신을 찾아왔다고 합니다. 그는 초등학교 4학년과 6학년, 중학교 2학년의 세 아들을 둔 가장이었습니다.

그런데 이 세 아들이 가출을 밥 먹듯이 하고 상습적으로 본드를 마시고, 중학교 2학년인 큰아들은 담배를 피워 꼴초가 된 것 같아 상담을 받으러 온 것이었습니다.

이야기를 들어보니 이 가정은 경제적으로는 풍족했지만, 부부가 서로 물건을 던지며 싸우기 일쑤였습니다.

강 목사님은 그에게 자녀를 위해서는 무엇보다 먼저 부부가 함께 기도하고 찬송하고 성경을 서로 읽으라고 권했습니다.

그리고 장이나 쇼핑을 보러 갈 때도 부부가 같이 가도록 했습니다. 이런 모습을 통해 '엄마와 아빠가 싸우지만 실제로는 다정하구나'를 아이들이 알도록 하기 위해서였다고 합니다.

3주 후에 그가 와서 한 첫 번째 말이 이것이었다고 합니다. "소중한 가정을 주신 하나님께 감사합니다."

3주 동안 강 목사님의 말대로 아내와 싸우지 않기로 약속했다고 합니다. 그리고 같이 기도하고 찬송을 하고 성경을 보니 자연스럽게 부부 사이가 좋아졌다고 합니다. 아내가 말하기를 "지금이 너무 좋다고. 남편의 믿음이 이처럼 좋았든가?"라며 좋아하더랍니다.

그리고 3개월 후에는 아이들이 더 이상 가출할 생각을 안 하고 아이들도 엄마와 아빠가 하는 가정예배에 스스로 참석했습니다.

9개월이 지났을 때 밤늦게까지 공부하던 큰아들이 얘기하기를 "자신이 왜 가출했는지, 왜 본드와 담배에 중독이 됐었는지 모르겠다"며 "우리 집이 제일 좋다"고 하더랍니다.

강 목사님의 간증을 보면 진정한 행복은 예수님과의 관계에서 예수님을 더 사랑하고 성령님의 인도하심대로 살 때 옵니다.

부부가 주안에서 살 때 아이들은 알게 모르게 다 보고 그들도 본받게 되어 있습니다.

예수님을 닮으려고 그분의 품 안에 있을 때 기쁨이 넘칩니다. 가슴 벅찬 행복은 주님을 사랑하고 의지할 때 다가옵니다.

우리 모두 진정으로 주님을 사랑합시다. 그분의 말씀대로 합시다. 우린 할 수 있습니다.

"주께서 생명의 길을 내게 보이시리니 주의 앞에는 충만한 기쁨이 있고
주의 오른쪽에는 영원한 즐거움이 있나이다"

(시편 16편 11절)

25
6월 2일

선교사 데이빗 리빙스턴이 아프리카에서 20년 동안 사역한 후 영국의 스코틀랜드로 돌아왔을 때, 글래스고우 대학으로부터 강의를 해 달라는 부탁을 받았습니다.

사자의 공격으로 한쪽 팔이 못 쓰게 되고 수십번의 열대병으로 초췌해진 리빙스턴이었지만, 학생들은 리빙스턴의 얘기를 들으며 깊은 감동을 받았습니다.

강의 도중 그는 학생들에게 이런 질문을 던졌습니다.

"나그네의 삶이 가져다 준 외로움과 고통과 어려움 속에서 저를 붙들어 주었던 힘이 무엇인지 여러분은 아십니까?"

순간 학생들이 모인 강당에는 정적만이 흐를 뿐 아무도 대답하지 못했습니다.

조금 시간이 흐른 후 리빙스턴은 다음과 같이 말했습니다

"그것은 주님의 약속이었습니다. 가장 고결한 영광을 지닌 귀하신 분인 예수님이 말씀하신 '세상 끝 날까지 너희와 항상 함께 있으리라'는 그 약속이었습니다"

리빙스턴은 기도하다가 천국으로 가셨습니다. 당시 그의 옆에는 손때

묻은 성경책이 놓여 있었다고 합니다.

모든 성경 구절이 다 귀하지만 그에게 있어 마태복음 28장 20절의 말씀인 "내가 너희에게 분부한 모든 것을 가르쳐 지키게 하라 볼지어다 내가 세상 끝날까지 너희와 항상 함께 있으리라"라는 말씀 옆의 여백에는 '존귀하신 주님의 말씀'이라는 메모가 적혀 있었습니다.

리빙스턴은 주님이 말씀하신 대로 살았습니다. 그렇게 살 수 있었던 것은 주님의 약속인 말씀을 믿었기 때문입니다.

우리가 세상에 있을 때나 떠날 때에 주님께서 항상 우리와 함께하신다는 확신을 어디에서 얻을 수 있을까요?

그것은 주님의 약속이 들어있는 성경 말씀입니다. 주님의 말씀대로 살면 그 말씀이 우리를 인도합니다.

우리 모두 성경 말씀을 듣고 보고 읽읍시다. 성령이 인도하십니다. 평생 잊혀지지 않는 말씀, 그 말씀이 주님이 우리 각자에게 주신 것입니다.

우리를 향한 주님의 약속을 믿고 담대하게 나아갑시다. 화이팅!

"그 안에는 지혜와 지식의 모든 보화가 감추어져 있느니라"
(골로새서 2장 3절)

26

6월 6일

제임스 케네디의 크리스천의 생활 교리라는 책에 보면 동유럽의 공산주의 국가에서 있었던 일이 기록되어 있습니다.

지금의 이야기는 소련이 무너지기 전에 폴란드에서 있었던 일입니다.

한 지역의 크리스천들이 여느 주일처럼 공산당원의 눈을 피해 주일예배를 드리고 있었습니다. 그때 갑자기 기관총으로 무장한 두 명의 공산당원이 들어와 예배를 중지시켰습니다.

그들은 총으로 사람들을 위협하면서 소리를 질렀습니다. 그들은 다음과 같이 말했습니다.

"이 벌레 같은 놈들아, 너희 같은 인간들은 이 땅에 있을 필요가 없다. 그러나 지금이라도 예수를 부인하면 살려주겠다. 그러나 계속 예수를 믿는다면 이 총에 모두 죽게 될 것이다."

이 말을 마치자 50명 중 5명이 자리에서 일어나더니 예수님을 부인하고 밖으로 나갔습니다.

그런데 주일예배를 드리던 사람들을 죽일 것 같던 공산당원들이 문을 닫아 잠그고 총을 내려놓았습니다. 그리고 모두가 놀라는 말을 했습니다.

"여러분 놀라지 마십시오. 우리 역시 크리스천입니다. 우리는 여러분과 함께 교제하기 위해 차로 1시간 걸리는 곳에서 왔습니다. 그러나 그러기 위해서는 먼저 믿음이 확실하지 않은 자들을 내보내야 했습니다. 이제 됐으니 함께 예배를 드립시다."

실제로 일어났던 이 이야기를 보면서 어떤 생각을 하셨는지요? 우리 같으면 어떤 선택을 할까요? 혹 우리는 믿음을 가지고 있다고 말하면서도 머리로만 믿는 지식적인 크리스천일 수도 있습니다.

우리가 죽는 것도 두려워 안 할 믿음을 갖기 위해선 성령으로 거듭나야 합니다.

예수님의 열두 제자들을 보십시오. 한 명은 예수님을 팔아넘겼고, 11명은 다 도망가고 그중 수제자였던 베드로는 예수님을 3번 부인했습니다.

이랬던 제자들이 오순절 날 성령을 받고 나서 완전히 다른 사람이 됐습니다. 지금도 성령님은 역사하십니다. 저는 이 글을 읽고 있는 모든 이들이 성령으로 거듭나길 기도합니다.

그래야 죽는 것도 두렵지 않게 됩니다. 지식으로 예수님을 믿지 말고 가슴으로 예수님을 믿기 바랍니다.

"베드로와 요한이 대답하여 이르되 하나님 앞에서 너희의 말을 듣는 것이
하나님의 말씀을 듣는 것보다 옳은가 판단하라"

(사도행전 4장 19절)

27
6월 9일

간암으로 죽어가다가 기적적으로 살아난 인도네시아에서 사역하시는 송OO 선교사님의 간증입니다.

송 선교사님은 술을 안 마셔도 간암에 걸리는 비알콜성 간암으로 B형 간염 보균자였습니다.

간암 말기로 수술해도 소용이 없어서 선교를 중단하고 고향으로 내려와 죽을 날만 기다리고 있었습니다.

그러던 어느 날 성경을 읽다가 베드로전서 2장 24절을 읽게 되었습니다.

"친히 나무에 달려 그 몸으로 우리 죄를 담당하셨으니 이는 우리로 죄에 대하여 죽고 의에 대하여 살게 하려 하심이라 그가 채찍에 맞음으로 너희는 나음을 얻었나니"

과거에도 수없이 읽었고 평소에도 늘 외우고 있던 말씀이었습니다

그런데 고향에서의 그날 그 성경 구절을 읽을 때, 성령님의 빛이 자신의 마음 안을 비추자 그 구절이 살아 움직이는 것처럼 자신의 몸들을 비추며 깨달음이 왔다고 합니다.

'아! 예수님께서 2천 년 전에 나의 연약한 것을 친히 담당하시고 병을 짊어지시고 채찍에 맞으심으로 나는 2천 년 전에 이미 나음을 입은 사람이

구나' 지금 병들어 있는 것은 거짓되고 헛된 것이다. 마귀의 거짓말이다. 내가 병들어 있을 이유가 없다. 예전에 그러한 깨달음이 없을 때는 그냥 참 좋은 하나님의 말씀이라고 생각하는 정도였다고 합니다.

송 선교사님은 성경구절에 대한 깨달음이 오자 부인에게로 달려가서 다음과 같이 말했습니다.

"나 인도네시아에 가야겠어. 난 내가 병자인 줄 알았어. 오늘 성경을 보니 내가 잘못 알고 있었어. 나는 예수님 안에서 이미 완전히 나은 사람이야"

그는 부인의 만류에도 불구하고 인도네시아로 가서 더 열심히 심방하고 설교하며 더 신나게 사역했다고 합니다.

6개월 안에 죽는다고 의사가 말을 했는데, 한국에 와서 검사를 해보니 간암이 없어지고 다 나아 버렸다는 것입니다.

성경 말씀을 믿는 건 자신이 믿어야지 해서 믿는 것이 아니라 성령님의 도우심으로 믿어지는 것입니다. 그렇기 때문에 말씀을 들을 때나 볼 때 항상 성령님께서 인도해 달라고 기도해야 합니다.

성령님은 우리에게 은혜로 주신 것들을 알게 하십니다. 우리는 세상의 영이 아닌 하나님으로부터 온 영을 받은 자들입니다.

매 순간 성령님을 의지하세요! 성령님이 도우십니다.

"오직 하나님이 성령으로 이것을 우리에게 보이셨으니
성령은 모든 것 곧 하나님의 깊은 것까지도 통달하시느니라"
(고린도전서 2장 10절)

28

6월 13일

　미국의 강철왕이며 자선사업가인 카네기는 실패한 사람들의 10가지 공통점을 다음과 같이 말했습니다.
　"첫째, 모든 책임을 남에게 전가합니다. 이런 사람은 핀잔을 들으면 본능적으로 핑계를 댑니다. 책임을 다른 사람에게 전가 시키고 자신은 고치려고 하지 않습니다.
　둘째, 열등의식과 자기 비하에 빠져 있습니다. 늘 나는 못한다 안된다 할 수 없다는 부정적인 자화상을 가지고 있습니다.
　셋째, 삶의 목표가 없습니다. 하나님이 자기를 부르신 목적을 알지 못한 채 정처 없이 떠내려가는 삶을 사는 사람입니다.
　넷째, 모든 것을 너무 쉽게 포기합니다. 조그만 어려움이 다가오면 포기하고 뒤로 물러갑니다.
　다섯째, 과거에 지나치게 연연합니다. 현재에 충실하고 미래를 계획하며 사는 것이 아니라 늘 과거에 묶여 있는 사람입니다.
　여섯째, 독창성 없이 남의 흉내를 내기에 전전긍긍하는 사람입니다.
　일곱째, 계획 없이 생활 합니다.
　여덟째, 인생의 쉬운 길을 찾느라 많은 시간을 허비합니다. 노력은 하지도 않고 성공의 왕도만 찾아다닙니다. 어떻게 하면 쉽게 돈을 벌 수 있을까? 쉽게 성공할 수 있을까? 쉽게 잘 살 수 있을까? 이처럼 항상 쉬운 길만 찾습니다. 땀 흘리고 노력해서 얻으려고 하지 않습니다.

아홉째, 자기 능력에 대한 신뢰가 없습니다. 자기가 능력이 있다고 생각하지 않습니다.

열째, 실패에 대한 원인을 분석하지 않고 실패를 그대로 받아들입니다. 내가 왜 실패했는지 그 원인을 분석함으로 대책을 세우는 것이 아니라 실패를 운명으로 받아들이고 포기하고 맙니다."

위의 10가지 얘기처럼 우리가 무엇인가에 실패했을 때 그 원인을 찾아야 합니다. 그런데 그 원인은 대부분 자신에게 있습니다. 자기 자신을 무능력하고 가난하며 패배자라고 생각합니다.

자신을 스스로 묶지 마십시오. 우리의 능력은 주님에게서 옵니다. 주님을 철저히 의지 하십시오. 그럼, 주님이 우리의 인생을 책임져 주십니다.

우린 주님만 믿고 앞으로 나아갑시다. 우리는 할 수 있습니다.

"모든 지킬 만한 것 중에 더욱 네 마음을 지키라
생명의 근원이 이에서 남이니라"
(잠언 4장 23절)

29

6월 16일

　1930년대 미국이 대공황의 위기에 처했을 때 루즈벨트 대통령은 다음과 같은 말을 했습니다.
　"우리가 두려워해야 할 것은 두려움 그 자체다."
　루즈벨트 대통령은 일주일에 한 번씩 라디오를 통해 국민들을 격려하고 정부를 믿게 했습니다. 그것을 통해 대공황을 극복할 수 있었습니다.
　그는 생각에서 패배하면 현실에서도 패배한다는 것을 잘 알고 있었습니다.
　1900년도에 처녀의 몸으로 한국에 와서 일생을 바쳐 복음을 전했던 케이트 쿠퍼 선교사님이 원산에서 선교활동을 하고 있었을 때의 일입니다.
　선교사님의 집을 방문한 어느 촌부가 벽에 걸린 거울 앞에 서서 놀라 고함을 치며 선교사님을 불렀습니다.
　"선교사님! 누가 벽 속에 숨어 있어요. 저 사람 누구예요?"
　그때만 해도 한국에 거울이 널리 보급이 안 되었기 때문에 생전 처음 보는 자기 모습을 알아보지 못한 것입니다.
　우리는 육체적인 모습은 거울을 통해 잘 볼 수 있습니다. 그러나 우리는 육체적인 모습뿐만 아니라 내적인 모습도 잘 봐야 합니다.

내적인 모습인 생각이나 감정 등이 부정적이면 결코 성공적인 삶을 살아갈 수 없습니다. 내적인 모습이 우리의 운명을 좌우한다는 것을 알아야 합니다.

우리 모두 자신의 내적인 모습을 잘 다듬어야 합니다. 우리가 자신감이 너무 높은 것도 문제지만, 열등의식이나 자기 비하 같은 생각이나 감정은 더 큰 문제입니다.

이 세상에서 승리하기 위해선 담대함과 주님이 우리의 대장 되신다는 것을 꼭 알아야 합니다. 주님은 세상을 이미 이기셨습니다.

우리는 승리자입니다. 세상은 우리를 이길 수 없습니다.

"자녀들아 너희는 하나님께 속하였고 또 그들을 이기었나니
이는 너희 안에 계신 이가 세상에 있는 자보다 크심이라"

(요한1서 4장 4절)

30

6월 20일

1984년 올림픽에 출전했던 메리 데커는 당시 세계에서 가장 뛰어난 육상선수로서 미국의 희망이었습니다.

그러나 그녀는 올림픽 경기가 열리기 전에 출연한 TV 토크쇼에서 다음과 같은 말을 계속했습니다.

"난 운이 따라 주질 않아요. 난 늘 운이 없어요."

그 후 그녀는 심한 압박감에 시달렸고, 결국 올림픽 경기에서 아무런 메달도 따지 못했습니다.

그런가 하면 이와 반대되는 경우도 있습니다. 무명의 젊은 권투선수 클레이는 다음과 같이 사람들에게 말하고 다녔습니다.

"난 세계 최고다. 날 이길 자가 없다."

그는 그가 말한 대로 올림픽에서 금메달을 땄고 프로 권투선수가 되고 나서도 그는 자신이 일방적으로 승리한다고 매번 확신에 차서 얘기를 했습니다.

그리고 진짜로 그는 세계에서 가장 강한 권투 선수가 됐습니다. 그가 바로 무하마드 알리입니다. 그가 말한 대로 된 것입니다.

말에 대해 다음과 같은 속담들이 있습니다.

'천사의 말을 하면 천사가 찾아오지만, 악마의 말을 하면 악마가 찾아온다.'

'어떤 말을 만 번 이상 되풀이하면 반드시 미래에 그 일이 이루어진다.'

우리가 하는 말은 우리의 운명을 결정합니다. 늘 '못한다. 난 안 된다"고 늘 말하고 다니면 실패합니다. 반면에 '난 잘해. 이길 수 있어'라고 습관처럼 말하면 이기고 성공합니다. 일상생활에서 해 보시기 바랍니다.

성경에 쓰여 있듯이 죽고 사는 권세가 혀에 있습니다.

"죽고 사는 것이 혀의 힘에 달렸나니
혀를 쓰기 좋아하는 자는 혀의 열매를 먹으리라"
(잠언 18장 21절)

31

6월 23일

일본의 에모또 마사루 박사는 인간의 생각이 물에 전달되면 물이 얼었을 때 그 결정의 모양이 아름다워지거나 추해진다는 주장을 해서 널리 알려진 사람입니다.

그는 물에 말을 들려 주거나 글을 보여준 뒤 물의 반응을 연구했는데, 한 컵의 물에는 '감사합니다'를 다른 한 컵에는 '짜증 나네 죽여 버릴 거야'라는 글을 써서 보여 주었습니다. 그리고 그 두 컵을 영하 20도에서 3시간을 얼린 다음 그 결정체를 현미경으로 봤다고 합니다.

그 결과는 놀라웠습니다. '감사합니다'라는 말을 보여 준 물은 아름다운 육각수의 결정체를 하고 있었고, '죽여 버릴 거야'를 보여준 물은 완전히 어지럽게 흐트러진 모습을 하고 있었다고 합니다.

마사루 박사는 실험을 통해 사랑과 감사라는 글과 말을 들려주었을 때 물의 결정체가 가장 아름답고 안정적이며 치밀한 구조를 보여 주었다고 합니다

사람의 몸은 70%가 물로 되어 있습니다. 그렇기 때문에 우리 몸속에 있는 물이 아름다워야 몸도 건강하고 아름다워집니다. 물이 깨어지고 흐트러지면 온몸의 건강도 깨어지고 흐트러지는 것입니다.

그러므로 우리들이 '감사합니다. 사랑합니다. 아름답습니다'라고 말하면 우리의 몸속에 있는 물이 육각수로 아름답게 돼서 우리의 심신이 건강하게 됩니다.

부정적인 말을 하게 되면 우리의 몸속에 들어있는 70%의 물이 악마가 되어 우리를 물고 찢을 것입니다.

우리의 입에서 나오는 말이 우리 몸의 물을 좋아지게도 하고 나빠지게도 합니다. 다른 사람을 욕하고 저주할 때 제일 먼저 자신의 몸을 해롭게 합니다.

남에게 흙을 칠해서 해롭게 하려면 제일 먼저 자신의 손에 흙을 묻혀야 합니다.

우리의 말은 우리의 생명에 직접적인 영향을 미칩니다. 우리의 일상생활 가운데 화가 난다고 해서 욕이나 세속적인 말을 할 것이 아니라, 항상 감사하는 말을 해야 합니다. 그것이 우리를 살리는 길입니다.

"누추함과 어리석은 말이나 희롱의 말이 마땅치 아니하니
오히려 감사하는 말을 하라'
(에베소서 5장 4절)

6월 27일

톨스토이의 단편 '사람에게는 얼마만큼의 땅이 필요한가'에 보면 바홈이라는 농부의 이야기가 나옵니다.

그는 제법 넓은 농지를 가지고 있었지만, 더 많은 땅을 갖고 싶은 욕망에 늘 사로잡혀 있었습니다.

그러던 어느 날 얼마간의 돈을 내면 갖고 싶은 만큼의 땅을 마음껏 가질 수 있는 곳이 있다는 소식을 들었습니다. 그는 자신의 모든 소유를 팔아 한걸음에 그곳으로 달려갔습니다.

그곳의 지주는 농부에게 다음과 같이 말했습니다.

"당신이 하루 종일 걸어 다닌 만큼의 토지를 가질 수 있습니다. 단, 조건이 하나 있습니다. 해가 지기 전에는 반드시 출발점으로 되돌아와야 합니다. 그렇지 않으면 단 한 평의 땅도 가질 수 없습니다."

다음 날 농부는 새벽에 일찍 일어나 길을 떠났습니다. 그는 "내 땅 해가 지기 전에"라고 중얼거리면서 점심도 거르고 열심히 걸었습니다.

어느덧 오후가 되었습니다. 한 평의 땅이라도 더 차지하겠다는 욕심으로 너무나 멀리 갔기 때문에 해가 지기 전에 돌아가려면 걸음을 재촉해야 했습니다.

해가 뉘엿뉘엿 지고 있는데 출발점까지는 아직 한참이나 남아 있었습니다. 그는 뛰기 시작했습니다.

하루종일 아무것도 안 먹고 걸어서인지 뛰자 심장이 터질 것 같고 머리가 핑핑 돌았지만, 멈출 수가 없었습니다.

저 멀리 출발점이 보였고 그는 전력을 다해 뛰었습니다. 드디어 그는 출발점에 도착했습니다.

그러나 그만 그 자리에 쓰러져 다시는 일어나지 못했습니다. 너무 무리한 나머지 지치고 탈진해서 결국 죽고 만 것입니다.

이 이야기처럼 우리는 탐욕이라는 길에 들어서면 레이스를 잘 조절할 수 있을 것 같지만 인간의 탐욕은 끝이 없어서 끝없이 욕심을 냅니다

탐욕의 종점에는 불행과 죽음이 기다리고 있을 뿐입니다. 아담의 원죄 역시 하나님처럼 되고 싶은 우상 앞에 무릎을 꿇은 것입니다.

우리가 가진 욕심을 조금이라도 버린다면 탐욕이라는 우상을 버릴 수 있습니다. 이 세상은 더 많은 욕심을 내야 한다고 더 많이 벌어야 한다고 우리를 유혹합니다.

지금이라도 욕심을 낸 것이 있다면 버리시기 바랍니다. 주님이 각자에게 주신 자신에게 맞는 복이 있습니다. 욕심을 내서 그 복마저 못 받는 일이 없기를 바랍니다.

> "오직 각 사람이 시험을 받는 것은 자기 욕심에 끌려 미혹됨이니
> 욕심이 잉태한즉 죄를 낳고 죄가 장성한즉 사망을 낳느니라"
> (야고보서 1장 14~15절)

33
6월 30일

어떤 사람이 길을 가다가 사거리를 만났습니다. 어느 쪽으로 가야 할지 고민하다가 동쪽으로 가기로 결심했습니다.

그래도 혹시 모르니까 '지팡이를 던져서 지팡이가 가리키는 방향으로 가야지'라고 생각하면서 지팡이를 던졌습니다.

그런데 지팡이는 동쪽이 아닌 서쪽을 가리켰습니다. 그는 다시 지팡이를 던졌습니다. 이번에는 북쪽을 가리켰습니다. 그는 다시 지팡이를 던졌습니다.

그러자 이번에는 지팡이가 동쪽을 가리켰습니다. 그제야 '옳거니 이 지팡이도 동쪽을 가리키는구나!' 하면서 동쪽으로 출발했습니다.

존 칼빈은 "우리의 마음은 우상을 만들어 내는 공장과 같아서 계속해서 우리의 관심과 사랑의 대상이 되는 새로운 것을 만들어 낸다"라고 말했습니다

특정한 사람이나 상황 소유 사고방식 감정 등 우리가 다른 무엇보다도 중요하게 생각하는 모든 것이 우리에게 우상이 될 수 있습니다.

오늘날 우리는 금, 은, 동, 철의 우상들을 섬기지는 않지만, 자기의 욕심이 들어간 자기 욕망이란 탐욕에 절하고 있습니다.

우리는 우리의 마음을 비워야 합니다. 신앙생활을 하면서 얼마나 우리의 뜻대로 했습니까? 진짜 주님이 원하시는 길로 가야 합니다.

우리가 우리의 마음대로 간다면 다시 돌아와서 주안에서 서야 합니다. 그 길만이 살길입니다. 마음을 비우고 기도를 하십시오. 그리고 주님의 말씀대로 가시기를 바랍니다.

만약 돌이킨다면 우리는 주님이 기뻐하시는 자가 될 것입니다. 그러나 우리의 뜻대로 산다면, 그때부터 우리는 모든 불행과 슬픔 고통과 환난이 다가올 것입니다.

제발 부탁합니다. 주안에서 서십시오. 우리의 뜻을 접기 위해 욕심을 버리시기를 바랍니다.

"그러므로 나의 사랑하고 사모하는 형제들, 나의 기쁨이요 면류관인 사랑하는 자들아 이와 같이 주 안에 서라"

(빌립보서 4장 1절)

34

7월 4일

아브라함이 이삭과 이스마엘을 낳은 이후 그 후손들은 가나안 땅을 차지하기 위해 지금도 싸우고 있습니다.

모세 때부터 솔로몬의 통치 때까지는 이삭의 후손인 이스라엘 민족이 가나안 땅을 지배했습니다.

그러나 이스라엘이 남과 북으로 갈라진 이후 로마가 완전히 가나안 땅을 식민지화한 이후에는 이스마엘의 후손인 아랍계 팔레스타인 (성경에서는 블레셋)이 계속 2천 년 동안 지배하고 있었습니다.

그러다 제2차 세계대전 이후 유대인들은 막대한 자본력으로 미국과 영국을 움직였습니다. 그리고 1948년 가나안 땅에 이스라엘이 건국됩니다. 2천 년 만에 이스라엘 민족이 나라를 가지게 된 것입니다.

반면 팔레스타인 사람들은 이스라엘 밖으로 쫓겨났고, 아랍계 나라들을 규합해서 1948년부터 시작하여 1956년, 1967년, 1973년 이렇게 중동전쟁을 일으켰는데 4번 다 이스라엘이 이겼습니다.

이스라엘과 팔레스타인의 관계는 좋을 수가 없습니다. 언제든지 전쟁이 일어날 수가 있습니다. 여호수아가 하나님의 말씀대로 이방 민족을 멸절했다면 그 이전 아브라함이 하나님과의 약속인 사라에게서 아들이 태어난다는 약속을 믿었다면, 이슬람을 믿는 아랍계 민족은 생겨나지 않았을 겁니다.

한 번의 믿음이 없는 행동이 오늘날과 같은 큰일이 됩니다. 우리는 주님을 믿는 조상이 될 것입니다. 우리 후손들에게 예수님이 얼마나 좋은 분이며 사랑과 공의의 예수님임을 가르쳐 주어야 합니다.

역사를 보면 순간의 선택의 영향력이 수천 년을 갑니다. 우리가 믿음의 조상이 되기 위해선 우리에게 말씀하신 대로 절제하고 욕심 없이 살면 됩니다.

우리의 후손들이 자랑스럽게 여길 믿음의 조상들이 됩시다.

"하갈이 아브람의 아들을 낳으매
아브람이 하갈이 낳은 그 아들을 이름하여 이스마엘이라 하였더라"
(창세기 16장 15절)

35

7월 7일

미국의 최초 선교사인 아도니람 저드슨은 신학교를 졸업한 후 보스턴에 있는 중류층들이 모이는 한 교회로부터 부목사로 와 달라는 청빙을 받았습니다.

이 소식을 전해 들은 가족들과 친구들은 모두 기뻐하며 축하해 주었습니다. 그러나 저드슨은 기뻐하기보다 고개를 저으며 이렇게 말했습니다.

"하나님은 나를 해외 선교에 쓰시려고 부르셨습니다. 내가 이곳에 남아서 사역해도 되지만, 하나님의 뜻에 온전히 순종하는 것은 아닙니다. 저는 주님께 온전히 순종하겠습니다."

그는 남들이 인정해 주고 편안한 사역지를 뿌리치고 불교의 나라인 미얀마로 떠났습니다.

처음에는 복음이 들어가기가 너무 힘이 들었습니다. 얼마나 힘들었는지 한 사람을 전도하여 세례를 주는 데 6년이 걸렸다고 합니다.

그는 불교의 나라에서 예수님을 전하다 보니, 감옥에 갇히기도 하고 죽음과 질병의 고비도 수없이 넘쳤습니다.

그러나 저드슨의 이러한 헌신은 결국 불교의 나라인 미얀마에 5만 명의 크리스천들이 거듭나게 했고, 이 소식을 전해 들은 많은 크리스천은 저드슨을 도왔고 수많은 청년들이 동남이 지역으로 선교사로 가는 일들이 생겨났다고 합니다.

저드슨의 헌신과 희생이 크리스천들의 마음에 꺼지지 않는 선교의 불을 밝힌 것입니다.

헌신과 희생이라는 것은 자기 속에 있는 욕망을 버리는 것입니다. 즉 욕심을 버리는 것입니다. 욕심을 버린 우리의 마음에 예수님의 마음을 가득 채우는 것입니다.

우리의 작은 헌신과 희생이 자신의 삶뿐만 아니라 다른 이들이 헌신하는 데 용기와 힘을 줍니다.

우리가 서로서로 힘을 주고 기도할 때 헌신자들은 큰 힘이 됩니다. 특히 선교사님들을 위해 기도해야 합니다. 보내는 선교사로서 깨어 기도합시다.

"내가 그리스도와 함께 십자가에 못 박혔나니
그런즉 이제는 내가 사는 것이 아니요
오직 내 안에 그리스도께서 사시는 것이라
이제 내가 육체 가운데 사는 것은
나를 사랑하사 나를 위하여 자기 자신을 버리신
하나님의 아들을 믿는 믿음 안에서 사는 것이라"
(갈라디아서 2장 20절)

7월 14일

네덜란드의 화가였던 렘브란트가 그린 '탕자의 귀향'이라는 그림을 보면 남루한 옷에 흉한 몰골을 한 탕자가 등을 보인 채 무릎을 꿇고 있습니다.

아버지는 깊은 연민으로 그 아들을 바라보며 손을 넓게 펴서 탕자의 등을 어루만집니다. 아버지의 바로 옆에는 아버지와 똑같은 붉은 색 외투를 입고 수염을 기른 사람이 서 있습니다. 바로 큰아들입니다.

그런데 이 큰아들은 아버지하고는 달리 두 손을 마주 잡은 채 허리춤에 올려놓고 있습니다. 시선은 냉정하고 차갑습니다.

작가인 수잔 헤르츠는 이 큰아들에게 '제2의 탕자'라는 별명을 붙였습니다. 신학자 사이먼 키스트메이커는 '큰아들을 자기 의에 가득 찬 사람'이라고 불렀습니다.

큰아들은 율법의 눈으로 동생을 바라보았습니다. 비록 아버지와 함께 살고 있었지만, 아버지가 지닌 은혜의 마음을 헤아리지 못하고 동생을 미워했습니다.

큰아들의 눈은 율법입니다. 집을 나가 아버지가 나눠 준 재산을 창기들과 다 허비한 나쁜 동생을 아버지가 집에 받아들이고 잔치를 베푸는 것은 잘못된 것이라고 분노했습니다.

반면 아버지의 눈은 사랑과 긍휼입니다. 아버지는 "둘째 아들이 죽었다가 살아났으며 잃었다가 얻었으니, 다시 받아들이고 잔치를 베푸는 것은 마땅하다"며 기뻐했습니다.

우리는 대부분 큰아들처럼 바라볼 가능성이 높습니다. 우리 안엔 사람들을 바라보는 잣대가 있습니다. 우리가 상식적으로 생각하는 기준이 있는 것입니다.

이 기준이 우리를 큰아들처럼 만듭니다. 사랑과 긍휼이 없는 오직 자신이 만든 잣대인 의가 가득한 바리새인으로 우리를 변화시킵니다.

우리는 탕자 같은 존재들입니다. 그러나 사랑이 많은 아버지를 만났을 때 그분의 아들이 됩니다. 우리는 바리새인이 돼서 우리의 이웃을 보면 안 됩니다.

율법은 우리의 죄를 그대로 가감 없이 보여줍니다. 그리고 준엄한 심판을 선언합니다. 구원을 베푸지는 않습니다.

주님을 만나고 교제할 때 그분의 사랑과 긍휼을 알게 되고 우리의 삶 속에서 베풀게 됩니다. 이것이 주님이 말씀하신 율법의 완성입니다.

우리 모두 탕자의 아버지와 같은 사랑과 긍휼을 가지고 살았으면 합니다. 그럴 때 진정 주님의 자녀가 되는 것입니다.

> "아버지가 자식을 긍휼히 여김 같이
> 여호와께서는 자기를 경외하는 자를 긍휼히 여기시나니"
> (시편 103편 13절)

37

7월 25일

미국의 한 화가가 꿈에 천국을 갔습니다. 한 천사가 나와서 그를 맞으며 금빛이 나는 책을 보여 주었습니다.

화가가 "그것이 무슨 책입니까?"라고 물으니 "당신의 삶을 기록한 책입니다." 화가는 자신의 삶을 기록했다는 말에 호기심이 생겨서 가까이 다가가 첫 장을 열어 보았습니다.

거기에는 깨알 같은 글씨로 무언가가 빽빽하게 적혀 있었습니다. 화가가 "그 내용이 무엇입니까?"라고 묻자 천사는 "당신의 악한 행동들"이라고 대답했습니다.

화가는 더럭 두려운 마음이 들었습니다. 천천히 다음 장을 넘겼더니 이번에는 아까보다 더 많은 글이 적혀 있었습니다. 천사는 "이 글들은 당신이 했던 사악한 말들"이라고 했습니다.

그런데 그다음 장을 보니 더 빽빽했습니다. 천사는 "그것은 당신이 했던 악한 생각들"이라고 설명해 주었습니다.

이제 화가는 더 이상 책장을 넘길 엄두가 나지를 않았습니다. 그러자 천사가 넘기는데 그 넘긴 다음 장은 온통 검은색으로 칠해져 있었습니다.

놀란 그에게 천사는 "그것은 당신의 악한 마음입니다. 검은 마음에서 악한 생각이 나오고 악한 생각에서 악한 행동들이 나옵니다"라고 말했습니다.

그제야 화가는 자신이 온통 죄 덩어리라는 사실을 깨달았습니다. 우리 모두도 화가와 같습니다. 율법 앞에 서면 모든 사람은 죄 덩어리입니다.

죄 중에 태어나서 죄악 가운데 살다가 죄악 가운데 죽을 수밖에 없습니다. 이런 죄인을 구원하시고 영생을 주시기 위해 예수님이 오셨습니다.

오직 우리 모두가 살길은 우리를 위해 죽으시고 다시 사신 예수님께 나아가는 것입니다. 그럴 때 값없이 은혜를 베풀어 주십니다. 우리의 죄를 예수님의 보혈로 말갛게 씻어주십니다.

"예수는 우리가 범죄한 것 때문에 내줌이 되고
또한 우리를 의롭다 하시기 위하여 살아나셨느니라"
(로마서 4장 25절)

7월 28일

　19세기 러시아의 황제 니콜라스 1세 때의 일입니다. 니콜라스 1세는 평소 병사 복장을 하고 여러 곳을 돌아보는 습관이 있었습니다.
　하루는 밤이 깊어 병사들을 돌아보는데 한 막사에 불이 켜져 있었습니다. 그 막사는 평소에 황제가 친하게 지내던 장교의 아들이 쓰고 있는 막사로 그 아들은 군의 재정을 담당하는 장교들 중의 한 사람이었습니다.
　반가운 마음에 막사 틈으로 안을 보니 그 장교는 책상 위에 엎드려 있고 앞에는 권총이 놓여 있었습니다. 황제는 깜짝 놀라서 조용히 안으로 들어갔습니다.
　책상 위에는 장부가 펼쳐져 있고 그 장부 여백에는 '이 큰 빚을 누가 갚을 수 있는가?'라는 글이 적혀 있었습니다.
　황제는 금방 상황을 파악했습니다. 원래 착실했던 이 장교는 못된 친구들과 어울려 도박을 하다가 그만 군대의 공금에 손을 댔던 것입니다. 점점 금액이 커지자 도저히 혼자 힘으로는 해결할 수 없는 지경에 이르렀습니다.
　그래서 자살할 생각으로 권총을 책상 위에 올려놓고 머리를 양팔 사이에 묻은 채 지난날을 뉘우치다가 그만 잠이 들었던 것입니다.

황제는 그 장교를 깨우지 않고 조용히 펜을 들어 장부의 빈 곳에다 이렇게 크게 적었습니다.

'내가 갚겠노라.' 니콜라스 1세가 장교로서는 도저히 해결할 수 없는 빚을 황제가 친히 갚아 주었던 것입니다.

원래 우리들의 죄는 인간의 힘으로는 갚을 수가 없습니다. '죄의 삯은 사망'이기 때문에 이 죄를 갚으실 수 있는 분은 오직 예수님밖에 없습니다.

우리가 지은 죄들로 지옥 속에서 영원히 살 수밖에 없는데 예수님이 오셔서 "내가 너의 죄를 다 갚았다"고 해 주신 것입니다.

죄인에서 용서받은 의인이 된 것입니다. 우리는 죽음에서 천국으로 가서 영원히 사는 영생을 얻은 것입니다. 우리는 예수님을 믿어야 합니다. 지금도 예수님은 우리를 기다리십니다. 우리의 죄를 다 용서하십니다.

"육신의 생각은 사망이요 영의 생각은 생명과 평안이니라"
(로마서 8장 6절)

39

8월 4일

얼마 전 미국의 오하이오주의 한 도시에서 1,025명의 사람들을 대상으로 '어떻게 하면 천국에 갈 수 있습니까?'라는 설문조사를 했습니다.

그런데 놀랍게도 그중 85%의 사람들이 성경과 전혀 상관없는 엉뚱한 대답을 했습니다.

어떤 사람은 "교회에 등록하고 예배를 빠짐없이 참석하면 천국에 갈 수 있다"고 대답을 했고, 또 다른 사람은 "선한 일생을 살면 천국에 갈 수 있다"고 했습니다.

그 외에 "성경을 읽으면 천국에 갈 수 있다" "노력하면 갈 수 있다" "어떤 종교든 열심히만 믿으면 갈 수 있다"고 대답을 한 사람들도 있었습니다.

그러나 이런 대답들은 모두 잘못된 생각들입니다. 교회를 나온다고 해서, 성경을 읽는다고 해서, 착한 일을 많이 한다고 해서, 어떤 종교든 열심히 믿는다고 해서 구원을 받는 것이 아닙니다.

구원은 오직 하나님이 보내신 예수님을 자신의 구주로 영접했을 때 받는 것입니다. 예수님 외에 다른 어떤 사람이나 물건도 우리를 구원할 수 없습니다.

예수님 이외에 천하 누구에게도 구원을 받을 만한 이름을 주신 적이 없습니다. 그러므로 예수님 말고 다른 이름이나 다른 철학이나 다른 종교를 의지하지 마십시오.

"예수님만이 길이요 진리요 생명이니 예수님으로 말미암지 않고는 하나님께로 올 자가 없기" 때문입니다. 오로지 예수님을 믿을 때 구원을 받습니다.

"우리를 구원하시되 우리가 행한 바 의로운 행위로 말미암지 아니하고
오직 그의 긍휼하심을 따라 중생의 씻음과 성령의 새롭게 하심으로 하셨나니"
(디도서 3장 5절)

40

8월 8일

성공학의 대가 지그 지글러의 '세계의 지혜'라는 책에 보면 다음과 같은 이야기가 나옵니다.

하루는 왕이 현인들을 불러서 세상의 지혜를 정리해 오라는 명령을 내렸습니다. 현인들은 세계의 지혜를 다 모아서 12권의 책으로 만들어 가져왔습니다.

그러자 왕은 분량이 너무 많으니 줄여 오라고 했습니다. 그들은 고심한 끝에 12권을 1권으로 줄였습니다. 왕은 이것도 많으니 더 줄이라고 말했습니다.

그래서 내용을 줄이고 줄여서 한 페이지로 만들었습니다. 그러나 왕은 그것도 많으니, 한 눈에 볼 수 있도록 한두 마디로 줄이라고 했습니다.

결국 현인들은 12권의 내용을 다섯 글자로 줄이는 데 성공했습니다. 그것은 바로 '공짜는 없다'였습니다.

맞습니다. 세상에 공짜는 없습니다. 주님이 만드신 자연의 법칙은 심은 대로 거두는 것입니다. 예수님을 믿으면 공짜로 구원을 받는다고 말하지만 엄밀하게 따지면 구원은 공짜가 아닙니다.

주님이 지불하신 대가가 너무 엄청나서 우리가 생각할 수 없는 값으로 도저히 계산할 수가 없어서 공짜로 보이는 것입니다.

사도 바울을 보십시오. 구원을 받은 후 그는 온갖 어려움을 이겨내며 복음을 전했습니다. 감옥도 가고 죽도록 매를 맞기도 했습니다. 그는 복음을 위해 자신을 희생하고 헌신을 했습니다.

우리도 마찬가지입니다. 구원을 얻는데도 그 대가가 있듯이 물론 우리의 헌신과 희생이 주님이 십자가 위에서 당한 고통과 죽음과는 비교할 수 없지만, 우리가 인생을 살아가는 것도 예전에 심었기 때문입니다.

우리가 지금 무탈하게 사는 것은 우리의 선조들이 믿음으로 심었든지 우리 자신이 심었기 때문에 거두는 것입니다. 심지 않고 거두는 법은 없습니다.

"이것이 곧 적게 심는 자는 적게 거두고
많이 심는 자는 많이 거둔다 하는 말이로다"
(고린도후서 9장 6절)

41

8월 11일

오스트리아의 심리학자인 알프레드 애들러 박사는 그에게 찾아온 우울증 환자들에게 다음과 같이 말했다고 합니다.

"보름 동안만 '날마다 어떻게 하면 남을 기쁘게 해 줄 수 있을까'를 궁리해서 그걸 실천하십시오."

박사의 명성에 기대를 걸었던 대부분의 환자들은 이 싱거운 처방에 실망을 하고 돌아가 버렸습니다. 그러나 박사를 믿고 그 처방대로 따른 20%의 사람들은 당장 치료의 효과가 나타났습니다.

다른 사람들에게 사랑과 기쁨을 심자, 치료와 행복을 거두었던 것입니다. 심고 거두는 법칙은 영적인 일에도 똑같습니다. 미움을 심고 사랑을 거둘 수는 없습니다. 사랑을 심어야 사랑을 거둘 수 있습니다.

거짓을 심으면 거짓이 옵니다. 그러나 참된 것을 심으면 신뢰와 진실이 옵니다. 무엇이든지 심은 대로 거두는 것입니다.

주님은 남에게 좋은 것을 주라고 하셨습니다. 그러면 우리에게도 넘치도록 좋은 것을 주신다고 말하셨습니다.

그리고 상대방을 이해하고 용서하면 자신도 용서함을 받고 헤아림을 받는다고 하셨습니다.

우리가 좋은 것으로 많이 심을수록 좋은 것으로 많이 거두게 됩니다. 기회가 오는 대로 기쁨과 사랑을 심으시기 바랍니다. 우리 모두 좋은 것으로 많이 심읍시다. 그럼 좋은 것으로 많이 거두게 됩니다.

"주라 그리하면 너희에게 줄 것이니
곧 후히 되어 누르고 흔들어 넘치도록 하여 너희에게 안겨 주리라
너희가 헤아리는 그 헤아림으로 너희도 헤아림을 도로 받을 것이니라"
(누가복음 6장 38절)

42

8월 15일

　영국의 전도자로 유명한 기도의 사람인 윌리엄 로우는 행복의 비결에 대해 다음과 같이 말했습니다.
　"만일 어떤 사람이 인생의 행복과 만족을 찾는 가장 빠르고 확실한 방법이 무엇이냐고 묻는다면, 그 사람에게 어떤 일이 일어나든지 그것에 대해서 무조건 하나님께 감사하고 찬양하는 것이라고 대답할 것이다."
　우리는 인생을 살다 보면 연단을 받기 위해 불시험을 당할 때도 있고 우리의 욕심 때문에 고난을 받을 때도 있습니다.
　성경은 불시험을 받을 때 이상하게 여기지 말라고 합니다. 오히려 '그리스도의 고난에 참여하는 것이니 즐거워하라'고 적고 있습니다.
　우리가 고난을 겪는 대부분의 원인은 욕심 때문입니다. 불시험과는 달리 우리가 가진 정욕과 자랑 때문에 생긴 것입니다. 이럴 땐 빈 마음이 되어야 합니다. 나 자신을 버리고 주님이 주신 십자가의 사랑을 매고 가야 합니다.
　우리는 사랑이라는 십자가를 지고 갈 때 또는 연단을 위해 불시험이 왔을 때 부정적인 생각이나 말을 하지 말고, 오히려 감사를 해야 합니다.
　감사를 하고 즐거워하면 주님께서 고난과 불시험을 견디고 극복할 수 있는 능력을, 성령님을 통해 주시고 또 축복도 주십니다.

혹 지금 자신의 욕심 때문에 힘드십니까? 나란 자아는 십자가에 못 박혔습니다. 내 안에 그리스도께서 사십니다. 욕심을 버리십시오.

연단을 받는 중이라면 주님 때문에 치욕을 당하고 힘든 시기라면 기뻐하십시오. 왜냐하면 영광의 영이시고 하나님의 영이신 성령님이 함께 하시기 때문입니다.

고난을 겪든 연단을 받든 우리는 주님께 감사하고 찬양을 해야 합니다. 그것이 주님을 믿는 자로서 당연히 해야 할 자세입니다.

마음을 비우고 사시기 바랍니다. 그리고 마음의 중심을 주님이 항상 보고 있다는 것을 명심하십시오.

> "그러나 내가 가는 길을 그가 아시나니
> 그가 나를 단련하신 후에는
> 내가 순금 같이 되어 나오리라"
> (욥기 23장 10절)

8월 18일

중국의 유명한 복음 전도자인 워치만 니 목사님은 전 세계에 잘 알려져 있습니다. 그는 몸이 매우 약해서 30세를 넘기지 못할 것이라는 의사의 진단을 받았습니다. 그래서 그는 주님께 치료해 달라는 기도를 많이 했는데 어느 날 밤에 신기한 꿈을 꾸었습니다.

꿈에 배를 타고 양쯔강을 거슬러 올라가는데, 한가운데에 이르러 배가 큰 바위에 걸려 더 이상 나갈 수가 없었습니다. 그는 꿈속에서 다음과 같이 기도했다고 합니다.

"하나님! 이 배가 지나가게 해 주옵소서." 그때 주님이 이렇게 물으셨다고 합니다. "이 바위를 옮겨줄까? 아니면 물이 불어나 배가 지나가게 해줄까?"

워치만 니 목사님은 주님께 "물이 점점 불어 지나가게 하여 주옵소서"라고 대답을 했고, 그러자 순식간에 물이 불어 올라 배는 그 물 위로 유유히 지나갔습니다.

꿈에서 깨어난 목사님은 중요한 한 가지를 깨달았다고 합니다.

주님이 자신의 폐병과 심장병을 고쳐 주실 수도 있고, 그 두 가지 병을 그대로 두고 이것을 극복하도록 은혜를 넘치게 주실 수도 있는데, 둘 중에 어느 것을 선택하겠느냐고 물으신다는 것을 알았습니다.

그래서 그는 책상 위에 손을 모으고 기도를 다음과 같이 했다고 합니다.

"주님! 폐병과 심장병을 극복해 가면서 더 좋게 주의 일을 할 수 있다면 오히려 낫는 것보다 그대로 놔두는 것을 선택하겠습니다"

그 후 그는 평생 병으로 고생했지만, 주님의 큰 은혜를 받아 중국과 전 세계를 변화시키는 위대한 사역을 하다가 69세에 천국으로 가셨습니다. 주님이 30년밖에 못 살 운명을 40년을 더 살게 하신 것입니다.

주님은 워치만 니 목사님처럼 고난의 장애물들을 치워주시기보다는 대부분 고난을 극복하도록 은혜를 주십니다. 그 고난을 통해 우리는 성장합니다.

우리 모두는 말 못 할 사정들이 있습니다. 그것이 병일 수도 있고 경제적 상황일 수도 있고 타인과의 인간관계에서 오는 문제일 수도 있습니다.

이럴수록 우리는 주님과의 관계를 더 친밀하게 가져야 합니다. 성경 말씀을 통해 주님의 사랑을 경험해야 합니다. 주님은 우리가 어려움을 통해 주님의 사랑을 깊이 알기를 원하십니다.

우리 모두, 현재의 위치에서 한 번쯤 주님께 여쭤봐야 합니다. "주님 저 잘살고 있나요?" 이 물음에 주님은 답하실 겁니다. 하루에 한 번은 쉬어가는 것도 좋습니다 .주님을 만나는 시간을 가지시기 바랍니다.

"만일 그리스도인으로 고난을 받으면 부끄러워하지 말고
도리어 그 이름으로 하나님께 영광을 돌리라"
(베드로전서 4장 16절)

44

8월 22일

요즘 교육 현장에서는 청소년들을 '스크린 세대' 또는 '게임 세대'라고 부릅니다. 그 이유는 야외로 현장학습을 가거나 직접 운동하는 것 대신에 비디오나 게임으로 하는 것을 더 좋아하기 때문입니다. 직접 움직이기보다 대리 만족을 더 좋아하는 것입니다.

어느 중학교에서는 조회 시간에 반주만 녹음된 USB를 사용하다가 학생들이 애국가를 따라 부르지 않자 아예 가사까지 녹음된 것으로 바꾸었다고 합니다.

또 강남에 있는 어느 고등학교에서는 선생님이 학생들에게 청소를 시켰더니 빗자루를 들고 가만히 서 있더랍니다. 그래서 "바닥을 쓸어라"고 말해주자 그제서야 바닥을 쓸더니 쓸고 난 후 모아 놓은 쓰레기를 치우지 않고 또 가만히 있더랍니다. 그래서 "쓰레기를 쓸어 담아야지"라고 말하니까 쓸어 담고 나서는 "쓰레기통에 넣어"라고 할 때까지 또 그냥 쳐다만 보고 있더랍니다.

교사들은 요즘 청소년들이 이처럼 나약해진 원인에 대해 이 아이들이 어린이집이나 유치원을 다니기 전부터 부모들이 짜놓은 시간표대로 움직였기 때문이라고 말합니다.

어릴 때부터 부모들의 과보호로 자율적인 생각이나 행동을 할 기회가 없었기 때문에 자신의 시간을 관리하거나 자율적으로 생각하고 판단할 수 없게 된 것입니다.

우리 크리스천들도 마찬가지입니다. 고통 속에서 주님을 바라보고 그 은혜를 힘입어 어려움을 극복하는 삶을 살아갈 때 강하고 능력 있는 신앙인이 됩니다.

인생 가운데 장애물이 없는 삶이 아니라 장애물을 극복하는 삶이 크리스천의 인격을 만드는 데 필요한 약입니다. 이 약을 꼭 드시기를 바랍니다. 우리는 이 약을 통해 연약했던 우리가 기도와 찬양과 말씀으로 강해질 것입니다.

"이와같이 성령도 우리의 연약함을 도우시나니
우리는 마땅히 기도할 바를 알지 못하나
오직 성령이 말할 수 없는 탄식으로
우리를 위하여 친히 간구하시느니라"
(로마서 8장 26절)

45

8월 25일

    영국의 청교도 가운데 유명한 사람들이 많지만, 그중에서 가장 많이 세계적으로 알려진 사람 중에 한 분이 존 번연이란 분입니다. 그는 청교도 정신에 입각한 복음을 전하고 영국 왕이 수장으로 있는 국교회를 반대하다 12년 동안 감옥에 있었습니다.

    활동적이고 적극적인 사람이 수감되어 감방에 가만히 있으려니 답답하기가 이를 데 없었습니다. 그래서 그는 시간만 나면 기도했습니다.

    "주님! 저를 건져 주소서. 이 감옥에서 저를 꺼내 주소서"

    그런데 어느 날 기도를 하는데 주님의 음성이 들려왔습니다.

    "네 은혜가 족하다. 네 은혜가 족하다. 네 은혜가 족하다"

    똑같은 음성이 세 차례나 들려왔습니다. 그때서야 존 번연은 '내가 이렇게 감옥에 있을지라도 주님께서 내게 족한 은혜를 주시는구나!'. '이렇게 어려운 가운데서도 주님께서 함께하시는구나'란 사실을 깨달았습니다.

    그러자 방금 전까지 미치도록 답답했던 감옥이 천국처럼 느껴졌습니다. 존 번연은 이 체험을 한 뒤 12년을 감옥에 있으면서 날마다 주님과 기도로 깊은 교제를 나누며 성경 말씀을 깊이 묵상했습니다.

    그리고 그 은혜에 감사하여 지은 책이 바로 성경 다음으로 많이 읽힌다는 '천로역정'입니다. 실제로 존 번연이 밖에 나가 목회하여 구원한 사람보다 감옥에 있으면서 천로역정으로 구원하고 믿음을 굳건히 한 사람들의 숫자가 더 많습니다.

실로 주님의 은혜가 아닐 수 없습니다. 억울하고 고통스러운 감옥생활일 수밖에 없던 것이 주님의 은혜로 천로역정 같은 시대를 초월해 지금도 베스트셀러인 책을 썼다는 것은 이적입니다.

존 번연은 의인입니다. 종교적 색깔이 다르다고 해서 12년을 감옥에 있었지만, 누구를 탓하지 않고 자신의 재능과 주님의 은혜로 책을 쓴 것입니다.

감옥에 있다고 소심해지거나 믿음이 적어져 뒤로 물러난 적이 없었습니다. 그는 주님이 기뻐하시는 자가 된 것입니다.

지금 자신의 처지가 어렵습니까? 힘을 내시기를 바랍니다. 존 번연은 12년간 감옥에 있었습니다. 얼마나 나가고 싶었겠습니까? 우리도 처지가 어떠하든지 주님의 은혜를 맛봐야 합니다.

우리는 주님을 믿는 의인입니다. 어깨를 펴고 다니시기를 바랍니다. 주님이 주신 믿음으로 사십시오. 주님이 반드시 도와주십니다. 화이팅!

> "나의 의인은 믿음으로 말미암아 살리라
> 또한 뒤로 물러가면 내 마음이 그를 기뻐하지 아니하리라"
> (히브리서 10장 38절)

8월 29일

　우리나라의 동화 작가 중에 정채봉이 지은 글 중에서 다음과 같은 글이 있습니다.
　콩 형제가 있었습니다. 이름의 성 씨가 콩 씨가 아니고 먹는 콩을 말합니다.
　콩 형제 둘이 앉아서 이야기를 나누는데 형이 되는 콩이 "나는 들에 가서 살래"라고 말했습니다. 그러나 동생이 되는 콩은 "아니야 나는 집안에서 살래"라고 말했습니다.
　그래서 형은 들에 나가서 햇빛을 받고 비바람을 맞으면서 큰 콩나무로 자랐습니다.
　그러나 햇빛도 받지 않고 비바람도 맞지 않는 방안에서 편안하게 자란 동생은 노란 콩나물이 되어서 식탁에 오르는 반찬이 되고 말았습니다.
　똑같은 콩이었지만 비바람을 맞고 햇빛을 쬐고 어려움을 견디면서 자란 콩은 나무가 되었습니다.
　그렇지만 비바람 없이 물로써 자란 콩은 콩나물이 되어서 밥상에 올라갔습니다. 콩나물이 된 것이 나쁘다는 것이 아닙니다.
　인생을 통해 연단을 받은 후에는 어떠한 비바람이 몰아쳐도 주님이 함께 하시므로 넉넉히 이긴다는 것입니다.

각자에게는 주님이 정하신 그릇이 있고, 그 크기에 맞는 연단이 있습니다. 아픔과 고통을 통해 주님을 더 사랑하게 되고 더 겸손해지고 모든 것이 주의 은혜라는 것을 안다면, 그 연단은 성공한 겁니다.

각자의 그릇의 크기대로, 주님이 쓰시는 대로 순종한다면, 즉 욕심 없이 산다면 그것만큼 더 소중한 것은 없습니다.

주님 때문에 고난을 당한다면 그것만큼 기뻐하고 귀한 것은 없습니다. 우리 모두 힘을 내십시오. 우리는 콩나무가 되든 콩나물이 되든 귀한 자녀입니다.

연단은 콩나무든 콩나물이든 다 찾아옵니다. 문제는 연단을 대하는 우리의 자세에 달려 있습니다. 저는 우리들이 주님의 뜻대로 순종을 하느냐 안 하느냐에 달려있다고 봅니다.

지금 연단을 받고 있다면 욕심과 자신 뜻을 내려놓고 기도하시기를 바랍니다. 그리고 순종하시기를 바랍니다. 그것이 사는 길입니다.

> "사랑하는 자들아 너희를 연단하려고 오는 불 시험을
> 이상한 일 당하는 것 같이 이상히 여기지 말고"
> (베드로전서 4장 12절)

47
9월 1일

    1948년 미국 대통령 선거에서 트루먼이 대통령으로 당선되고 2년 뒤 그의 고향 미주리주 인디펜던스에서는 당선 기념 도서관을 개관 했습니다.
    개관 행사에 참석하기 위해 그가 고향을 방문했을 때, 대통령을 구경하기 위해 많은 사람들이 모여들었습니다. 그곳에는 많은 아이들과 청소년들도 와 있었습니다.
    그들 중 한 아이가 트루먼에게 다음과 같이 질문했습니다.
    "대통령 할아버지! 당신은 우리만 했을 때 무엇을 하셨나요? 반장을 했나요?"
    트루먼은 답하기를 "나는 너희만 할 때 아주 볼품이 없었단다. 운동도 못하고 눈이 나빠서 안경을 벗으면 책도 읽지 못했단다."
    다른 청소년이 또 질문했습니다.
    "그러면 어떻게 대통령이 되셨나요?"
    대통령은 다음과 같이 대답했습니다.
    "나는 매일 성경을 읽었단다. 그리고 내 뒤에서 밀어주시는 하나님의 힘을 믿었지. 나는 빌립보서 4장 1절 *"그러므로 나의 사랑하고 사모하는 형제들, 나의 기쁨이요 면류관인 사랑하는 자들아 이와 같이 주 안에 서라"*는 말씀을 굳게 믿고 담대하게 밀고 나갔단다."

트루먼은 하나님 말씀에 대한 믿음을 통해 대통령까지 당선될 수 있었던 것입니다.

하나님을 믿는 사람은 하나님의 말씀으로 살아가는 사람입니다. 주안에 서시기를 바랍니다.

자신이 믿음의 사람인지 아닌지를 알고자 한다면 자신이 말씀에 서서 우뚝 서 있는가를 보면 됩니다.

하나님의 말씀은 성령님의 감동하심으로 된 것입니다. 말씀에는 교훈과 책망과 바르게 함과 하나님의 의로 교육하기에 유익합니다.

우리는 말씀을 통해 하나님의 자녀로서 우리가 점점 하나님의 마음과 뜻을 알게 하십니다. 우리는 하나님의 힘으로 선한 일을 하게 되어 행함이 있는 믿음을 가지게 됩니다.

트루먼 대통령이 말씀을 믿고 의지하여 행했듯이 우리도 우리 각자의 위치에서 믿음대로 행하면 됩니다. 그러면 하나님의 말씀은 자연히 전파됩니다. 우리 모두 주안에 섭시다.

"너는 말씀을 전파하라 때를 얻든지 못 얻든지 항상 힘쓰라
범사에 오래 참음과 가르침으로 경책하며 경계하며 권하라"
(디모데후서 4장2절)

48

9월 5일

고아의 아버지라고 불리는 죠지 뮬러의 전기를 읽어 보면 그는 3개월에 한 번씩 성경 전체를 통독했고 일생 동안 성경을 200번이나 정독했습니다.

어떤 사람이 그에게 "오늘날 크리스천들이 약해서 하나님의 일을 할 수 없는 이유가 무엇이냐"고 묻자 죠지 뮬러는 다음과 같이 말했습니다

"항상 성경을 읽지 않기 때문입니다"

5만 번이나 기도의 응답을 받은 죠지 뮬러의 믿음은 날마다 읽었던 하나님의 말씀을 통해 얻은 주님이 주신 은혜였던 것입니다.

로마서 10장 17절에 보면 믿음과 말씀에 대해 다음과 같이 말하고 있습니다.

"믿음은 들음에서 나며 들음은 그리스도의 말씀으로 말미암았느니라"

그렇습니다. 믿음은 저절로 생겨나는 것이 아닙니다. 우리가 성경 말씀을 보고 들을 때 생기는 것입니다.

말씀을 읽고, 보고, 듣고, 묵상할 때 말씀은 우리의 마음속에 새겨집니다. 이 말씀을 외운다고 되는 것이 아니라 우리 안에 계신 성령님께서 때에 따라 생각나게 해 주십니다.

이처럼 말씀이 우리 마음속에 간직될 때 우리의 믿음은 커지게 되고 주님을 더 깊이 믿게 됩니다.

말씀이 우리 안에서 풍성할 때 우리는 주님을 따르고 동행하게 됩니다. 즉, 믿음의 사람은 말씀의 사람입니다. 말씀의 능력을 믿으시기를 바랍니다. 주님이 말씀으로 이 세상을 창조했다는 것을 믿으시기를 바랍니다.

"태초에 말씀이 계시니라 이 말씀이 하나님과 함께 계셨으니
이 말씀은 곧 하나님이시니라"
(요한복음 1장 1절)

<u>49</u>

9월 8일

슈바이처 박사는 꿈에 대해 이렇게 말했습니다.

"꿈의 힘은 무한하다. 한 방울의 물은 무력하게 보이나 그것이 바위 틈새에 들어가서 얼면 바위도 터지고 만다."

위의 말은 꿈이 처음에는 아무 힘도 없어 보이지만 바위가 터지듯이 우리를 이끄는 힘은 대단하다는 것입니다.

톨스토이는 꿈에 대해서 다음과 같이 말했습니다.

"꿈은 길잡이이다. 그것이 없으면 확실한 방향이 없어진다. 방향이 없어지면 행위도 없고 생활도 없다."

꿈은 곧 주님이 이끄시는 대로 가는 길에 대한 지도, 즉 내비게이션입니다. 우리의 욕심 때문에 주님이 가르쳐 주시는 대로 가지 못하고 방황하는 것입니다.

우리는 주님을 믿게 되면 나란 존재는 그리스도와 같이 죽었습니다. 내 안에 그리스도께서 사십니다.

꿈은 나란 자아가 없어질 때 생겨나는 것이 진짜입니다. 그 꿈은 주님이 주신 것입니다. 이 꿈을 내가 아닌 주님이 이끌어 가십니다.

꿈은 미래를 만들어주고 인생의 방향을 주님이 원하시는 방향으로 바꾸게 하십니다. 나라도 사회도 꿈이 있어야 합니다. 주님은 우리나라가 해야 할 일을 가르쳐 주십니다.

주님이 주신 꿈을 가진 자와 나라는 망하지 않습니다. 우린 주님이 주신 꿈은 눈으로 볼 수 없고 귀로 들을 수 없습니다. 오직 성령님을 통해 보여 주십니다.

자! 이제 욕심을 버리고 나는 그리스도 안에 있다고 고백합시다. 그럼, 주님이 꿈을 주실 것입니다. 빈 마음이 됩시다.

"오직 하나님이 성령으로 이것을 우리에게 보이셨으니
성령은 모든 것 곧 하나님의 깊은 것까지도 통달하시느니라"
(고린도전서 2장 10절)

9월 15일

찬송가 '어메이징 그레이스'로 더 알려진 '나 같은 죄인 살리신'을 쓴 영국의 존 뉴턴 목사님은 다음과 같은 말씀을 한 적이 있습니다.

"세상에서는 낙심하게 하는 것들이 많이 있으나, 믿음의 사전에는 그런 말이 없다. 다른 사람들에게는 낙심되는 것들이 주님을 믿는 우리에게는 주님의 길로 들어서는 것을 알리는 신호다."

우리는 낙심이 될 때 더 주님을 찾고 더 가까이 갑니다. 즉 기도하고 찬양을 간절히 합니다. 이럴때 믿음이 자랍니다.

믿음은 환경, 감각, 느낌을 믿는 것이 아닙니다. 믿음은 주님을 신뢰해서 한 발짝을 내딛는 능력입니다.

믿음은 행함이 있는 용기입니다. 주님을 제대로 믿는다면 행함이 없을 수가 없습니다. 낙심은 우리가 바라는 대로 안 되었기 때문에 생기는 마음입니다.

아브라함도 자신이 바라는 대로 안 되니까 차선책으로 하갈을 통해서 아들인 이스마엘을 얻었지만, 믿음의 적자는 이삭이었습니다.

아브라함은 사라를 통해 아들을 주신다는 주님의 말씀을 상식적으로 생각할 때, 불가능하다는 것을 알고 있었습니다. 그러나 주님이 진짜로 이삭을 주시자 아브라함의 믿음의 범위가 커질 수밖에 없었고, 이제는 주님이 팥으로 메주를 만든다고 해도 아브라함은 그 말을 믿었습니다.

우리는 믿음의 지경이 넓어져야 합니다. 주님은 "하나님을 믿어라. 이 산이 바다에 던져지라 말하고 믿으면 정말 그렇게 된다"고 하셨습니다.

우리는 불가능을 가능하게 하시는 주님의 믿음을 받아야 합니다. 의심하면 안 됩니다. 의심하면 약속의 계보에도 없는 이스마엘이 태어납니다.

의심의 씨앗으로 태어난 이스마엘이 우리의 삶 속에선 없었으면 합니다. 확실한 믿음을 가지시기를 바랍니다. 이삭이 태어난 이후 아브라함이 가졌던 믿음! 우리에게는 이런 믿음이 있어야 합니다.

"그러므로 내가 너희에게 말하노니 무엇이든지 기도하고 구하는 것은
받은 줄로 믿으라 그리하면 너희에게 그대로 되리라"

(마가복음 11장 24절)

51

9월 19일

세계 정복을 꿈꾸었던 세기의 영웅인 나폴레옹은 사람들이 부러워하는 모든 것을 가졌던 사람입니다. 지배와 소유의 정상에서 인생의 성취감도 누렸습니다.

그러나 그는 죽을 때 자신이 진짜로 행복했던 때는 "단 6일밖에 없었다"고 고백을 했습니다.

그와 반대로 헬렌 켈러는 듣지도 못하고 보지도 못하고 말은 잘하지 못해 어눌했지만, 말년에 과거를 회상하면서 "나의 인생은 기쁘고 행복한 나날이었다"고 말했습니다.

왜 이리 두 사람은 자신의 인생을 보는 눈이 다를까요? 결론부터 말하면 인생의 행복은 소유와 지배가 아닌, 마음 먹기에 따라 다르기 때문입니다.

행복한 삶을 위해서는 여러 가지 내적이고 외적인 조건들이 있습니다. 그중 제일 중요한 조건은 마음입니다. 마음에서 '난 불행해. 난 안돼'라고 하면 환경적인 조건을 아무리 잘 구비해도 의미가 없습니다.

우리는 마음을 잘 먹어야 합니다. 성경에서는 마음의 중심을 주님이 보시기 때문에 마음의 중심인 심중을 잘 가져야 합니다.

심중을 '카르디아'라고 합니다. 누군가를 미워하십니까? 남이 잘되면 배가 아프십니까? 이럴 땐 마음을 잘 먹어야 합니다.

진정으로 용서할 마음이 있어야 하고 남이 잘되기를 진심으로 빌어주어야 합니다. 이런 마음이 주님이 가졌던 마음입니다.

우리 각자는 그릇들이 다 다릅니다. 하지만 그 그릇에 어떤 마음을 담느냐에 따라 인생 말년에 나폴레옹과 같이 될 수도 있고 헬렌 켈러같이 될 수도 있습니다.

요새는 다들 부자가 되고 싶어 합니다. 그러나 성경에서는 **"돈을 사랑하지 말고 있는 바를 족한 줄로 알라"**고 말씀하십니다. 왜냐하면 주님이 우리를 버리지도 않고 떠나지도 않겠다고 약속하셨기 때문입니다.

돈에 대해 욕심을 버리시기를 바랍니다. 행복은 소유가 많고 적음에 따라 달라지지 않습니다. 주님을 믿는다면 통 크게 말씀 그대로 믿으시기 바랍니다.

주님은 우리를 떠나지도 버리지 않습니다. 이 세상을 창조하신 분이 약속하셨는데 주님을 믿는 데서 오는 기쁨과 평안을 버리려고 하십니까? 돈은 있다가도 없는 것입니다. 행복한 삶은 주님을 믿고 따를 때 오는 것이지 재물이나 명예가 있다고 오는 것이 아닙니다.

우리 모두 주님을 제대로 믿읍시다. 진정한 행복은 주님에게서 옵니다.

> "한 사람이 두 주인을 섬기지 못할 것이니
> 혹 이를 미워하고 저를 사랑하거나
> 혹 이를 중히 여기고 저를 경히 여김이라
> 너희가 하나님과 재물을 겸하여 섬기지 못하느니라"
> (마태복음 6장 24절)

52
9월 22일

　여의도에 사시는 김OO 권사님의 간증입니다. 김 권사님의 아버지는 권사님이 5살 때 병으로 돌아가시고 어머니가 시장에서 포목 장사를 시작하셨다고 합니다.
　다행히 장사는 잘돼서 권사님을 대학까지 공부시켰고, 여의도에 아파트를 살 수 있었다고 합니다.
　그리고 권사님을 대기업에 다니는 반듯한 청년과 결혼도 시켰다고 합니다. 당시엔 교회도 안 다니고 주님을 믿는 믿음도 없었다고 합니다.
　권사님은 남편을 설득해서 혼자 사시는 어머니를 모셨다고 합니다. 그런데 어머니가 자꾸 체중이 빠지는 것이 이상해서 병원에 갔는데 위암 말기였다고 합니다. 어머니의 나이가 아직 60살도 안 됐는데 너무 속상해서 어머니 몰래 울기도 많이 했다고 합니다.
　어머니를 지극 정성으로 모셨다고 합니다. 그런데 사위가 일본으로 해외 출장을 가는데 부인도 같이 가게 되었다고 합니다. 권사님은 어머니 때문에 망설였지만, 어머니가 걱정하지 말라고 잘 챙겨 먹고 집 잘 보겠다는 말을 믿고 2박3일 계획으로 일본에 갔다고 합니다.
　당시엔 스마트폰이 없던 시절이고 집에 전화가 있는 것이 귀한 시절이라 일본에 가는 것도 지금처럼 흔한 것이 아니었습니다. 일본에서 돌아와서 집 현관 벨을 눌러도 대답이 없자 문을 따고 들어갔다고 합니다. 어머니를 찾아 방으로 들어갔는데 어머니는 세상을 떠난 뒤였습니다.

그 이후로 권사님은 자신이 잘못해서 어머니가 돌아가셨다는 심한 죄책감에 괴로워했다고 합니다. 권사님은 3번 자살 시도도 했다고 합니다. 그러다 친척의 소개로 지금 다니는 교회의 목사님을 만났다고 합니다.

목사님은 권사님에게 "어머님은 돌아가실 때가 돼서 가신 것이며 오히려 일본에 가서 즐겁게 다녀온 것을 보면 기뻐하셨을 것입니다. 어머니는 절대로 권사님을 정죄하지 않으실 겁니다. 주님도 지금까지 권사님이 지으신 죄나 실수를 다 용서하셨습니다. 주님은 십자가 위에서 몸이 찢기고 피를 흘려 다 용서하셨으니, 마음을 편히 가지세요."

권사님은 목사님과의 만남을 통해 자신의 죄와 실수를 다 용서했다고 합니다. 주님과 어머니가 용서한 죄를 자신이 지고 갈 이유가 없었다고 합니다. 권사님은 그 만남 이후 그 교회를 다니게 되었고, 지금은 권사님이 되어 잘 지내신다고 합니다. 요새는 손주들 재롱 보는 것이 큰 기쁨이라고 합니다.

우리 모두 살다 보면 힘든 일이 생깁니다. 그럴 때 주님을 바라 보시기를 바랍니다. 주님은 우리 각자를 너무나 잘 아십니다. 주님께 소망을 두시기를 바랍니다. 힘을 내십시오.

"내 영혼아 네가 어찌하여 낙심하며 어찌하여 내 속에서 불안해 하는가
너는 하나님께 소망을 두라
그가 나타나 도우심으로 말미암아 내가 여전히 찬송하리로다"
(시편 42편 5절)

53
9월 26일

　19세기 영국의 영연방 국가의 정치가였던 세실 존 로즈는 건강이 좋지 않아서 기후가 따뜻한 지금의 남아프리카공화국으로 이주했다가 그곳에서 다이아몬드 광산을 발견하고 광산업으로 거부가 된 사람입니다.
　그가 한번은 영국에 볼 일이 있다가 구세군의 창시자 부스 장군의 아들인 브람웰 부스를 만나게 되었습니다.
　브람웰은 로즈에게 "당신은 행복하십니까?"라고 묻자, 그는 침울한 표정으로 다음과 같이 말했습니다.
　"행복이라니요? 내가 어떻게 하면 행복할 수 있습니까?"
　그러자 브람웰은 그에게 말했습니다.
　"천하에 진실로 행복한 곳은 오직 한곳 뿐인데 그곳은 바로 예수님의 십자가 아래입니다. 왜냐하면 그곳에서만 우리의 죄를 용서받을 수 있기 때문입니다."
　이 말을 들은 로즈는 바로 주님을 영접했고 얼마 뒤에는 세례를 받았습니다. 로즈처럼 여러 가지 일과 걱정으로 힘들어하는 사람이 많습니다. 그럴 땐 주님 곁으로 와야 합니다.
　잠시 주님께 기도할 시간을 내서 자신의 걱정을 다 얘기하시기 바랍니다. 진정으로 주님 안으로 우리가 들어가야 합니다. 한번 십자가에 매달리신 주님을 떠올리시기 바랍니다.

그런 다음 자신의 마음속에 있는 것을 다 털어 놓으시기 바랍니다. 그 후에 마음이 후련할 것입니다.

행복은 진정으로 마음이 평안할 때 옵니다. 주님 곁에 있으면 어려운 일이 있다 할지라도 모든 것이 합력하여 선을 이루시는 주님의 은혜를 경험할 수 있습니다.

주님을 의지해서 사시기 바랍니다. 우리 주님의 날개 아래 거하면 마음에 참 평안을 얻을 수 있습니다. 이것이 참 행복입니다.

"내가 사망의 음침한 골짜기로 다닐지라도 해를 두려워하지 않을 것은
주께서 나와 함께 하심이라
주의 지팡이와 막대기가 나를 안위하시나이다"

(시편 23편 4절)

54

9월 29일

톨스토이는 다음과 같이 말했습니다.

"사람들은 흔히 세속적인 행복을 찾다가 아무것도 얻지 못하고 기진맥진한 두 팔을 그리스도 앞에 내놓을 때 비로소 행복을 얻게 된다."

일본의 유명한 신학자 우찌무라 간조는 이렇게 말했습니다.

"인생의 행복이란 소유의 많고 적음에서 오는 것이 아니다. 하나님과 함께하는 삶 속에서 진정한 행복이 있다. 아무리 많은 것들을 가졌다 해도 하나님과 동행하지 않는 사람의 생활에는 행복이 없다."

진정한 행복은 주님께 있습니다. 말씀과 기도를 통해 주님을 만났을 때 세상이 줄 수 없는 참 기쁨과 경외함을 줍니다.

그것이 참 행복입니다. 부귀영화가 참 행복을 가져다줄까요? 아닙니다. 주님과 매일 만나고 그분의 진정한 뜻을 알 때, 우리는 행복을 느낍니다.

부귀영화에 행복이 있다고 생각하는 사람은 속고 있는 것입니다. 솔직히 돈과 명예가 많은 사람들은 마음이 편하지 못합니다. 언제 사라질지 모르기 때문입니다.

모래 위에 집을 짓지 마시기 바랍니다. 반석이신 주님의 말씀 위에 집을 지으시기를 바랍니다.

참 행복은 주님께 있습니다. 견고한 반석은 바로 주님이십니다. 주님의 말씀 위에 인생을 건축하는 자는 지혜로운 자로서 인생의 환난이 다가왔을 때 무사히 통과 합니다.

모래는 이 세상입니다. 이 세상에 소망을 두고 인생을 건축하는 자는 어리석은 자입니다. 환난의 폭풍우가 불어오면 허무하게 무너져 내립니다.

주님의 말씀으로 인생이란 집을 지으시기 바랍니다. 모래 위에 지었던 과거를 버리고 지금부터 새로 지으시기 바랍니다.

참 행복은 주님께 있습니다. 주님의 말씀처럼 반석 위에 인생을 지으시기를 바랍니다.

> "그러므로 누구든지 나의 이 말을 듣고 행하는 자는
> 그 집을 반석 위에 지은 지혜로운 사람 같으리니"
> (마태복음 7장 24절)

10월 6일

　청소년들의 심리 상담을 해주고 상담한 얘기를 당사자의 허락을 받고 심리상담 신문에 실어 온 심리 상담가에게 한 통의 편지가 왔습니다.
　15세의 소녀의 편지 내용은 다음과 같습니다.
　"나는 내 방도 없고 부모님의 간섭은 심하며 나를 믿어주지도 않습니다. 나에게 데이트를 청하는 남학생도 없고 좋은 옷도 없습니다. 나의 미래는 암담합니다."
　이 편지 내용을 신문에서 읽은 13세의 한 소녀가 이런 답장을 보내왔습니다.
　"나는 걷지 못하는 소녀입니다. 사람이 보고 말하고 걷는 것이 얼마나 큰 행복입니까! 그러나 나는 비록 걷지는 못하지만, 보고 듣고 말할 수 있다는 사실로 내 다리의 불행을 대신할까 합니다."
　두 소녀의 편지 내용을 보면서 어떤 마음이 드셨습니다. 행복은 감사에 있습니다. 그리고 감사의 마음은 다른 사람들과 비교하지 않고 주님이 주셔서 받은 복을 헤아리는 사람만이 가질 수 있습니다.
　자기에게 주어진 삶을 받아들이고 그곳에서 감사하며 최선을 다하면 주님이 점점 더 축복해 주십니다.

우리가 감사를 하면 할수록 주님이 더 나은 삶으로 이끌어 주십니다. 남과 비교할수록 우리는 원망, 불평, 탄식, 짜증 등을 냅니다. 이것들은 주님이 주신 삶을 깎아 먹습니다.

감사하는 삶을 삽시다. 우리에게 삶을 주신 주님께 감사합시다. 진정한 행복은 감사함에 있습니다.

> "우리가 무슨 일이든지 우리에게서 난 것 같이
> 스스로 만족할 것이 아니니
> 우리의 만족은 오직 하나님으로부터 나느니라"
> (고린도후서 3장 5절)

10월 13일

주님은 새로운 계명을 주셨습니다. 요한복음 13장 34~35절을 보면 다음과 같이 나와 있습니다.

"**새 계명을 너희에게 주노니 서로 사랑하라 내가 너희를 사랑한 것 같이 너희도 서로 사랑하라 너희가 서로 사랑하면 이로써 모든 사람이 너희가 내 제자인 줄 알리라**"

주님은 새로운 사랑을 선포하셨습니다. 이 새로운 사랑은 자기중심적인 생각만 하고 자기만 바라보던 눈이 다른 사람을 바라보고 다른 사람을 자신의 중심에 두는 것을 말합니다.

주님의 새로운 사랑은 우리를 더 친밀하게 만듭니다. 이웃보다 더 가깝습니다 진짜 주님 안에서 형제자매가 된 주님의 가족이 된 것입니다.

우리가 서로 주안에서 사랑할 때 참 만족과 이것이 주님이 말씀하신 '참 사랑이구나'를 알게 됩니다. 사람은 자기만 바라보면 썩고 맙니다. 그러나 주안에서 서로 바라보고 도우면 주님이 주시는 참 기쁨을 얻습니다.

우리는 이웃보다 가까운 사이입니다. 우리는 주안에서 주의 사랑으로 하나가 된 한 가족입니다. 그 힘으로 다른 사람들을 도와야 합니다.

행동 분석 심리학자인 데일 카네기는 다음과 같이 말했습니다.

"진정한 만족과 기쁨은 남에게 주는 기쁨을 갖는 데 있음을 기억하라. 당신의 고민거리를 헤아리지 말고 당신이 받은 축복을 헤아려라. 자기만 바라보는 집중에서 벗어나라. 다른 사람의 얼굴에 웃음을 띠울 일을 한 가지씩 하라"

주님이 말씀하신 새로운 계명은 다른 사람들, 우리의 이웃들을 보게 합니다. 우리가 우리의 이웃들에게 잘하면 그곳에 복음이 들어가게 됩니다. 그리고 우리는 주님이 부어주시는 사랑과 감사를 느낍니다.

복음이 우리의 이웃을 주님께로 인도합니다. 자연스러운 전도가 되는 것입니다. 이것이 서로 사랑하는 표현입니다. 주님이 우리를 사랑하신 것 같이 우리의 이웃을 사랑하면 됩니다.

우리 모두 주님을 사랑합시다. 그 사랑으로 주님을 믿는 우리가 서로 사랑하고 우리의 이웃을 사랑합시다. 사랑의 힘은 강력합니다. 주안에서 하나 된 사랑의 힘을 보여 줍시다.

"주께서 생명의 길을 내게 보이시리니
주의 앞에는 충만한 기쁨이 있고
주의 오른쪽에는 영원한 즐거움이 있나이다"
(시편 16편 11절)

57

10월 17일

기적이란 무엇일까요? 과학적으로 말하면 소위 사람들이 자연법칙이라고 생각하는 것을 뛰어넘는 인과 법칙을 초월한 현상을 말합니다.

하지만 성경에서 말하는 기적은 '주님께서 공간과 시간으로 이루어진 이 세상에서 역사하시는 모든 현상'을 가리킵니다.

다시 말하면 자연법칙을 초월해 존재하시는 능력의 주님께서 자연법칙이 작동하는 이 세상 일에 관여하시는 것입니다.

주님은 지금, 이 순간에도 세상의 모든 일에 관여하고 계십니다. 주님께서 우리의 삶을 인도하신다는 걸 아는 사람들은 매 순간마다 주님이 행하시는 기적의 손길을 깨닫지만, 주님을 믿지 않는 자들은 인생의 모든 일들을 우연으로 봅니다.

히브리서 11장 1절을 보면 믿음에 대해 다음과 같이 말하고 있습니다

"믿음은 바라는 것들의 실상이요 보이지 않는 것들의 증거니"

이 세계는 보이는 세계와 보이지 않는 세계와 영적인 세계로 되어 있습니다. 보이는 세계는 우리들이 사는 시공간과 인과법칙이 적용되는 세계입니다.

보이지 않는 세계는 사단과 귀신들과 천군과 천사들이 싸우는 전쟁이

일어나는 세계로, 주님을 믿지 않는 사랑들 중에 귀신이 들어와 무당 같은 사람들이 보는 세계입니다.

영적인 세계는 주님이 계신 세계로 천국이 있는 세계입니다. 이 세계에서 우리가 바라는 실상이 만들어집니다. 우리의 소원이 만들어져 우리에게 있는 마음의 중심에 꽂힙니다.

영적인 세계는 주님을 믿는 자들만 볼 수 있습니다. 이 세계를 다 볼 수는 없지만, 기도나 말씀을 읽다가 내 기도가 주님께서 아신 바가 된 것을 압니다. 그럼, 그것이 증거가 되어 보이진 않지만 머지않아 현실에 나타나게 됩니다.

기적과 믿음은 같이 갑니다. 둘 다 이미 영적인 세계에서 이루어진 것이 이 땅에서 이루어진 것입니다. 매 순간마다 주님이 함께하신다는 것을 잊지 마세요.

보이는 세계의 모든 것은 보이지 않는 영적인 세계에서 이미 이루어진 것입니다. 그것이 현실에서 이루어진 것입니다.

보이는 것에 너무 집착하지 마십시오. 오히려 그 시간에 말씀을 듣고 읽으시기 바랍니다. 주님은 지금도 역사하십니다. 힘을 내십시오.

"믿음으로 모든 세계가 하나님의 말씀으로 지어진 줄을 우리가 아나니
보이는 것은 나타난 것으로 말미암아 된 것이 아니니라"
(히브리서 11장 3절)

10월 20일

살아가면서 우리는 이런저런 어려움을 겪습니다. 아무런 문제도 없고 슬픈 일도 없다면 좋을 텐데, 우리는 때로 감당할 수 없을 것 같은 난관에 부딪힙니다.

주님은 우리에게 문제가 없는 삶을 주겠다고 약속을 하신 적이 없습니다. 대신에 삶의 문제를 안고 우리가 힘들어할 때, 언제나 우리 곁을 떠나지 않고 도와주실 것이라고 약속하셨습니다.

우리가 어려움을 헤쳐 나갈 수 있도록 우리에게 힘과 지혜와 용기를 주실 것입니다. 문제가 생겼을 때 주님께로 시선을 돌리시기 바랍니다.

문제가 생겼을 때 주님께로 시선을 돌리면 보이지 않던 주님의 영적인 세계가 보이기 시작합니다. 우리가 주목해서 봐야 할 것은 평소엔 보이지 않던 영적인 세계입니다.

보이지 않던 영적인 세계가 보이면 우리는 사도 바울처럼 변하게 됩니다. 주님을 욕하고 주님을 믿는 자들을 핍박하던 자가 주님의 복음을 듣고 세계 선교에 목숨을 걸고 나섭니다.

우리는 말씀을 읽는 데 그치는 것이 아니라, 말씀을 경험해야 합니다. 성경 말씀을 경험한다는 것은 말씀이 마음의 중심에 새겨진다는 것입니다.

마음의 중심, 즉 심중에 파고 들어간다는 것입니다. 이것을 '레마'라고 합니다.

이 '레마'가 됐을 때 우리는 말씀대로 변하고 말씀이 살아서 역사한다는 것을 알게 됩니다. 즉 말씀이 경험되는 겁니다.

이 '레마'가 우리의 속사람을 날로 새롭게 합니다. 겉 사람인 외모와 우리의 거짓 자아는 낡아져야 합니다. 속사람은 '참자아'고 겉사람은 '거짓 자아'입니다.

우리는 날마다 우리의 속사람이 새로워지도록 우리의 겉 사람을 죽여야 합니다. 그럴 때 어려움이 와도 이길 수 있습니다.

우리 모두 속사람을 강하게 합시다. 주님이 각자에게 주신 '레마'가 있을 것입니다. 진정 심중으로 받은 말씀이 있을 것입니다.

심중, 즉, '카르디아'를 날마다 새롭게 합시다. 그렇게 한다면 무서울 것이 없습니다. 우리의 속사람인 '참자아'가 항상 주님안에서 인도함과 담대함을 얻기 때문입니다. 우리 모두 우리의 속사람을 새롭게 합시다.

"그러므로 우리가 낙심하지 아니하노니
우리의 겉사람은 낡아지나
우리의 속사람은 날로 새로워지도다"
(고린도후서 4장 16절)

10월 24일

프랑스 사람들이 뽑은 존경하는 인물 중에 8년 동안 일곱 번이나 1위를 차지했던 사람이 아베 삐에르 신부입니다.

빈민 구호 공동체인 엠마우스 공동체를 창설하여 가난하고 소외된 사람들을 돌보는 데 앞장서고 있습니다. 이 삐에르 신부님이 쓴 '단순한 기쁨'이라는 책에 보면 다음과 같은 내용이 나옵니다.

한 신사가 자살 직전에 삐에르 신부를 찾아왔습니다. 그는 가정에서의 갈등, 경제적인 파탄, 사회적 지위의 실추 등 자신이 죽을 수밖에 없는 이유들을 자세히 설명했습니다.

삐에르 신부는 그의 이야기를 다 들은 후 "충분히 자살할 이유가 되네요. 그렇다면 살 수가 없겠습니다. 자살을 결심하는 게 당연합니다. 하지만 죽기 전에 나 좀 도와주고 죽으면 안 되겠습니까?"

그 신사는 "뭐 어차피 죽을 건데 죽기 전에 신부님이 필요하시다면 얼마 동안 신부님을 돕도록 하지요."

그 이후 그는 삐에르 신부를 도와 집이 없는 사람과 불쌍한 사람들을 위해 열심히 집을 지었습니다. 그리고 얼마 후 그는 이렇게 고백했습니다.

"만일 신부님께서 내게 돈을 주었든지 내가 살 수 있는 집을 지어 주었든지 무엇인가를 베풀었더라면 나는 자살했을 겁니다.

그러나 신부님은 내게 아무것도 주지 않고 오히려 도움을 요청했습니다. 신부님과 같이 일을 하고 다른 사람들을 섬기면서 나는 살아야 할 이유를 충분히 찾았습니다. 이제 나는 어떻게 사는 것이 행복한 삶인지를 알게 되었습니다."

그 신사처럼 자기중심적인 생각만 하고 자신만 바라보던 눈이 다른 사람을 바라보고, 다른 사람 중심으로 바뀌니까 참 만족과 기쁨과 감사를 느끼고 자살할 생각도 사라져 버린 것입니다.

우리들은 자신의 문제만을 바라볼 때 감사가 사라집니다. 그러나 타인을 바라보고 남을 도우면 맑은 감사와 기쁨이 솟아납니다.

우리가 다른 사람들이 잘되도록 돕고 격려를 한다면 진정으로 감사하는 마음이 우리의 심중에서 생겨납니다. 진정으로 남들을 사랑해 보시기 바랍니다.

"감사로 제사를 드리는 자가 나를 영화롭게 하나니
그의 행위를 옳게 하는 자에게
내가 하나님의 구원을 보이리라"
(시편 50편 23절)

60

10월 27일

　용서와 건강의 상관관계를 40년 동안 연구해 온 북캘리포니아의 태도 치유센터에서 내린 결론은 다음과 같습니다.
　"용서는 건강을 되찾아 줍니다. 분노, 배신감, 상한 마음을 해결하지 못하고 용서하지 못하는 사람은 육체적, 정신적, 영적 고통을 겪게 됩니다."
　루이스 B 스메데스 박사는 말하길 "잘못을 저지르는 사람들을 잘못에서부터 풀어줄 때 당신은 당신의 내면세계에서 자라던 악성종양을 제거한 것입니다. 그리고 용서는 당신 마음에 있는 죄수 한 명을 해방시켜 준 것입니다. 그 죄수는 바로 당신 자신입니다. 용서하지 못하는 사람은 그 마음이 고통의 감옥에 갇혀 있는 겁니다. 빨리 나오시기 바랍니다."
　마태복음 18장을 보면 용서할 줄 모르는 종의 비유가 나옵니다. 주님은 용서를 7번을 일흔 번까지라도 용서하라고 하십니다. 이 얘기는 무한정으로 용서하라는 것입니다.
　용서는 상대방을 불쌍히 여길 때 가능합니다. 33절에 보면 "내가 너를 불쌍히 여김과 같이 너도 네 동료를 불쌍히 여김이 마땅하지 아니하냐"라며 주인은 말하고 있습니다.
　용서는 상대방이 진정으로 용서를 구할 때 하면 제일 좋지만, 상대방이 무엇을 잘못했는지도 모를 땐 정말 화가 납니다. 그럴 때도 자신을 위해 상대방을 불쌍히 여겨야 합니다.

나 자신도 누군가에게 잘못할 수 있기 때문에 항상 언행을 조심해야 합니다. 지금 누군가를 용서하기 어렵습니까?

그럴 땐 주님이 나의 잘못과 허물을 용서해 주신 것을 생각하십시오. 그럼, 나에게 상처를 준 사람을 용서할 수 있습니다. 특히 가까운 사이일수록 더 용서하십시오. 주님은 "내가 너희를 용서함같이 남을 용서하라"고 하십니다.

용서는 내 힘으로는 할 수 없습니다. 주님이 도와주셔야 합니다. 기도하십시오. 누군가를 용서할 수 있도록 불쌍한 마음을 달라고 말입니다.

용서는 사랑이 없이는 불가능합니다. 주님의 사랑으로 용서합시다. 자기 자신이 살기 위해 용서를 합시다. 힘든 건 알지만 용서합시다.

"너희가 각각 마음으로부터 형제를 용서하지 아니하면
나의 하늘 아버지께서도 너희에게 이와 같이 하시리라"
(마태복음 18장 35절)

61

11월 17일

　슈바이처 박사가 운영하는 중앙아프리카 랑바레네 병원에는 궂은일을 도맡아 하는 미모의 간호사가 있었습니다.
　그녀의 이름은 마리아 프레밍거입니다. 그녀는 헝가리 귀족의 딸로 한때 재색을 겸비한 최고의 미인으로 많은 사람들의 흠모의 대상이었습니다.
　또한 악기 연주에 능했으며 오스트리아의 비엔나에서 가장 유명한 연극 배우로도 명성을 떨쳤습니다.
　그러나 그녀는 두 번이나 이혼할 정도로 현실의 삶에 만족하지 못하고, 늘 자신은 '왜 불행할까'라는 생각을 하며 보내고 있었습니다.
　그러던 어느 날 우연히 슈바이처의 찬송가 연주를 듣고 그녀는 생각하기를 "지금까지 내 인생은 허상뿐이었다. 진정한 가치는 남을 위한 삶에 있다"라고 말하면서 아프리카로 건너가 20년 동안 슈바이처가 운영하는 병원에서 흑인 환자들을 위해 사랑을 베풀다가 여생을 마쳤습니다.
　그녀가 죽기 전에 남긴 마지막 말은 "남을 위한 삶이 이렇게 아름다운 것을…"이었습니다.
　마리아 프레밍거처럼 인생의 참된 의미가 남을 위한 삶이라는 것을 깨닫기란 쉽지 않습니다.

자신에게 주님이 주신 능력이 많고, 재주가 많다고 하더라도 남들을 향한 사랑이 없다면 아무것도 아닙니다.

지금 자신의 일로 정신이 없으십니까? 한 발짝 뒤로 물러나 우리의 이웃들을 보시기 바랍니다. 그들을 도우시기 바랍니다.

우리 안에 있는 주님의 사랑을 표현하세요. 그럼 나 자신이 달라지는 것을 느낄 겁니다. 오늘 하루 힘드신 분들에게 연락을 하거나 방문하는 것은 어떤지요? 우리 모두 우리의 사랑을 표현합시다.

"내가 사람의 방언과 천사의 말을 할지라도
사랑이 없으면 소리나는 구리와 울리는 꽹과리가 되고"
(고린도전서 13장 1절)

11월 10일

　동물은 자기가 누구인가를 절대 묻지 않습니다. 육과 혼밖에 없기 때문에 육체적인 삶만 추구하기 때문입니다.
　그러나 인간은 동물과 다릅니다. 가난하고 화전을 가꾸며 사는 사람이라 할지라도 자신이 누구인가를 생각합니다.
　밭을 매다가 허리를 툭툭 치면서 한숨을 길게 내쉬고 이렇게 중얼거립니다. "인생이 무엇인가? 나는 누구인가? 이렇게 살다가 죽으면 어디로 갈까?" 이와 같은 질문은 자신을 찾는 질문들입니다.
　저에게는 증조할머니에 대해 잊지 못할 추억이 있습니다. 철저한 불교 신자였던 증조할머니는 아침 일찍 일어나 염주를 헤아리며 무언가를 중얼거리셨습니다.
　"제가 할머니 뭐 하세요?"라고 물으면 증조할머니는 "나를 찾는다"라고 대답하셨습니다. 제가 증조할머니에게 손을 대면서 "할머니는 여기 있는데 뭘 찾으세요?"라고 하면 "아니야! 내가 누군가… 내가 누군가! 그걸 찾는 거야. 내 영혼을 찾는 거야"라고 하시던 기억이 납니다.
　증조할머니는 초등학교도 못 나오셨지만, 나이 일흔두 살에 주님 안에서 자신을 찾은 후 구원받고 돌아가셨습니다.

'내가 누구인가?' 이 물음에 어떻게 답하시겠습니까? 우리는 주님의 자녀입니다. 로얄 패밀리, 즉, 왕족입니다. 그럼 우리는 자신 있게 살아야 합니다. 교만해지라는 것이 아닙니다. 자신감을 갖고 살라는 것입니다. 허세를 부리지 말고 있는 그대로 자연스러운 삶을 살자는 것입니다.

주님의 죽으심과 부활로 우리는 화목하게 됐습니다. 다시 자신이 창조된 이유와 해야 하는 일을 알게 된 것입니다. 그래서 말씀이 복된 말씀, 즉, 복음이 된 것입니다.

우리 모두 자신을 있는 모습 그대로 사랑하십시오. 주님은 우리를 사랑하십니다. 그리고 있는 모습 그대로 우리의 이웃을 사랑하시기를 바랍니다. 우리는 영광스러운 주님의 자녀입니다.

"말씀이 육신이 되어 우리 가운데 거하시매
우리가 그의 영광을 보니
아버지의 독생자의 영광이요 은혜와 진리가 충만하더라"
(요한복음 1장 14절)

11월 14일

염세주의 철학자 쇼펜하우어가 하루는 꾀죄죄한 옷차림에 흐트러진 모습으로 프랑크푸르트의 한 공원에 앉아 있었습니다. 공원 관리인은 그의 외모만 보고 "당신 누구요?" 하고 퉁명스럽게 물었습니다.

그러자 쇼펜하우어는 몹시 괴로운 어조로 이렇게 대답했습니다. "제발 나도 내가 누구인지 좀 알았으면 좋겠소"

무신론자인 니체도 다음과 같이 말했습니다.

"현대인은 두 가지 병을 갖는다. 그 하나는 자기 자신을 잃어버린 것이요, 나머지 하나는 자기 자신을 잃어버리고도 그것을 깨닫지 못하는 것이다."

우리는 주님을 알지 못하고 믿지 못한다면, 쇼펜하우어나 니체처럼 말할 수밖에 없습니다. 주님을 믿지 않는다면 내가 왜 태어났으며 살아가는지 알지 못합니다.

우리는 죽어서 어떻게 될까요? 단순히 흙으로 돌아갈까요? 아니면 불교에서 말한 것처럼 다시 태어날까요?

그렇지 않습니다. 우리는 주님을 위해 살아야 합니다. 우리가 태어나고 사는 목적은 각자의 위치에서 주님을 증거하고 세상에 주님이 주신 복을 나누기 위해서입니다.

  우리가 주님을 믿는다면 죽어서 아버지 집, 즉, 천국에 갑니다. 그곳엔 거할 곳이 많다고 하셨습니다. 주님을 믿지 않는다면 지옥에 갑니다.

  영원히 꺼지지 않는 불못에 빠져 영원히 고통과 아픔 속에 삽니다. 천국과 지옥은 확실히 존재합니다.

  주님은 말씀하셨습니다. "자신이 길이요 진리요 생명이니 자신을 통하지 않고는 성부 하나님께로 올 수가 없다"고 하셨습니다.

  주님이 너무나 자신 있게 말씀하셨죠. 거짓이 아니라 진짜이기 때문입니다. 제발 쇼펜하우어나 니체처럼 되지 마시기를 바랍니다.

  주님은 지금도 자신의 자녀들을 부르십니다. 그분의 부름에 응답하시기를 바랍니다. 주님을 믿고 사는 삶이 얼마나 좋은 건지 세상 사람들에게 보여주십시오.

  주님을 믿는 우리는 가슴을 펴고 자신 있게 살 자격이 있습니다. 이제 우리의 삶 속으로 걸어갑시다.

> "예수께서 이르시되 내가 곧 길이요 진리요 생명이니
> 나로 말미암지 않고는 아버지께로 올 자가 없느니라"
>
> (요한복음 14장 6절)

64

11월 17일

키에르케고르는 "죽음에 이르는 가장 무서운 병은 자아 상실, 즉 절망이다"라고 말했습니다. 왜냐하면 절망은 인간의 모든 의욕을 잃게 하여 결국 서서히 죽음에 이르도록 만들기 때문입니다.

야스퍼스는 "인간의 삶에는 죽음, 고뇌, 투쟁, 죄책 등 인간의 힘으로는 어쩔 수 없는 한계 상황으로 인한 좌절을 인정하는데 인간이 존재가 있다"라고 말했습니다.

카뮈 역시 "인생은 부조리한 것으로, 인생을 살려면 인생의 무의미를 아는 것이 필요하다"라고 말했습니다.

자아 상실, 즉, 절망을 버릴 방법은 무엇일까요? 참자아를 찾으면 됩니다. 우리가 보통 '나'라고 하는 자아는 주님과는 상관없는 내가 만든 거짓 자아입니다. '나'란 존재는 주님을 믿은 후 십자가에 못을 박았습니다. 그러므로 '나'란 자아는 주님께로 가서 주님 안에 있어야 합니다.

우리가 주님 안에 있을 때 참자아가 됩니다. 그곳엔 자아상실이 없습니다. 나를 통해 주님이 나타납니다. 내 생각과 고집 등이 없어지고 주님의 생각과 뜻이 내 생각과 뜻이 됩니다.

우리의 삶 속에 나타나는 고뇌와 투쟁과 죄책감도 주님 안에 거하면 없어집니다. 주님 안에 거하면 나란 존재는 주님과 하나가 됩니다. 그럴 때 주안에서 자유함을 누릴 수 있습니다. 주님이 바로 진리이십니다.

우리의 인생은 부조리한 것이 아닙니다. 값어치가 있는 인생입니다. 인생은 무의미하지 않습니다. 우리가 주안에 있다면 인생은 의미가 있고 부조리하지 않습니다.

다시 말하지만, 우리가 주님을 믿는다면 주안에 있는 것입니다. 그렇다면 우리의 인생은 주님의 인생이 되는 것입니다. 우리의 인생은 주님 안에서 값진 것입니다. 그 안에서 우리 모두 인생의 굴레에서 벗어나 자유함을 누릴 수 있습니다.

"진리를 알지니 진리가 너희를 자유롭게 하리라"
(요한복음 8장 32절)

11월 21일

　영국의 극작가요 문학비평가였던 버나드 쇼는 인생의 절망에 대해 다음과 같이 말을 했습니다.
　"내게는 두 가지 절망이 있다. 하나는 무슨 일들이 마음대로 안 되는 절망이요, 둘째는 마음대로 된 이후에 오는 절망이다."
　위의 말은 어찌 되었든지 간에 그 결과는 항상 절망이라는 뜻입니다. 인간은 주님을 모르거나 안 믿을 때 항상 절망스러운 존재입니다.
　무엇을 이루지 못해도 절망이 오고, 무엇을 이루고 난 뒤에도 그 허무감에서 오는 절망이 있습니다. 그러나 주님을 믿으면 어떻게 될까요?
　주님을 믿으면 자신이 실패한 것이 아니고 주님이 앞으로 더 잘하라고 경험을 주신 것입니다. 성공하면 내가 한 것이 아니고 주님이 한 것이기 때문에 성취 뒤에 오는 허무감은 없습니다.
　심리학자 칼 융에 의하면 인생의 중반을 넘긴 대부분의 사람들은 최후의 순간을 위해 종교적 인생관을 가지기 위해 노력을 한다고 합니다.
　죽기 전까지 사람들은 인생을 살면서 겪은 상처들을 치유 받기를 원한다고 합니다. 사람들은 자신의 존재하는 이유를 발견하기 전까지 방황하고 절망을 합니다.

안타깝게도 많은 사람들이 임종 전 마지막에 주님을 찾는다고 합니다. 그러나 이때의 믿음은 절박한 믿음입니다. 우리는 이것을 부끄러운 구원이라고 합니다. 제발 건강할 때, 절망이 찾아오기 전에 주님을 믿으시기를 바랍니다.

절망의 물에 빠진 사람을 건지려면 그 절망을 이길 수 있는 주님이 와야 합니다. 자신도 절망을 이기지 못하는데 남을 절망에서 건지겠다고 큰소리치는 사람들, 즉, 많은 종교인들과 철학자들은 절망 가운데 죽었습니다.

우리를 절망에서 건질 분은 주님밖에 없습니다. 우리 마음을 절망에서 깨끗하게 하실 분은 역시 주님이십니다. 절망의 바다에서 허덕이는 우리를 건져내어 깨끗하게 하실 이는 주님이십니다.

우리 모두 주님께 전적으로 의지합시다. 우리 모두 성령의 맑은 물로 씻읍시다. 그래서 우리의 주님께로 나아갑시다.

> "우리가 마음에 뿌림을 받아 악한 양심으로부터 벗어나고
> 몸은 맑은 물로 씻음을 받았으니
> 참 마음과 온전한 믿음으로 하나님께 나아가자"
> (히브리서 10장 22절)

66

11월 24일

우리 주변에는 옛날에는 불가능하다고 생각했던 것들이 현실화된 것들이 많습니다. 그중에 몇 가지를 살펴보면 다음과 같습니다.

자동차가 없던 1840년대에는 시속 30마일, 즉 48km로 달리면 누구나 질식할 것이라고 생각했습니다.

또 1900년대 초에는 인간이 하늘을 나는 것은 불가능하다고 여겼습니다. 더군다나 인간이 우주 밖으로 나가는 것은 꿈에서나 가능하다고 생각했습니다.

그리고 그 시절에 인간이 달에 간다는 생각은 근본적으로 불가능하다고 말했습니다. 그러나 지금은 어떻습니까?

불가능하다고 생각했던 것들이 현실화 되었고 오히려 더 발전하고 있습니다. 지금은 어느 누구도 사람이 달에 가는 것을 불가능하다고 보는 사람들은 없습니다. 오히려 달에 기지를 만들어서 화성에 가려고 합니다.

스마트폰을 보십시오. 전화기 속에 인터넷과 다른 전자장치들이 그렇게 작게 들어가리라고 50년 전만 해도 생각도 못 했습니다.

이런 것들을 봤을 때 일이 불가능한 것이 아니라, 생각이 불가능했던 것입니다. 우리에겐 모든 것이 가능합니다.

복음주의 작가인 필립 얀시는 다음과 같이 고백을 했습니다.

"우리가 기댈 수 있는 것이 아무것도 없을 때, 심지어 우리 자신도 믿을 수 없을 때, 그때에도 하나님은 그곳에 계신다."

5만 번 기도 응답을 받았던 조지 뮬러는 다음과 같이 말했습니다.

"나는 아무것도 아닙니다. 나는 없는 것이 더 낫습니다. 그러나 주님 안에 있으면 모든 것이 가능합니다."

나란 존재는 주님 앞에서 한없이 작은 존재입니다. 피조물이 창조자 앞에서 허세를 부리고 잘난 척을 한다면 주님은 어떻게 보실까요? 그것처럼 꼴불견은 없습니다.

주님은 허세를 부리고 교만한 우리 곁에 계십니다. 우리가 주님을 영접하고 믿는다면, 주님이 얼마나 우리를 사랑하시는지 알게 됩니다.

그럴 때 비로소 우리의 절망과 허무감에서 나 자신을 정확히 보게 됩니다. 나란 존재는 주님 안에 있어야 한다는 것을 알게 됩니다.

주님은 창조자로서 우리의 모든 문제를 해결하실 수 있는 전지전능하신 분입니다. 이런 창조자를 우리는 우리의 작은 틀 안에 놓고 보려고 합니다.

우리는 주님을 항상 우리 앞에 모셔야 합니다. 우리의 생각 지평을 넓힙시다. 그분은 우리 앞에서 우리를 이끄십니다. 자! 우리가 가진 틀을 깨부숩시다. 그리고 담대하게 앞으로 전진합시다.

"내가 여호와를 항상 내 앞에 모심이여
그가 나의 오른쪽에 계시므로
내가 흔들리지 아니하리로다"

(시편 16편 8절)

67

11월 28일

　김춘근 박사님이 쓴 'Why Me?'라는 책을 보면 그가 하나님을 만나 변화된 이야기가 나옵니다. 그는 단돈 이백 불을 가지고 미국으로 건너가 30대 초반에 정치학 박사 학위를 받고, 페퍼다인이라는 대학에서 교수로 재직하면서 4년 만에 최우수 교수상을 받았습니다.

　그러나 명예도 잠시, 37세라는 젊은 나이에 간암과 혈액암으로 1년 안에 죽을 것이라는 사형선고를 받았습니다. 그는 주저앉아 처절하게 울부짖었습니다.

　"왜 하필이면 접니까? 무엇을 얼마나 잘못하고 무슨 죄를 지었기 때문에 젊은 나이에 이렇게 비참하게 죽어야 합니까?"

　그러나 그는 절망 중에 다음과 같은 생각이 들었다고 합니다

　'인간을 창조하시고 또 나를 만드신 분이 하나님이시라면 내가 왜 죽어야 하는지, 나의 병을 고쳐서 다시 살게할 수는 없는지, 모든 것을 대답할 수 있는 분도 하나님밖에 없다. 어차피 죽을 몸 하나님께 매달리자. 응답을 받기 전에는 절대로 산을 내려가지 않으리라'

　그는 머물던 산에 조그만 집을 빌려 그곳에 머물면서 기도를 하기 시작했습니다. 그러던 어느 날 기도 중에 자신의 입술을 통해 하나님이 다음과

같이 말씀하셨다고 합니다.

"육체적으로는 네 핏속에 있는 독소 때문에 죽어가지만 진정 네가 영혼 속에 있는 독소 때문에 죽어가는 것은 모르느냐?"

순간 그의 눈앞에는 자신이 사는 동안 지었던 모든 죄가 영화처럼 펼쳐졌습니다. 그는 엎드려 죄목을 무려 52페이지에 달할 정도로 적어서 자신의 믿음 생활 동안 자기 뜻대로 살아왔던 삶을 회개했습니다.

그렇게 밤을 새우고 새벽녘이 되자 환상 중에 예수님이 나타났습니다. 예수님은 그를 꼭 끌어안고 등을 두드리시면서 "내가 너를 용서한다. 내가 너를 용서한다. 그리고 내가 너를 용서한다."

김 박사님은 그날을 인생의 분기점으로 삼고 주님을 위해 살기로 결단했습니다. 그리고 주님은 그를 완전히 고쳐 주셨습니다. 그 후 그는 최선을 다해 주님의 영광을 위해 일했고, 사람들은 그를 '알래스카의 요셉'이라고 불렀습니다.

현재 그는 미국을 위한 예수각성운동이라는 'JAMA'의 대표로 미국과 한국 청소년들의 신앙과 도덕성 회복을 위해 사역을 하고 있습니다.

김 박사님처럼 우리는 주님을 만나 진실한 회개를 해야 합니다. 주님을 만나면 주님은 우리가 나아갈 길을 인도하십니다. 세상의 유혹인 명예나 높은 자리가 아닌 낮은 자리에 앉으시길 바랍니다. 오직 주님의 뜻대로 사시기 바랍니다.

> "무릇 하나님께로부터 난 자마다 세상을 이기느니라
> 세상을 이기는 승리는 이것이니 우리의 믿음이니라"
> (요한1서 5장 4절)

68

12월 1일

주기철 목사님은 일제강점기 때 신사참배를 반대한다는 이유로 여러 번 감옥에 갇혔습니다. 한번은 다시 잡혀갈 것을 예상하며 기도 제목을 말씀하셨는데 그중 이러한 내용이 있습니다.

"첫 번째 나의 기도 제목은 죽음의 권세를 이기게 해 달라는 것입니다. 죽음의 권세야말로 사탄의 최대 무기입니다.

그러나 예수님은 죽음의 권세를 꺾고 무덤에서 일어나셨습니다. 저의 기도의 힘은 바로 여기에 있습니다. 주께서 죽음을 이기셨다면, 저도 그분을 의지하여 얼마든지 죽음의 권세를 이길 수 있습니다.

두 번째 기도 제목은 끝까지 고난을 견딜 수 있게 해 달라는 것입니다. 한순간 받는 고통은 쉽게 견딜 수 있지만, 오래도록 받는 고통은 정말 견딜 수가 없습니다.

그러나 저는 설사 그런 오랜 고통이 오더라도 끝까지 참을 수 있게 해 달라고 기도하겠습니다. 왜냐하면 그렇지 않고서는 절대로 최후의 승리를 얻을 수 없기 때문입니다."

위의 두 가지 기도 제목에서 볼 수 있듯이 주 목사님은 본인이 지속적으로 계속 감옥에 들어가 고문을 받으면 죽을 것이라는 것을 알고 있었습니다

다. 그러나 그는 어떠한 권세 앞에서도 '죽으면 죽으리라'라는 신앙으로 오직 주님만을 의지했습니다.

지금 어떠한 고통이 우리의 마음과 몸을 누르고 있습니까? 그것이 한번이 아니라 지속되고 있습니까?

주님이 힘을 주시도록 기도하십시오. 주님은 우리의 힘입니다. 고난을 겪을 때 부르짖어 기도하십시오. 모든 고난과 절망에서 건져주실 권세를 가지신 분은 오직 주님뿐입니다.

주 목사님은 계속되는 고문에 순교하셨지만, 일본에 고개를 숙이지 않으셨기에 한국교회를 살리셨습니다. 한국교회의 순결을 지키셨습니다.

우리도 순교하면 하리라는 각오로 신앙생활을 해야 합니다. 사탄과 귀신은 지금도 우리를 돈과 명예, 쾌락의 유혹으로 우리를 삼키려고 합니다. 전적으로 우리의 대장 되시는 주님을 믿고 앞으로 전진합시다.

"여호와는 나의 빛이요 나의 구원이시니 내가 누구를 두려워하리요
여호와는 내 생명의 능력이시니 내가 누구를 무서워하리요"
(시편 27편 1절)

69

12월 5일

이스라엘이 1948년에 세워지고 총리가 되었던 코리 텐 붐 여사는 독일 나치 수용소에서 무려 40일 동안이나 독방에 갇힌 적이 있었습니다.

평범한 사람도 독방에만 들어가면 얼마 지나지 않아 미쳐서 나왔기 때문에 당시 유대인들이 가장 무서워하는 형벌이었습니다.

코리 텐 붐 여사 역시 독방에서 얼마 지나지 않아 참으로 고통스러워했습니다. 얼마나 힘이 들던지 나중에는 믿음도 인내도 다 사라졌습니다.

여사는 벽에 기대어 하나님께 기도했습니다. 그녀는 다음과 같이 고백했습니다.

"하나님! 이제는 제게 믿음도 없습니다. 힘도 없습니다. 버틸 인내도 없습니다. 어떻게 하면 좋겠습니까?"

그런데 그때 눈앞에 개미 한 마리가 기어가다가 바닥의 물을 피해 벽 옆에 난 조그만 틈으로 들어가는 것이 보였습니다. 그때 하나님의 음성이 들렸습니다.

"코리야! 저 개미를 보았느냐? 지금 개미가 어디로 갔는지 아느냐?"

"네! 하나님 작은 틈 사이로 들어갔습니다."

"그래. 너는 지금 피할 곳이 없다고 생각하지만, 내가 바로 너의 피난처이니라. 이제 나를 향해 오너라. 내가 너를 품어 주마. 너는 내 속에서 안전하게 보호받을 수 있으니 나를 믿어라."

그래서 몸과 정신을 가다듬고 그녀는 하나님만을 바라보며 하나님을 피난처 삼기로 하고 하나님을 바라고 믿었습니다.

그러자 독방의 두려움과 공포는 사라지고 하루 24시간을 온전히 하나님께 드릴 수 있었습니다. 그리고 무사히 40일을 견딜 수 있었습니다.

이때의 어려움을 이겨낸 경험이 그녀가 총리가 되어 힘든 일이 있을 때마다 큰 힘이 되었다고 합니다. 그녀는 진정으로 하나님을 의지하는 것이 무엇인지 아는 믿음의 사람이었던 것입니다.

하나님이 내 편이 되어주신다는 그 사랑을 아는 것은 어려울 때 큰 힘이 됩니다. 하나님의 온전한 사랑을 경험할 때, 그 어떤 두려움도 이길 수 있습니다.

지금 힘들고 어려우십니까? 힘을 내십시오. 천지를 창조하신 하나님이 우리 편입니다. 그 어떤 역경도 이길 힘을 주십니다.

> "사랑 안에 두려움이 없고 온전한 사랑이 두려움을 내쫓나니
> 두려움에는 형벌이 있음이라
> 두려워하는 자는 사랑 안에서 온전히 이루지 못하였느니라"
> (요한1서 4장 18절)

70

12월 8일

어릴 때 저는 어머니가 전지전능한 줄 알았습니다. 어디든 어머니와 함께 가면 마음이 든든했습니다. 사람들이 날 쳐다봐도 겁나지 않았고 놀라지 않았습니다. 귀신이 온다고 해도 우리 어머니는 이길 것으로 생각했습니다.

어머니가 같이 계셔도 마음이 평안하고 담대한데 하나님이 내 편이 되시면 얼마나 마음이 든든하고 힘이 날까요?

시편 기자는 다음과 같이 고백하고 있습니다.

"하나님은 내 편이시라 내가 두려워하지 아니하리니 사람이 어찌할꼬"

신학자 뱅겔은 이렇게 말했습니다.

"하나님을 두려워하는 사람은 하나님 외의 것에 대해서는 아무것도 두려워하지 않는다. 그러나 하나님을 두려워하지 않는 사람은 하나님 외의 모든 것을 두려워한다."

뱅겔의 말처럼 하나님을 두려워하면 다른 것이 두렵지 않습니다. 그러나 하나님을 두려워하지 않는 사람은 세상만사를 두려워하면서 살게 됩니다.

이러한 두려움의 근원이 자라온 배경과 가정환경에도 있을 수 있지만 가장 두려운 존재는 사람입니다. 그래서 시편을 쓴 사람은 "사람이 내게 어찌하리오"라고 말한 것입니다.

우리 할머니는 어릴 때 저에게 "네가 크거든 머리 검은 짐승을 두려워하라"고 말씀하셨습니다.

요새는 친구 사이에도 돈 문제로 싸우다가 죽이고, 친부모가 자신의 아이를 학대하다 죽이고, 자식이 부모를 죽입니다. 부모도 믿을 수가 없고, 자식도 믿을 수 없고, 남편과 아내와 친구 사이도 믿을 수가 없습니다.

그러나 하나님을 믿으면 사람들을 믿을 수 있습니다. 우리가 하나님을 믿으면 사람들에게 허물이 있어도 사랑할 수 있기 때문입니다.

믿는 우리가 사랑하면 사람들이 우리를 어떻게 할 수 없습니다. 하나님을 믿으면 우리를 하나님이 보호하십니다. 하나님은 우리를 끝까지 사랑하십니다. 그 사랑으로 사람을 사랑하면 됩니다.

우리 모두 가슴속에 주님의 사랑을 가득 채웁시다. 그 사랑으로 사람들을 사랑합시다. 사람이 우리를 어떻게 할 수 없습니다. 왜냐하면 하나님이 우리를 보호하시기 때문입니다. 우리 모두 사람들을 더 사랑합시다.

> "그러므로 우리가 담대히 말하되 주는 나를 돕는 이시니
> 내가 무서워하지 아니하겠노라 사람이 내게 어찌하리요 하노라"
> (히브리서 13장 6절)

71

12월 12일

　미국 동부인 뉴욕 유엔본부가 있는 1950년 6월25일 오후 2시에 미국의 트루먼 대통령은 북한의 남침 소식을 듣고 UN 안보리에 UN군 파견 문제를 회수했습니다.
　뉴욕의 UN 본부에서 안보리 회의가 소집되었고, 당시 상임이사국이었던 미국, 중국(당시엔 대만이 중국의 대표였음), 소련, 프랑스, 영국 총 5개국중 한나라만 반대해도 UN군을 파견할 수 없게 되어 있었습니다.
　당시 상황으로 보면 소련이 반대할 것은 뻔했습니다. 당시엔 러시아는 소비에트연방 사회주의 공화국으로 미국과 소련은 냉전 중이었습니다.
　그런데 그때 마침 소련의 집권자였던 스탈린이 휴가를 떠났습니다. 그는 휴가를 가면서 "자신에게 전화하지 말 것과 정말로 주말 휴가를 여러 가지 일로 망치기 싫으니 아무 소식도 전하지 말라"고 엄명을 내렸습니다.
　UN 본부의 소련 대표인 제이콥 말리크는 발을 동동 굴렸지만, 절대로 전화나 어떠한 소식도 전하지 말라는 스탈린의 명령을 어길 수가 없었습니다.
　결국 그는 불참했고, 소련을 제외한 4국은 유엔군 파병을 찬성합니다. 그래서 미국을 비롯한 16개국에서 파병을 했습니다. 그들은 자신의 나라에서 전쟁이 일어난 것처럼 최선을 다했습니다.

스탈린이 그 시기에 주말 휴가를 간 것도 또 소련을 제외한 상임이사국과 이사국 중 어느 나라도 UN군 파병과 후방지원 물품 지원 등에 반대한 나라가 없었습니다.

한 나라도 자신만을 의지하고 하나님을 의지 안 했다면 전쟁에서 졌을 것입니다. 그러나 우리는 대통령부터 하나님을 의지했습니다. 우리나라는 두려워하지 않았습니다.

여러 나라에서 도와줄 수 있도록 길이 열린 건 하나님의 은혜였습니다. 하나님이 지켜주시는 국가와 민족은 절대로 망하지 않습니다. 하나님은 자신을 사랑하는 자의 편이 되시듯이 국가와 민족도 마찬가지입니다.

우리가 국가와 민족을 위해 꼭 기도해야 합니다. 그럼, 하나님은 우리를 끝까지 사랑하시며 지켜주십니다.

"내가 아뢰는 날에 내 원수들이 물러가리니
이것으로 하나님이 내 편이심을 내가 아나이다"
(시편 56편 9절)

72

12월 15일

하늘나라에는 다시 돌아온 소포가 많다는 말이 있습니다. 조금만 더 참고 기도했으면 응답을 받았을 텐데 기다리지 못하고 자리를 떠났기 때문에 응답이 되돌아왔다는 뜻입니다.

에머슨은 "사람이 영웅이 되는 것은 남보다 용감해서가 아니라 남보다 1분 더 참는 인내가 있었기 때문이다"라고 말했습니다.

프랑스의 희극작가인 F. 라블레 역시 "기다릴 수 있는 자에게 모든 것은 돌아온다"라고 말했습니다.

우리는 참으로 인내심이 부족합니다. 기도하고 응답을 기다리지 못합니다. 주님은 자신을 믿는 우리에게 반드시 응답하십니다.

응답이 자신의 마음에 들 수도 있지만, 마음에 안 드는 경우도 많습니다. 응답이 자신의 바람과 너무 다를 땐 실망도 큽니다.

하지만 주님의 응답은 우리를 위한 주님의 은혜입니다. 모든 것이 합력해서 궁극적으로 우리에게 좋게 됩니다.

그렇기 때문에 인내를 가지고 응답이 올 때까지 기다려야 합니다. 주님은 우리의 마음에 응어리진 한을 풀어 주십니다.

그래서 끈질긴 기도가 중요합니다. 불의한 재판관도 끈질긴 요청에 답을 했는데 선하신 주님은 우리 가슴에 맺힌 한을 풀어주시기 위해 반드시 응답하십니다.

우리는 응답이라는 열매를 맺기 위해 끈질기게 기도해야 합니다. 기도를 계속하다 보면 기도의 내용도 바뀌고, 이 기도는 나의 욕심에서 비롯됐다는 것을 알게 됩니다. 그럴 땐 기도를 하지 말아야 합니다.

그러나 억울하고 힘이 없어 강한 자에게 당한 거라면 풀어 달라고 끈질기게 기도해야 합니다.

우리 모두 인내를 갖고 기도합시다. 주님은 응답하십니다. 하늘나라로 다시 돌아가는 소포가 없도록 욕심을 버리고, 빈 마음으로 끈질기게 기도합시다. 우리 모두 기도에 있어서는 다들 응답받는 자들이 되길 바랍니다.

"너희에게 인내가 필요함은
너희가 하나님의 뜻을 행한 후에
약속하신 것을 받기 위함이라"
(히브리서 10장 36절)

12월 19일

　숯덩이 인생에서 다이아몬드같이 단단한 인생으로 변화된 사람이 있습니다. 그 사람이 조엘 소넨버그입니다.
　조엘은 태어나서 20개월이 지났을 때 40톤 트럭과의 추돌사고로 전신에 중화상을 입습니다.
　조엘은 50여 차례의 수술과 신체와 얼굴의 손상을 견뎌야 하는 고통에도 불구하고 세상을 보는 눈이 주님을 믿는 신앙으로 인해 사람과 환경을 긍정적으로 보게 됩니다.
　그는 환경과 사람 뒤에 계시는 주님을 봅니다. 그리고 가족과 친구들의 사랑을 통해 인간이 극복하지 못하는 시련은 없다는 것을 알게 됩니다.
　조엘은 장애를 주님이 주신 특별한 선물로 여깁니다. 그는 자신이 세상에 전할 메시지가 있다는 것을 알게 됩니다. 그는 우리가 주님께 받은 본분을 안다면 어떤 상황에서도 만족할 수 있다고 말합니다.
　조엘은 다음과 같이 말합니다
　"모든 사람들은 인생의 어느 시점에서 크든 작든 실패를 맛보고 손실을 겪습니다. 저는 더 이상 잃을 것이 없을 정도로 많은 것을 잃었습니다. 그러나 저는 잃은 것이 얻는 것보다 우리들에게 더 많은 것을 가르쳐 준다는 것을 알았습니다. 그 잃은 부분을 주님께서 채우셨습니다."

조엘은 18살이 됐을 때 자신을 장애인으로 만든 가해 운전자를 용서했습니다. 그리고 이렇게 말했습니다.

"저는 증오심으로 인생을 허비하지 않을 것입니다. 증오가 또 다른 고통을 낳을 것이기 때문입니다. 증오 대신 사랑으로 주님의 은혜 안에 있는 무한한 사랑으로 살겠습니다."

많은 사람들은 조엘이 강하다고 말합니다. 조엘 혼자서는 강할 수 없었습니다. 가족들의 기도 없이는 조엘은 살 수 없었습니다. 친구들의 관심과 우정이 있었기에 그는 웃습니다.

우리는 약합니다. 그러나 주님은 우리에게 가족과 친구들을 주셨습니다. 주님의 사랑이 그들을 통해 우리를 강하게 합니다. 우리 모두 힘을 냅시다. 우린 약하지만 강합니다.

"그러므로 내가 그리스도를 위하여
약한 것들과 능욕과 궁핍과 박해와 곤고를 기뻐하노니
이는 내가 약한 그 때에 강함이라"
(고린도후서 12장 10절)

74
12월 22일

서울에서 목회하시고 지금은 은퇴하고 후배 목회지들과 전국 곳곳 교회를 방문하시는 김OO 목사님의 간증입니다.

청년 시절 저는 부산 대신동에 있는 월드 미션이라는 교회에 출석했습니다. 그 교회 성도 중에는 북한에서 피난 나온 할머님과 딸이 나오고 있었습니다.

그 딸은 원래 중학교 교사였는데 사귀던 남자에게 배신당한 고통 때문에, 정신병에 걸려 할머니의 도움 없이는 한 발짝도 움직일 수 없는 처지였습니다.

늘 싱글벙글 웃기만 하는 딸 옆에서 할머니는 기도할 때마다 손수건이 젖을 정도로 울었습니다.

어느 날 제가 할머니에게 "예배를 드리면서 왜 그렇게 우십니까?" 물으니, 할머니는 "죄가 많아서 죄를 회개하면 할수록 주님의 십자가 은혜가 너무 감사해서 하루도 눈물을 흘리지 않을 수가 없다"고 하셨습니다.

그때 저는 '과부로 살면서 혼자 불쌍한 딸을 데리고 사는 사람이 무슨 죄를 그렇게 많이 지어서 저렇게 울까? 조금 모자란 분이 아닌가?' 생각했습니다 그러나 지금 와서 생각해 보니 제가 얼마나 어리석고 바보 같았는지 모르겠습니다. 죄를 많이 짓거나 적게 짓는 것이 문제가 아니라 내가 얼마나 죄인인가를 깊이 깨달으면 깨달을수록 주님의 십자가 보혈의 은혜에 감격해서 눈물을 흘리게 된다는 것을 그때는 깊이 몰랐던 것입니다.

젊을 때는 자기가 잘났다고 생각하기 때문에 자신의 죄를 깊이 깨닫지 못합니다. 그래서 십자가에서 몸을 찢고 피를 흘려 돌아가신 주님의 은혜를 깊이 감동하기가 쉽지 않습니다.

그렇기 때문에 주님을 뜨겁게 사랑하지 못합니다. 그러나 세월이 흐르고 나이를 먹어서 과거를 돌이켜 보면 지은 것이 죄밖에 없는 자신을 발견하게 됩니다. 인생의 걸음마다 죄를 지은 것밖에 없습니다.

그래서 주님의 십자가 은혜가 너무나 고마워 눈물을 흘리고 주님을 더욱 뜨겁게 사랑하게 되나 봅니다.

주님을 더욱 사랑하시기를 바랍니다. 그럼, 눈물밖에 안 나옵니다. 주님을 깊이 알수록 저의 손수건은 젖습니다.

> "너희는 그 은혜에 의하여 믿음으로 말미암아 구원을 받았으니
> 이것은 너희에게서 난 것이 아니요 하나님의 선물이라"
> (에베소서 2장 8절)

75

12월 26일

국민일보에 춘천시 서면에 관한 기사가 난 적이 있습니다. 서면은 원래 춘천에서 가장 가난한 동네였습니다.

지리상으로 춘천에서 멀지는 않지만, 강을 두 개나 건너야 하는 오지인데다가 농토가 적고 경제적으로 낙후되어 있었습니다.

그러나 1954년에 서면 금산리에 금산교회가 세워지고 복음이 전파되면서부터 마을은 달라지기 시작했습니다.

유교의 전통으로 체면과 의식을 중시하던 수동적인 주민들의 기질이 적극적이고 능동적으로 바뀌었습니다.

현재 서면은 일명 '박사마을'로 불립니다. 왜냐하면 이 마을에서 박사학위 취득자가 78명이나 나왔기 때문입니다. 이는 전국 면 단위로서는 가장 많은 숫자입니다. 이 외에도 초, 중등 교장이 71명 배출되었고, 국회의원이 3명, 군수가 5명, 법조인이 6명, 교육감 2명, 5급 이상 공직자가 60명이 나왔고 목회자도 10명이 나왔습니다.

가난한 한 고장에 예수 그리스도의 복음이 들어가자 말씀과 믿음으로 부요케 된 것입니다.

오늘날 우리나라가 복 받는 길도 주님을 잘 믿는 것입니다. 개인과 자녀들이 복을 받고 잘사는 길도 주님을 잘 믿는 것이 최선의 길입니다.

인간이 아무리 수단과 방법을 다하고 노력을 한다 해도 주님이 복을 안 주시면 아무 소용이 없습니다.

농부가 밭을 갈고 씨를 뿌리고 김을 매도 비가 안 오면 다 말라 죽는 것과 같습니다.

주님께서 위에서 복을 주셔야 모든 일이 열매를 맺고 주님의 축복이 임하게 되는 것입니다.

"우리 주 예수 그리스도의 은혜를 너희가 알거니와
부요하신 이로서 너희를 위하여 가난하게 되심은
그의 가난함으로 말미암아 너희를 부요하게 하려 하심이라"
(고린도후서 8장 9절)

12월 29일

　이스라엘의 총리였던 골다 메이어는 그녀의 사후에 자서전이 출간되어 나왔습니다. 자서전을 보면 이런 말이 나옵니다.
　'내 얼굴이 못난 것이 다행입니다. 나는 못났기 때문에 기도했고 못났기 때문에 열심히 공부했습니다. 이런 나의 약함 때문에 이 나라를 위해 쓰임을 받았습니다. 나의 약함을 강하게 쓰신 하나님께 감사드립니다.'
　골다 메이어는 총리의 자리에 12년을 있는 동안 측근들만 알고 다른 사람들은 모르게 백혈병과 사투를 벌였습니다. 그녀는 자신의 질병 앞에서 오로지 하나님만을 붙들며 전적으로 의지를 했습니다.
　그녀는 총리로서 자신에게 맡겨진 임무를 잘 감당했습니다. 그녀는 약할 때 강함을 보여 주었습니다.
　사도 바울을 보십시오. 그는 사탄의 가시가 있었습니다. 많은 학자들은 사도 바울이 주님을 다멕성 도상에서 봤을 때 눈을 다쳐서 시력이 안 좋았다고 말합니다.
　원래 누가복음과 사도행전은 한 권으로 의사인 누가가 쓴 것으로 사도 바울이 여러 곳으로 편지를 쓸 때 사도 바울은 눈이 나빠서 대부분 누가가 바울이 말한 것을 대필했습니다.

사도 바울은 눈이 안 좋음에도 불구하고 로마에 갔습니다. 로마 황제에게 복음을 전하기 위해서 말입니다.

우리들은 나이가 들면 몸에 약한 부분이 있기 마련입니다. 그리고 어떤 분은 글은 잘 못 쓰는데 말은 잘하는 사람이 있고, 반대로 글을 잘 쓰는 사람도 있습니다.

우리가 주님 앞에서 약함을 인정하면 우리를 강하게 하십니다. 주님이 날마다 새 힘을 주십니다. 그리고 그 약함 때문에 주님을 더욱 뜨겁게 의지합니다.

우리 모두 우리가 약하다는 것을 인정합시다. 그럴 때 주님이 강하게 하십니다. 약할 때 강함을 주시는 주님을 찬양합시다!

"나에게 이르시기를 내 은혜가 네게 족하도다
이는 내 능력이 약한 데서 온전하여짐이라 하신지라
그러므로 도리어 크게 기뻐함으로
나의 여러 약한 것들에 대하여 자랑하리니
이는 그리스도의 능력이 내게 머물게 하려 함이라"
(고린도후서 12장 9절)

제2부
2023년 은혜의 날

"두려워하지 말라 내가 너와 함께 함이라 놀라지 말라
나는 네 하나님이 됨이라 내가 너를 굳세게 하리라
참으로 너를 도와 주리라
참으로 나의 의로운 오른손으로 너를 붙들리라"
(이사야 41장 10절)

01

1월 2일

　인류 역사상 세계적으로 강성했던 나라와 민족을 보면 그들이 철저하게 하나님을 중심으로 나아갈 때 최고의 전성기를 누렸던 것을 알 수 있습니다.
　독일의 마틴 루터가 종교 개혁을 일으킨 이후 독일의 문화와 철학은 온 유럽과 세계를 지배하게 되었습니다.
　또 작은 산악들이 있는 땅에 불과하던 스위스, 특히 제네바란 도시는 칼빈에 의해 기독교가 뿌리내린 후 성경 말씀에 입각한 정치를 했습니다. 그 결과 스위스는 지금 현재 GDP가 가장 높은 나라들 중 최고가 되었습니다.
　덴마크도 마찬가지입니다. 척박한 모래땅이 많던 곳을 그룬트비라는 목사를 통해 온 국민의 생각이 바뀌게 되었습니다.
　그룬트비 목사는 "하나님을 사랑하고, 이웃을 사랑하고, 땅을 사랑하자"고 외치면서 성경을 학교에서 가르쳤습니다. 그 결과 세계 제일의 복지국가로 성장했습니다.
　영국의 전성시대 역시 성경 말씀으로 나라를 통치했던 19세기 빅토리아 여왕 때입니다. 그 당시 영국은 해가 지지 않는 나라로 불릴 정도로 전성기를 구가했습니다.

미국은 어떻습니까? 하나님을 섬기기 위해 청교도들이 신대륙으로 건너와 가장 먼저 교회를 세우고 하나님을 중심에 두고 나라를 세웠습니다.

그리고 온 세계에 복음을 전하고 선교사들을 파송했습니다. 20세기에 들어와 하나님은 두 번의 세계대전에서 하나님께 기도하는 국민이 있는 미국의 편을 들어 주셨습니다.

그 결과 오늘날 미국은 세계를 이끄는 국가가 되었습니다. 우리도 미국 다음으로 선교사를 많이 파송하고 하나님을 믿는 국민이 천만명이 되니까 선진국이라는 꿈이 실현되었습니다.

복음이 중심이 되면 그 나라와 이웃 나라들이 복을 받습니다. 세계 여러 나라 가운데서 리더 국가가 되게 하십니다.

우리들도 자부심을 가져야 합니다. 우리의 삶이 하나님의 나라와 그의 의를 구하는 삶, 즉 하나님을 삶의 중심에 둘 때 우리나라는 하나님께 더 사랑을 받습니다. 우리 한명 한명이 그래서 더 소중한 것입니다. 우리의 작은 믿음의 행위가 우리나라의 미래를 결정한다는 것을 알게 되기를 바랍니다.

"예수 그리스도로 말미암아 의의 열매가 가득하여
하나님의 영광과 찬송이 되기를 원하노라"
(빌립보서 1장 11절)

02

1월 5일

위대한 설교가로 유명한 스펄젼 목사님은 아내에게 청혼할 때 이렇게 말했다고 합니다.

"나는 무엇보다도 주님의 종이 되기를 원합니다. 주님은 항상 나의 첫 번째 이시며 주님을 위한 일도 최우선입니다.

당신이 이 사실을 알고 기꺼이 나의 두 번째가 되길 원한다면 우리는 매우 행복해질 거라고 생각합니다. 그러면 당신도 나의 첫째 자리를 차지하신 분의 임재를 느낄 수 있을 겁니다."

스펄젼 목사님은 세상의 어느 누구보다도 예수님 제일주의로 사셨고, 그 결과 하나님은 그를 그 당시뿐 아니라 지금도 가장 위대한 설교가 중의 한 사람으로 만드셨습니다.

두 사람은 하나님이 맺어준 천생연분이었습니다. 싸운 적은 신혼 초에 사소한 것 때문에 말다툼을 한 것을 빼면 없었다고 합니다.

영어에 이런 말이 있습니다.

'Every couple is not a pair'

이 말의 뜻은 '부부라고 다 천생연분은 아니다'란 뜻입니다.

과연 위의 말대로 부부이지만 다 천생연분은 아닐까요? 저는 아니라고 생각합니다. 특히 믿음 안에서 결혼했다면 천생연분입니다.

우리가 스펠전 목사님처럼 하나님을 최고의 우선순위에 둔다면 멋진 결혼생활을 할 수 있다고 생각합니다.

하나님을 믿는 우리는 무엇보다도 성경 말씀을 잘 알아야 합니다. 알고서 행동한다면 그 은혜가 클 것입니다. 결혼에 대해서도 성경을 보며 깊은 묵상을 할 필요가 있습니다. 우리 모두 스펠전 목사님 부부처럼 살 수 있습니다. 하나님을 최고의 우선순위에 둔다면 말입니다.

"아내는 자기 몸을 주장하지 못하고 오직 그 남편이 하며
남편도 그와 같이 자기 몸을 주장하지 못하고 오직 그 아내가 하나니"
(고린도전서 7장 4절)

03

1월 9일

　서대문에서 목회를 하셨던 조00 목사님의 간증입니다. 한 부부가 마음이 맞지 않아 신앙상담을 요청한 적이 있다고 합니다.
　남편은 직장에서 퇴근하고 돌아와 아내와 다정한 이야기도 하고 교제를 나누려고 해도, 아내는 항상 부엌에서 꾸무럭거리면서 잠잘 시간이 돼도 안방으로 오지를 않더랍니다.
　"빨리 와서 자자"고 하면 "먼저 주무세요. 하던 일 좀 끝나면 갈게요"라며 남편 곁으로 오지도 않아 남편은 화가 머리끝까지 난적이 한두 번이 아니었다고 합니다.
　남편은 이 여자가 자신이 하고 있는 일만 중요하지 나를 중요하게 생각하지 않는다는 생각이 들자, 이혼까지 결심하게 되었던 것입니다.
　그런데 아내는 울면서 "제가 하는 일이 나 자신만을 위한 일입니까? 가사일도 그렇죠. 거의 저 혼자하고 있어요. 어린아이들 돌보는 것도 회사를 다녀와서 남편도 해주지만 정리하는 건 제가 다 합니다."
　듣고 보니 남편 말도 옳고 아내 말도 옳았습니다. 저는 아내에게 무엇 때문에 결혼했는지 물었습니다. "직장 일과 가사일 하려고 결혼했나요? 남편하고 하나가 되어 잘 살기 위해 결혼한 거잖아요?"

먼저 할 일은 남편하고 다정하게 지내는 것입니다. 아무리 집안일을 잘해도 남편을 등한히 여기면 벌써 결혼의 목적이 달라진 것입니다.

남편에게도 무엇 때문에 회사에 다니십니까? 회사 일이 바빠서 아내의 가사 부담을 대신 들어줄 수 없을 정도가 된다면 잘못된 것입니다.

두 분 다 부부간에 소중하고 중요한 일을 먼저 하세요. 집안이 엉망이 되어도 좋으니, 남편이 자자고 하면 주무십시오. 남편을 먼저 섬기면 남편이 집안일을 할 수 있는 사람을 불러 줄 겁니다. 가정의 중심은 남편을 잘 섬기는 것이고 또 아내를 잘 받드는 것입니다.

이 간증에서 봤듯이 우선순위를 잘못 선택하면 삶의 목표를 잃어버립니다. 우리들의 삶에서 만나는 온갖 딜레마들은 시간과 물질의 부족에서 오는 것이 아닙니다.

일의 우선순위를 잘못 선택하는 데서 옵니다 항상 소중하고 가치 있는 일들을 우선순위에 두시기 바랍니다.

"남편은 그 아내에 대한 의무를 다하고
아내도 그 남편에게 그렇게 할지라"
(고린도전서 7장 3절)

04

1월 12일

　세계 최초이자 최대의 석유 재벌인 록펠러는 어린 시절 너무 가난해서 초등학교 4학년 중퇴가 그의 학력 전부입니다.
　그러나 그는 제일 먼저 주님을 찾았습니다. 그는 돈이 생기는 데로 십일조를 했습니다.
　그것을 좋게 보신 주님은 44세에 미국 석유 산업의 99%를 차지하는 스탠더드 석유연맹그룹의 총수가 됩니다.
　잘 나가던 그는 53세 때 암에 걸려 의사로부터 5년을 넘기기 어렵다는 말을 듣고 주님을 더 찾았고, 도서관 건립과 대학을 세웁니다.
　그는 기도를하며 자선사업과 교육에 자신이 번 돈의 대부분을 씁니다. 주님은 그가 돈에 대한 욕심을 버리자, 병을 고쳐주셨고 99세까지 살게 하셨습니다.
　이러한 록펠러가 있기까지는 그 어머니의 힘이 컸습니다. 그의 어머니는 세상을 떠나기 전에 열 가지 유언을 유산으로 남겨 주었습니다. 그 열 가지 유언은 다음과 같습니다.
　"첫째, 하나님을 친아버지로 섬겨라.
　둘째, 목사님을 하나님 다음으로 섬겨라.

셋째, 오른쪽 주머니에는 항상 십일조를 넣어 두어라.

넷째, 원수를 만들지 마라.

다섯째, 항상 앞자리에 앉아서 예배를 드려라.

여섯째, 아침에는 그날의 목표를 세우고 하나님께 기도하라.

일곱째, 잠자리에 들기 전에 하루를 반성하고 기도를 드려라.

여덟째, 남을 도울 수 있으면 힘껏 도와라.

아홉째, 주일 예배는 꼭 자기 교회에서 드려라.

열째, 아침에는 먼저 말씀을 읽어라."

이런 어머니가 계셨기 때문에 록펠러가 성공할 수밖에 없었습니다. 먼저 주님을 경배하고 무슨 일이든 주님과 함께하는 태도가 록펠러를 위대한 인물로 만든 것입니다.

우리도 말씀을 읽고 기도를 게을리하지 않고 주님을 제일 먼저 우선순위에 둔다면, 우리는 모든 어려움을 이겨낼 수 있습니다. 넘어지지 않고 넉넉히 이길 수 있게 하십니다.

"그런즉 너희는 먼저 그의 나라와 그의 의를 구하리
그리하면 이 모든 것을 너희에게 더하시리라"
(마태복음 6장 33절)

05

1월 16일

해링턴 존 브라운은 하나님에 대해 다음과 같이 고백했습니다.
"내 영혼은 창조 이후로 창조물 안에서 발견할 수 있었던 수많은 즐거움 중 그 어떤 것보다 더 달콤하고 만족스러운 것을 발견했습니다. 바로 주님이십니다. 그분은 나의 주님이시고, 당신의 주님이시고, 우리의 주님이십니다."

또 스펄전 목사님은 세상을 떠나기 전 사랑하는 아내의 손을 잡고 이렇게 말했습니다.
"여보! 나는 좋으신 하나님과 함께 그토록 행복한 세월을 보냈다오. 우리 천국에서 다시 만납시다."

종교개혁자 존 칼빈은 주님의 사랑에 대해 다음과 같이 얘기했습니다.
"주님의 사랑은 저수지 물을 집으로 끌어다 주는 수도관과 같습니다. 즉 하늘의 보물을 우리가 사는 곳으로 가져다주는 수송 파이프입니다."

위의 얘기를 보면 믿음의 선배님들은 성경에서 말씀하시는 좋으신 주님과 사랑의 주님을 섬기며 살았습니다.

주님은 어제나 오늘이나 영원토록 동일하십니다. 좋으신 주님과 사랑의 주님을 경험하며 삽시다.

주님은 오늘도 우리와 함께 계셔서 우리에게 사랑과 선함을 베풀어 주시기를 원하십니다. 주님의 은혜 아래 있기를 기도합니다.

"여호와는 은혜로우시며 긍휼이 많으시며
노하기를 더디 하시며 인자하심이 크시도다"
(시편 145편 8절)

1월 19일

서울대학교 명예교수와 행정대학원장을 역임하셨던 유훈 장로님에 대한 간증입니다.

장로님은 1950년 한국전쟁 중에 부산으로 피난을 가서 그곳에서 대학에 다니다가 지금의 행정고시에 응시했습니다.

그런데 시험을 치는 날이 월요일이라 장로님의 마음에 갈등이 생겼습니다. '주일에 한자라도 더 보고 복습하는 것이 좋지 않을까? 일요일에 한 번 교회를 안 간다고 주님이 뭐라고 하시지 않겠는가?'

그러나 장로님은 믿음의 결단을 내렸습니다. '아니다. 그의 나라와 그의 의를 먼저 구하라고 주님께서 말씀하셨으니, 주님을 먼저 섬겨야 한다. 결과는 주님께서 책임져 주시겠지.'

그는 믿음의 결단을 하고 난 후 행정고시를 하루 앞둔 주일에 교회에 나가서 열심히 주님을 섬겼습니다.

그리고 다음 날 주님의 도우심을 의지하고 시험을 쳤는데 그 결과 멋지게 합격했습니다.

보통 중요한 시험이 있을 땐 주일에 몇 달씩 교회에 가지 않습니다. 유훈 장로님은 젊은 나이에 주님이 자신과 함께하신다는 것을 체험한 분입니다. 저는 요새에도 이런 믿음을 가진 청년들이 있기를 바랍니다.

우리가 눈앞의 이익 대신 주님을 선택하고 나아가면 주님께서 우리에게 반드시 상을 주십니다.

"하나님께 나아가는 자는 반드시 그가 계신 것과
또한 그가 자기를 찾는 자들에게 상 주시는 이심을 믿어야 할지니라"
(히브리서 11장 6절)

07

1월 26일

스웨덴의 복음 가수 레나 마리아는 두 팔과 한쪽 다리 절반이 없는 선천성 장애인입니다. 그러나 그녀는 건강한 자아상을 가지고 있습니다. 자신의 모습에서 하나님의 신묘막측한 창조의 뜻을 깨닫고 오히려 감사했습니다.

장애에 굴하지 않고 모험을 즐긴 결과 장애인 올림픽에서 수영 4관왕을 차지했고, 세계적인 복음 가수가 되었습니다. 그리고 자신을 사랑하는 신실한 청년과 결혼해서 아름다운 가정도 이루었습니다.

이와 반대로 20세기 최고의 여류 작가로 불리는 프랑수아즈 사강은 유복한 가정에서 태어나 프랑스 최고의 대학인 소르본 대학에 재학 중이던 19세 때 '슬픔이여 안녕'이라는 소설을 발표한 천재 작가요, 미모의 지성인이었습니다. 그러나 두 차례의 이혼과 도박, 알코올 중독, 약물 남용으로 비참한 삶을 마감했습니다.

진정한 삶의 의미와 목적과 행복은 오직 예수 그리스도 안에 있습니다. 그러므로 예수 그리스도 안에서 자신의 정체성을 찾은 사람만이 행복한 삶을 살아갈 수 있습니다.

오늘 나는 환경 때문에 불행하다고 생각하지 마십시오. 여러분의 행복은 마음속에 있지 환경에 있는 것이 아닙니다. 환경은 행복의 플러스 요인은 될 수 있어도 행복의 필수 조건은 되지 못합니다.

환경이 아무리 어렵고 고통스러워도 하나님을 섬김으로 가슴속에 영원의 고향을 가지고 인생의 길이신 주님을 따라가며 주님 안에서 자신의 새로운 신분인 주님의 자녀임을 발견하고 살 때, 비로소 인생의 참의미를 알게 되는 것입니다.

"너희가 전에는 백성이 아니더니 이제는 하나님의 백성이요"
(베드로전서 2장 10절)

08

1월 30일

탐욕과 행복은 결코 서로 만나지 않는다. 그러니 이 둘이 어떻게 친구가 될 수 있겠는가!

또 석유 재벌이었던 록펠러는 다음과 같이 얘기를 했습니다.

"부자가 행복하리라고 생각하는 것은 잘못이다."

부와 행복과의 관련성을 조사한 어느 통계자료를 보면, 사람이 일정 수준의 물질을 가지고 나면 그 후에는 더 많이 가져도 물질과 행복 사이에 그다지 큰 관련성이 없다고 합니다.

예를 들면 15평에 살던 사람이 35평을 얻게 되면 행복감을 크게 느끼지만, 35평에 살던 사람이 45평으로 옮기면 덤덤하고 별 볼 일이 없다는 듯이 좋아하는 감정이 없다고 합니다.

사람은 어느 정도의 물질만 가지면 그다음에는 물질을 아무리 더 가져도 계속해서 행복감이 증가하는 것은 아닙니다.

이렇게 물질도 어느 정도는 행복감을 줄 수 있지만, 그것이 우리 삶의 목표가 돼서는 안 됩니다. 돈이면 다 된다는 배금주의를 버리시길 바랍니다.

오직 주님 안에서 살면 주님이 우리 삶에 만족감을 주십니다. 돈보다 귀한 가족, 친구, 일터와 동료들이 있다면 행복한 것입니다. 주님 안에서 탐욕이 아닌 성령으로 충만한 삶을 사시길 기도합니다. 그것이 진짜 행복한 삶입니다.

"내가 이르노니 너희는 성령을 따라 행하라
그리하면 육체의 욕심을 이루지 아니하리라"

(갈라디아서 5장 16절)

09

2월 6일

타락한 인간은 영적으로 죽은 인간입니다. 죽었다는 것은 없어지는 것이 아니라 서로 간의 교류, 즉, 교통이 끊어진 것을 말합니다. 대화가 없으면 헤어질 수밖에 없습니다.

쇼펜하우어는 "우리는 영이 죽은 육적인 존재로 남는다면 우리의 인생은 의미가 없다. 그러므로 태어나지 않는 것이 행복인데 이미 태어났으니 빨리 죽는 편이 낫다"고 말했습니다.

영국의 철학자 싱글턴은 "인생은 옳은 것도 없고 적당한 것도 없다. 우리는 잿더미 속에서 씨를 뿌리고 먼지 속에서 추수한다"고 얘기했습니다.

이 두사람은 우리의 육체적인 사람인 겉사람에 대해 말한 것입니다. 겉사람은 타락으로 인해 영적으로 죽은 상태이기 때문에 죄와 악, 질병과 고생과 같은 굴레 속에 살아갈 수밖에 없습니다.

그러나 주님의 죽음과 부활로 인해 우리의 영은 주님과 교류되기 시작했습니다. 즉 우리의 속사람이 살아난 것입니다.

우리는 죽었다가 다시 살아난 것입니다. 죽었을 땐 우리의 뜻대로 살았지만, 주님이 우리 안에 살기 시작할 때부터 주님 뜻대로 살아야 진짜 사는 겁니다.

세월이 흘러갈수록 우리의 겉 사람은 점점 노쇠해지고 무능력해 지지만, 속사람은 날로 새롭고 강성해지고 신령한 생명으로 충만해집니다. 이것이 곧 성화, 즉, 성스럽게 변하는 것입니다.

우리는 매일같이 주님이 주신 은혜 속에 살아가야 합니다. 그 속에서 우리의 속사람도 강해집니다. 날마다 말씀을 보고 기도를 통해 더 맑아져야 합니다.

우리는 주안에서 새로운 피조물입니다. 우리의 속사람이 강해질수록 우리를 통해 주님이 나타납니다.

우리 모두 은혜의 통로가 됩시다. 욕심을 버리고 주님의 마음을 가집시다. 우리는 주님이 보시기에 귀한 자들입니다. 힘을 냅시다. 화이팅!

"그러므로 형제들아 내가 하나님의 모든 자비하심으로
너희를 권하노니 너희 몸을 하나님이 기뻐하시는 거룩한 산 제물로 드리라
이는 너희가 드릴 영적 예배니라"

(로마서 12장 1절)

10

2월 9일

인간의 두려움을 연구한 휴 미실던 박사는 인간의 두려움은 '유아기의 3대 기초적 두려움인 떨어지는 두려움과 큰소리에 대한 두려움, 그리고 버려지는 두려움의 계속적인 연장'이라고 지적했습니다.

유아기의 떨어지는 두려움은 성인이 되면서 실패나 뜻하지 않게 찾아오는 사고나 사건에 대한 두려움이 됩니다.

큰소리에 대한 두려움은 비판과 폭력과 침범에 대한 두려움으로 이어집니다.

버려지는 두려움은 인간의 내적 두려움인 고독과 불안, 이별과 미래의 불확실성, 죽음에 대한 두려움으로 연결됩니다.

이 이론에 따르면 인간은 태어나면서 죽는 순간까지 두려워하며 살아가는 존재입니다. 이 두려움들을 이길 수는 없을까요?

이러한 인간의 태생적 두려움은 목자가 되시는 주님을 의지할 때 이길 수 있습니다. 우리는 양입니다. 목자가 이끄는 방향으로 갈 때 가장 안전합니다.

양은 눈이 안 좋기 때문에 목자의 소리를 듣고 판단합니다. 실은 우리들도 세상을 잘 보고 판단하는 것 같지만 눈이 어둡습니다. 그래서 처음엔 목자이신 주님의 말씀을 잘 듣지 못하지만, 나중엔 성령님의 말씀을 듣게 됩니다 성경 말씀이 우리의 길을 인도합니다.

성경에는 두려워 말라는 말씀이 365회나 기록되어 있습니다. 1년 365일을 주님 안에서 두려워하지 말고 살아가라는 뜻입니다.

오직 주님만이 우리의 목자요, 우리의 피난처요, 요새요, 의뢰하는 주님이 되십니다. 오직 전적으로 주님만 믿는 우리가 됩시다.

"두려워하지 말라 내가 너와 함께 함이라 놀라지 말라
나는 네 하나님이 됨이라 내가 너를 굳세게 하리라
참으로 너를 도와 주리라 참으로
나의 의로운 오른손으로 너를 붙들리라"
(이사야 41장 10절)

11

2월 13일

미국에서 있었던 일입니다. 한 남자가 출근해 보니 책상에 해고 통지서가 놓여 있었습니다. 마흔 살에 회사에서 쫓겨난 것입니다.

충격과 함께 직장과 상사들에 대한 복수심이 끓어올랐습니다. 그는 자포자기한 심정으로 집을 나가 여기저기를 방황했으나, 할 일을 발견하지 못하고 다시 집으로 돌아와 아내에게 말했습니다.

"여보 나는 죽고 싶소. 최선을 다해서 노력을 다해 봤지만, 아무것도 되는 일이 없소."

그 말에 아내는 "당신이 시도하지 않은 것이 한가지 있어요. 진지하게 기도를 해보지 않았잖아요?"라고 대답을 했습니다.

그런데 이상하게도 아내의 그 말이 그의 마음에 감동을 주었고 아내와 같이 기도하기 시작했습니다.

기도하면서 며칠이 지나자, 직장과 상사를 향한 복수심이 사라지고 며칠이 더 지나자 기도하는 가운데 새로운 사업을 시작해 보자는 아이디어가 떠올랐습니다.

그는 집을 담보로 은행에서 융자를 받아 조그만 건축업을 시작했고, 5년 뒤에는 안정된 기업체로 자리를 잡았습니다.

그런데 그가 사업을 하느라 이곳저곳 여행을 다니다 보니 마땅한 호텔을 찾기가 어려웠습니다. 좋은 호텔은 너무 비싸고 싼 곳은 시설이 너무 형편이 없었습니다.

그래서 저렴하면서도 시설이 깨끗한 호텔을 만들어보자는 생각이 들었습니다.

그는 주님께 기도하면서 하나둘씩 호텔을 짓기 시작했습니다. 결국 이 호텔 사업은 사람들에게 큰 호응을 얻어 세계적인 체인으로 성장했습니다. 이걸 성공시킨 사람이 홀리데이인 호텔의 창업주 '케몬스 윌슨'입니다.

인생의 절망 앞에서 주님을 의지하고 기도한 결과, 주님께서 길을 열어주셔서 전화위복의 인생이 되었던 것입니다. 우리는 사망의 음침한 골짜기를 지날 때 목자가 되시는 주님을 의지해야 합니다.

"이는 하늘이 땅에서 높음 같이 그를 경외하는 자에게
그의 인자하심이 크심이로다"
(시편 103편 11절)

12
2월 16일

프랑스 출신의 종교개혁자 존 칼빈은 시편 23장 4절의 "내가 사망의 음침한 골짜기로 다닐지라도 해를 두려워하지 않을 것은 주께서 나와 함께 하심이라"는 구절을 다음과 같이 해석했습니다.

"다윗이 두려워하지 않는다는 것은 아무런 두려움도 없다는 것이 아닙니다. 아주 많은 종류의 두려움이 몰려올 때가 많지만, 그 두려움들에 지지 않고 어디든지 목자가 인도하는 곳으로 따라간다는 것입니다."

다윗은 때때로 자신에게 다가올 모든 위험을 알고 있음에도 불구하고 목자의 지팡이 끝에 시야를 고정시키고 따라갑니다.

여기서 다윗은 위험과 시험으로부터 유일한 승리의 길은 오직 자기 자신을 던져서 목자를 따르는 길밖에는 없다는 것을 선언합니다.

다윗은 말합니다. "그보다 더 좋은 길은 없습니다. 아니 그 외의 다른 길은 없습니다. 그 외의 길은 위험한 길이요 사망의 길입니다."

인생길 가운데 진정한 위험과 사망은 주님을 떠나서 살아갈 때 찾아옵니다. 양이 목자를 떠나 어디를 갑니까? 목자인 주님을 떠나 살 수 없는 것입니다.

주님을 믿고 의지하기만 하면 아무리 힘들고 괴로운 상황에서도 두려움을 이기고 승리할 수 있습니다. 주님은 우리의 기도와 부르짖음을 들으십니다. 그리고 응답하십니다. 힘을 내십시오. 우리는 주님의 귀한 자녀입니다.

"나의 괴로운 날에 주의 얼굴을 내게서 숨기지 마소서
주의 귀를 내게 기울이사 내가 부르짖는 날에 속히 내게 응답하소서"
(시편 102편 2절)

13

2월 20일

　서울 OO교회 김OO 목사님의 간증입니다. 김 목사님이 캄보디아에 갔을 때의 일입니다. 잘 아는 분이 그곳에서 동물원을 운영하고 있어서 그곳을 구경하게 되었다고 합니다.
　그 친구분이 호랑이에게 먹이를 한번 줘보라며 2kg짜리 소고기 여러 개를 주더랍니다. 김 목사님은 3m이상 되는 철조망 위로 휙 던졌다고 합니다.
　그러자 어미 호랑이가 점프해서 그 고기를 낚아채더니 그 고기를 먹지 않고 4~5개월 된 새끼 호랑이 네 마리에게 갖다주더랍니다. 그리고 새끼들이 먹는 것을 입맛만 다시며 구경하다가 다 먹고 나자 남은 찌꺼기를 먹더랍니다.
　그 모습을 보자 어렸을 때 생각이 떠올랐다고 합니다. 시골에 살 때 너무나 가난해서 자식들은 많고 먹을 것이 없던 시절 밥상에 달려들어 음식을 먹으면 어머니는 "먹어라. 나는 많이 먹어서 배부르다"라고 말하던 말씀이 참말인 줄 알았다고 합니다.
　그런데 어머니는 날로 야위어가고 피골이 상접해 가는 것을 보며 그때는 몰랐는데 어머니는 배가 고프면서도 자식들을 먹이기 위해서 거짓말을 하셨던 일들이 생각이 나서 마음이 메이고 눈물이 앞을 가렸다고 합니다.

짐승도 자기 새끼에게는 선함과 인자함을 베풉니다. 부모들은 자식을 기를 때 선함과 인자하게 희생을 다 합니다. 부모와 짐승도 이와 같은데 주님은 어떻겠습니까!

주님도 부모가 자식을 긍휼히 여김같이 주님을 경외하는 자를 긍휼히 여기십니다.

진짜 주님을 사랑하시기를 바랍니다. 주님의 사랑은 끝이 없습니다. 그 사랑으로 사시길 기도합니다.

"아버지가 자식을 긍휼히 여김 같이
여호와께서는 자기를 경외하는 자를 긍휼히 여기시나니
이는 그가 우리의 체질을 아시며
우리가 단지 먼지뿐임을 기억하심이로다"

(시편 103편 13~14절)

2월 23일

　모든 병들이 다 그런 것은 아니지만, 사단과 귀신들은 육체적으로 억압해서 약하게 만듭니다. 병의 70% 이상은 스트레스에서 온다고 의사들은 말합니다. 그만큼 스트레스는 무서운 것입니다. 스트레스가 쌓이고 쌓이면 한꺼번에 무너지고 맙니다.

　짐을 보십시오. 조그마한 짐을 계속 쌓아 짊어지면 나중에는 그 무게를 이기지 못하고 결국 주저앉아 버리고 맙니다.

　이와 같이 스트레스도 풀지 못하고 자꾸 쌓이고 쌓이면, 스트레스 때문에 무너져 버리고 맙니다.

　가정에서 아내가 감정의 스트레스를 풀지 못하고 쌓아 놓으면, 나중에 그 스트레스로 인해 무너져 좌절하게 됩니다.

　남편도 사회생활에서 어려운 시련을 너무 많이 겪고 스트레스를 받으면 무너지게 됩니다.

　남자와 여자의 평균 수명은 6살 정도 차이가 납니다. 여자가 남자보다 6~7년을 더 사는데 여자들은 스트레스를 받으면 말로 다 푼다고 합니다. 수다를 떨다 보면 웃고 울면서 스트레스가 다 풀린다고 합니다.

　남자들도 속에 있는 것들을 말할 수 있는 친구들이 있어야 합니다. 그래야 건강하게 오래 삽니다. 그리고 참지 말고 울기도 하고 수다도 떠시기를 바랍니다.

속에 있는 것들을 다 털어 버려야 사단과 귀신들이 주는 억압에서 벗어날 수 있습니다.

그리고 소리를 내서 기도하세요. 웃고 울기도 하면서 부르짖다 보면 마음이 가벼워집니다. 한번 해보시기를 바랍니다.

사단과 귀신들은 우리를 억압하고 죽이려 하지만 믿는 우리를 더 친밀하게 하셔서 주님은 이기게 하십니다. 우리의 기도와 대화 속에 생명을 주신 것입니다.

스트레스는 우리를 이길 수 없습니다.

"통치자들과 권세들을 무력화하여 드러내어
구경거리로 삼으시고
십자가로 그들을 이기셨느니라"
(골로새서 2장 15절)

15

2월 27일

　미국에서 19세기 중반 남북전쟁이 있을 당시 한 노인이 백악관 앞에서 슬피 울고 있었습니다. 노인은 군대에서 탈영한 자기 아들이 체포되어 사형선고를 받은 것이 억울하다며 대통령에게 사형을 면하게 해달라며 부탁하기 위해 온 것이었습니다.

　그러나 보초병들은 그 노인을 백악관 안으로 들여보내 줄 수가 없었습니다. 신분이 확실하지도 않은 사람을 들여보냈다간 상관에게 혼날뿐만 아니라 감옥에도 갈 수 있기 때문입니다.

　노인이 울고 있을 때 한 소년이 노인에게 다가가 자신을 따라오라고 말했습니다. 그러더니 소년은 곧장 백악관으로 들어갔습니다. 노인은 허겁지겁 그 소년을 따라 백악관으로 들어섰습니다.

　이번에도 보초병이 노인을 잡았지만, 소년이 우리 할아버지라고 말을 하자 순순히 그를 놓아주었습니다. 알고 보니 이 소년은 당시 대통령이었던 링컨 대통령의 아들이었습니다.

　결국 노인은 대통령을 만나 아들의 억울한 사연을 말했고, 링컨 대통령은 보좌진들을 통해 다 알아본 뒤 아들을 사면했고 아들은 무사히 집으로 돌아갔습니다.

백악관을 지키는 보초병들이 아무리 철통같아도 대통령의 아들 앞에서는 아무 힘이 없습니다.

주님을 믿는 우리도 마찬가지입니다. 우리가 주님의 자녀인 이상 사단과 귀신과 악인들이 공격해 온다고 하더라도 아무것도 아닙니다. 마귀와 귀신의 능력이 아무리 엄청나다 할지라도 주님의 권능을 부여받은 우리를 이길 수 없습니다.

주님을 믿는 우리는 자신 있게 살 자격이 있습니다. 우리 모두가 주님이 주신 권능을 가진 귀한 자들이라는 자신감을 갖고 사시기 기도합니다.

"내가 너희에게 뱀과 전갈을 밟으며 원수의 모든 능력을 제어할
권능을 주었으니 너희를 해칠 자가 결코 없으리라"
(누가복음 10장 19절)

3월 6일

서울의 000교회의 원로 목사님이신 신00 목사님의 간증입니다.

신 목사님이 부산의 00교회에서 부흥회를 인도하신 적이 있다고 합니다.

인도하는 그날, 저녁을 먹고 교회 사무실을 지나가는데 우는 소리가 들려서 들어가 봤다고 합니다.

가서 보니 어떤 아주머니가 정신이 이상한 아들을 데리고 왔는데 수석부 목사님이 그 아이를 위해 기도를 하고 있더랍니다.

그런데 그 목사님이 기도하기를 "부탁한다. 귀신아 나와라. 부탁한다. 이 과부 아주머니가 아들을 하나 데리고 사는데 네가 왜 괴롭히느냐? 부탁한다. 나오라! 제발 괴롭히지 말고 나오라"

이렇게 말을 하니 귀신이 더 날뛰며 그 아이를 괴롭게 해서 신 목사님이 말하길 "목사님! 귀신을 그렇게 다루면 안 됩니다. 귀신은 도둑놈이기 때문에 도둑놈보고 '나가 주세요. 네? 나가 주세요.' 그렇게 하면 안 나갑니다. 강하게 대적해야죠"

그 말을 하고 신 목사님이 그 아이에게 손을 대니까 당장 "너는 싫다. 너는 가짜 목사다"라고 고함을 치더랍니다.

그래서 다음과 같이 힘주어 말했답니다. "싫든 말든 네가 상관할 것 아니야. 나사렛 예수 이름으로 명하니 나오라! 더러운 귀신아 나오라!"

그러니까 그대로 그 아이가 사무실 바닥으로 꼬부라지더니 입에 거품을 물고 고함 고함을 치면서 귀신이 그 아이에게서 나가더랍니다.

이처럼 사단과 귀신을 내쫓을 땐 예수 이름과 예수님 보혈의 약속으로 단호하게 외쳐야 합니다. 사단과 귀신을 마주할 땐 두려워하면 안 됩니다. 두려워하면 귀신과 사단이 벌써 '아! 가짜구나'라며 얕잡아 봅니다.

우리에겐 예수님의 권세가 있습니다. 이를 알고 예수님의 이름과 예수님의 보혈을 의지하고 강하고 담대한 마음으로 사단과 귀신을 대적해야 합니다.

"이같이 여러 날을 하는지라 바울이 심히 괴로워하여 돌이켜
그 귀신에게 이르되 예수 그리스도의 이름으로 내가 네게 명하노니
그에게서 나오라 하니 귀신이 즉시 나오니라"

(사도행전 16장 18절)

17

3월 9일

멕시코에 가면 온천과 냉천이 같이 솟아나는 신기한 마을이 있다고 합니다. 한쪽에는 부글부글 끓는 뜨거운 물이 솟아오르고, 그 옆에는 얼음물처럼 차가운 물이 솟아오른다고 합니다.

그래서 그 마을 사람들은 온천에서 빨래를 삶아 빤 후 냉천에서 헹구어 집으로 돌아갑니다.

이 모습을 본 외국 관광객들이 가이드를 하던 멕시코 사람에게 물었습니다. "이곳 아낙네들은 찬물과 더운물을 마음대로 쓸 수 있으니 참 좋겠습니다. 아무래도 다른 마을 사람들보다 온천과 냉천을 주신 주님께 감사하는 마음이 더 크겠죠."

그랬더니 멕시코 가이드의 대답은 뜻밖에도 아니라는 것이었습니다. 이 유인즉 더운물과 찬물이 땅에서 나오는 것은 좋은데 빨래할 때 꼭 필요한 비누가 나오지 않아서 불평한다는 것입니다.

위의 얘기처럼 사람의 욕심은 끝이 없습니다. 사단은 항상 없는 것을 지적합니다. 감사보다는 불평을 말하게 합니다. 불평을 자주 하다 보면 감사가 점점 사라집니다.

이스라엘 백성들은 애굽을 나와서 원망과 불평을 했습니다. 자신들은 다시 애굽으로 돌아가야 한다고, 주님이 자신들을 죽이려고 한다고 불평을 했습니다.

결국 주님은 여호수아와 갈렙만 남기고 이십 세 이상은 가나안땅으로 못 들어가고 다 죽었습니다. 이와같이 불평과 원망은 우리를 주님과 멀어지게 하고 죽입니다. 힘들고 어려울수록 더 감사합시다. 감사할수록 은혜가 넘칩니다.

"나를 원망하는 이 악한 회중에게 내가 어느 때까지 참으랴
이스라엘 자손이 나를 향하여 원망하는 바
그 원망하는 말을 내가 들었노라"
(민수기 14장 27절)

3월 13일

훌륭한 자녀들에게는 대개 훌륭한 어머니가 있습니다. 어머니의 칭찬으로 말미암아 그 자녀들이 훌륭하게 된 경우가 많습니다.

예를 들면 발명왕 에디슨은 어려서 학교 수업에 잘 적응하지 못했습니다. 선생님이 1 더하기 1은 2라고 가르치면 에디슨은 "아닙니다. 1 더하기 1은 1이 될 수도 있습니다"라고 이의를 제기했습니다.

선생님이 "어떻게 1이 될 수 있느냐?"고 하시면 "고양이 더하기 쥐는 한 마리밖에 안 남습니다. 그러니까 1 더하기 1은 1이 될 수도 있습니다"라고 대답을 했습니다.

학교에서는 이런 그를 저능아라고 생각해서 도저히 교육할 수 없다고 했습니다. 그러나 에디슨의 어머니는 에디슨을 나무라지 않고 "너는 보통 애들이 생각할 수 없는 것을 생각하는 천재다. 그러니 너는 내가 가르치겠다"라고 말했습니다.

이러한 어머니의 칭찬과 격려를 받은 에디슨은 용기와 힘을 갖게 되어 공부에 매진했고, 결국 발명왕이 되었습니다.

여러분! 한 말의 쓸개보다는 한 방울의 꿀이 더 많은 파리를 잡는 법입니다. 쓸개와 같은 원망과 불평과 탄식은 아무리 해봐도 소용이 없습니다.

그러나 격려하고 칭찬하고 용기를 주면, 힘을 얻어 더 큰 일을 할 수 있는 능력이 생겨납니다.

  그러므로 우리가 주님께 감사와 찬양을 드리면 주님조차도 영화로움을 느끼십니다. 우리가 주님께 감사와 찬양을 드리고 영광을 돌리면 하나님이 영화로움을 느끼시고 구하기 전에 이미 다 아시고 응답해 주십니다.

> "감사로 제사를 드리는 자가 나를 영화롭게 하나니
> 그의 행위를 옳게 하는 자에게 내가 하나님의 구원을 보이리라"
> (시편 50편 23절)

19

3월 16일

　인도에 선교사로 간 존 스코트 목사님은 성경 말씀을 한 번도 들어보지 못한 종족이 인도 남부에 있다는 말을 듣고, 동료들의 만류를 뿌리치고 바이올린과 성경책을 가지고 그곳을 찾아갔습니다.
　15일 후 그는 목적지에 도착하자마자 마을 입구에서부터 원주민들이 손에 창을 들고 나타나서 그를 둘러쌌습니다. 시퍼런 창이 금방이라도 목을 찌를 것 같았습니다.
　그러나 스코트 선교사님은 눈을 감고 바이올린을 켜며 찬송가 36장인 '주 예수 이름 높이어 다 찬양하여라'를 부르기 시작했습니다. 창에 찔릴 것을 각오하고 찬송가를 부르는데 3절 마지막 구절인 '만유의 주 찬양을' 다 부를 때까지 아무 일도 일어나지 않았습니다.
　그래서 가만히 눈을 떠서 보았더니 기세가 등등했던 창들이 모두 바닥을 향해 있고 원주민들은 감동의 눈물을 흘리고 있었습니다.
　스코트 선교사님은 위기의 순간에 주님을 높여 드리며 찬양을 한 것밖에 없지만, 찬양 중에 주님이 임하신 것입니다. 그리고 원주민들이 섬기던 마귀의 세력이 모두 떠나갔던 것입니다.
　지금도 찬양이 있는 곳에는 주님이 임하십니다. 찬양은 곡조가 있는 기도입니다. 우리가 힘들거나 어려울 땐 위로와 힘이 되고, 즐거울 때 기쁨이 배가 됩니다. 언제나 어느 곳에 있던 찬양을 주님께 드려 보시기 바랍니다. 천국이 바로 우리가 찬양하는 곳이 될 것입니다.

"이스라엘의 찬송 중에 계시는 주여 주는 거룩하시나이다"
(시편 22편 3절)

3월 20일

　요셉은 어린 나이에 형들이 자신을 팔아넘긴 것에 대해 주님이 하신 것이라고 말을 합니다. 자신이 우연히 애굽으로 간 것이 아니라 주님의 뜻이었다고 형들에게 말합니다.

　요셉은 자신이 노예로 있을 때부터 주님이 함께하신다는 것을 알고 있었습니다. 우리도 마찬가지입니다. 성령으로 거듭났다면 매 순간 성령께서 인도하신다는 것을 알게 됩니다.

　요셉은 형들을 용서합니다. 요셉은 어떻게 용서할 수 있었을까요? 주님이 용서하게 하셨고, 요셉은 주님의 뜻에 순종한 것입니다.

　용서는 내가 '용서해야지' 해서 되는 것이 아닙니다. 억지로 하는 것은 용서가 아닙니다. 주님이 자발적인 마음을 주셨을 때 용서할 수 있습니다.

　우리의 마음이 상대방에 대해 불쌍한 마음이 들게 하시고 주안에서 한 형제라는 마음이 들도록 하십시오. 측은한 생각이 든다면 용서할 때가 온 것입니다.

　요셉은 형들에게 복수하지 않았습니다. 오히려 형들을 품었습니다. 요셉은 자신을 감옥에 가두었던 보디발과 그의 아내에게도 복수하지 않았습니다. 왜일까요? 자신이 감옥에 있는 것도 주님의 인도하심이라고 생각했기 때문입니다.

   요셉은 모든 만남과 사건에는 주님의 인도하심이 있음을 알고 있었습니다. 지금도 주님은 우리 곁에서 우리를 인도하시고 보호하십니다. 우리는 항상 주님의 임재 가운데 있어야 합니다. 그럴 때 담대함이 나옵니다.

   우리 모두 주님의 임재 속에 있기를 원합니다. 요셉이 순간마다 주님과 함께하셨듯이 성령께서 함께하십니다. 성령께 맡기시기 바랍니다. 그분이 인도하시는 길은 안전하고 우리를 생명으로 인도하는 좋은 길입니다.

> "당신들은 나를 해하려 하였으나 하나님은 그것을 선으로 바꾸사
> 오늘과 같이 많은 백성의 생명을 구원하게 하시려 하셨나니"
>
> (창세기 50장 20절)

21

3월 23일

천국은 우리가 사는 세상과 참 많이 다릅니다. 천국에서 큰 자는 누구일까요? 주님은 "누구든지 어린아이와 같이 자기를 낮추는 사람이 천국에서 큰 자"라고 하셨습니다.

그런데 왜 우리들은 자신을 낮추기 어려울까요? 그것은 교만하기 때문입니다. 사람의 정욕 가운데 교만만큼 극복하기 어려운 것이 없습니다.

역사상 교만 앞에 너무도 많은 사람들이 무너졌습니다. 교만이라는 것은 억누르고 막아도 후회하고, 뉘우쳐도 실패하고 넘어져도 언제나 그대로 살아나서 우리 앞에 나타납니다.

교만함을 최대한 없앨 수 있는 길은 날마다 자기 자신이 새로워질 때 가능합니다. 매일 성경을 보며 자기 자신을 돌아봐야 합니다. 우리 마음이 말씀으로 씻어질 때 교만은 줄어듭니다.

'일신우일신', 즉 매일 새로워지도록 성령 안에서 기도를 해야 합니다. 성령 안에서 기도할 때 우리는 자신을 낮출 수 있습니다. 성령이 충만할 때, 교만은 사라집니다.

우리의 삶 속에서 주님이 '이럴 땐 어떻게 하셨을까?'를 항상 생각해야 합니다. 우리가 가진 것들이 주님에게서 온 것이라는 걸 알 때 우리는 낮아집니다.

천국은 진짜 있습니다. 그곳은 천국의 원리가 적용됩니다. 세상에서는 자신을 높이고 내세우는 자들이 큰 자지만, 천국은 순전한 아이처럼 자신을 낮추는 자가 큰 자입니다.

우리 모두 천국에서 큰 자라고 주님께 인정받기를 원합니다. 이 땅에서 우리가 어떻게 하느냐에 달려 있습니다. 오늘부터라도 새롭게 시작하시기를 기도합니다.

"그러므로 누구든지 이 어린 아이와 같이
자기를 낮추는 사람이 천국에서 큰 자니라"
(마태복음 18장 4절)

22

3월 27일

에서와 야곱은 쌍둥이입니다. 에서는 남자답고 사냥을 특히 잘해 당시의 사회 분위기에서는 1등 신랑감으로 어린 나이에 결혼했습니다.

야곱은 어떻습니까? 곱상하게 생기고 힘도 에서만 못했습니다. 그는 어머니인 리브가를 도와 집안일을 했습니다. 신랑감으로는 빵점이라 결혼도 늦게 했습니다. 이런 외적인 조건을 보면 형인 에서를 통해 믿음의 계보가 이어져도 별 지장이 없어 보입니다.

그러나 주님은 야곱을 선택했습니다. 그 이유는 뭘까요? 주님은 에서가 주님을 안 믿고 경외하지도 않고 세상의 힘만 의지할 것을 아셨습니다. 에서는 결혼할 때도 주님을 모르는 이방 여인과 결혼해서 리브가의 마음을 아프게 했습니다.

반면 야곱은 주님을 믿었습니다. 그래서일까요? 리브가는 야곱을 좋아했습니다. 야곱은 에서처럼 박력도 매력도 없었지만, 주님은 야곱을 선택하셨습니다.

두 형제가 살아있을 땐 주님의 선택이 어떤 차이가 있는지 모릅니다. 그러나 그 후손들에게 내려갈수록 그 차이는 어마어마합니다. 야곱의 후손들이 이스라엘 민족이 되고 예수님이 오십니다.

주님의 축복과 선택은 그 당시에는 별것 아닌 것 같지만, 가벼이 볼일이 아닙니다. 주님이 선택한 이유를 우리는 모를 수 있지만 후손들은 뼈저리게 느낍니다.

지금도 주님의 선택이 목사님이나 장로님의 기도를 통해 이루어지고 있습니다. 주님을 진정으로 믿는 자의 후손은 태어나기 전부터 주님이 알고 계시며 야곱처럼 선택하십니다.

지금부터라도 믿음의 행보를 걸으시기를 바랍니다. 주님이 선택하신 믿음의 가문이 되시길 빕니다.

"여호와께서 그에게 이르시되 두 국민이 네 태중에 있구나
두 민족이 네 복중에서부터 나누이리라
이 족속이 저 족속보다 강하겠고
큰 자가 어린 자를 섬기리라 하셨더라"

(창세기 25장 23절)

23

3월 30일

아브라함은 사라가 127세에 죽자 사라보다 열 살이 많은 아브라함은 후처를 둡니다. 그녀의 이름은 그두라입니다.

그녀는 여섯 명의 자식을 낳습니다. 그중에 욕산은 드단을 낳고 드단은 나중에 북이스라엘을 멸망시키는 앗수르 족속의 직계 조상이 됩니다.

아브라함은 하나님의 은혜를 받아 백 세에 사라를 통해 이삭을 낳습니다. 그리고 아직 기력이 남아있던 그는 사라가 죽자 137세의 나이에 후처를 두고 살다가 175세에 죽습니다.

이삭은 60세에 에서와 야곱을 낳습니다. 그렇다면 아브라함도 손자들이 15살이 될때까지 살아 있었습니다.

왜 하나님은 아브라함이 늦은 나이에 후처를 두는 것을 허락했을까요? 가장 큰 이유는 아브라함이 사라 없이 혼자 있는 것이 안 돼 보였기 때문입니다. 아브라함은 하나님의 은혜로 남자로서의 힘을 가지고 있었습니다. 당시는 일부다처제가 용인되는 시대였습니다.

그러나 아브라함이 자신의 욕정을 참고 하나님과 같이 지냈더라면 앗수르라는 나라도 없었을 것이고 지금의 아랍국가는 없었을 것입니다.

아브라함은 후처인 그두라의 자손들을 동쪽 땅 지금의 중동 지역으로 보냅니다. 이삭에게 위협이 될까 봐 그렇게 한 것입니다.

그러나 성경을 보면 그들은 이삭과 야곱의 자손인 이스라엘에 위협이 됐고 현재도 그렇습니다. 하나님은 그들을 이스라엘이 불순종할 때 채찍으로 쓰셨습니다.

지금도 조강지처를 버리고 후처를 두거나 바람을 피우면 문제가 발생하듯이 아브라함은 문제를 남겨두고 죽었습니다. 그 문제가 현재인 지금까지도 해결이 안 되고 남아있는 것입니다.

우리를 한번 살펴봤으면 합니다. 외롭다고 아무나 만나거나 남친이나 여친을 만들어서는 안 됩니다. 하나님이 만나게 하신 짝을 귀히 여기시기 바랍니다.

"아브라함이 후처를 맞이하였으니 그의 이름은 그두라라"
(창세기 25장 1절)

<u>24</u>

4월 3일

　야곱의 첫째 부인 레아에게는 딸 디나가 있었습니다. 야곱이 세겜에 머무를 때 디나는 그곳의 여자들은 어떻게 하고 사는지 궁금하여 시장 같은 곳을 간 것 같습니다.
　그런데 디나는 눈에 띌 정도로 이뻤던 것 같습니다. 그곳의 족장인 하몰의 아들 세겜이 디나를 강간했습니다.
　그런데 사람의 마음은 알 수 없다고 세겜이 디나를 좋아하게 된 것입니다. 세겜은 그녀를 위로하고 결혼을 원했습니다.
　하몰과 세겜은 야곱을 찾아가 자신들이 할례를 하겠고 서로 딸을 주어 하나가 되자고 합니다.
　세겜의 모든 남자는 할례를 하고 삼일째 되는 날, 시므온과 레위에 의해 모두 죽고 나머지 형제들은 하몰과 세겜 족속의 모든 여자와 아이들을 사로잡고 모든 재산을 가지고 옵니다.
　디나의 오빠들은 피의 복수를 한 것입니다. 그런데 성경 어디에도 오빠들이나 나머지 가족들이 디나에게 따뜻한 관심을 가지고 위로를 해 주었다는 기록이 없습니다.
　강간을 한 사람은 처벌 받아야 합니다. 그러나 그를 처벌하는 일에만 몰

두한 나머지 디나같은 피해자를 위로하는 일에 소홀해서는 안 됩니다.

피해자는 종종 버림받았다고 느끼면서 좌절하며 심한 죄책감까지 느낄 수 있습니다.

디나는 당시의 집안 분위기로 봤을 때 결혼도 못하고 혼자 살았던 것 같습니다. 이럴 때 따스한 말 한마디가 디나를 살렸을 텐데 그렇게 하지 못했다는 것이 안타깝습니다.

디나와 같은 피해자는 언제든 생길 수 있습니다. 그럴 때 위로와 격려는 큰 힘이 됩니다. 디나와 같은 피해자는 생기면 안 됩니다. 그러나 생겼을 땐 피해자의 입장에서 생각해야 합니다. 관심을 갖고 세심하게 돌봐 주어야 합니다.

우리 모두에게 닥칠 수 있는 디나의 일을 성경에 기록한 이유는 그만큼 역사상 오랜 옛날부터 자주 일어났던 일이라는 것입니다. 오빠들의 성급한 복수심과 디나에 대한 무관심 집안의 수치라고 생각한 이들의 몰이해를 알려주고자 하는 것은 아닌지 생각해 봅니다.

> "히위 족속 중 하몰의 아들 그 땅의 추장 세겜이
> 그를 보고 끌어들여 강간하여 욕되게 하고"
> (창세기 34장 2절)

25

4월 6일

　다말은 유다의 첫째 아들인 엘의 부인입니다. 엘은 장남으로서 대를 이을 자식을 낳아야 하는데 다말과 같이 잘 때 자식을 낳기 싫어서 밖에다 사정을 했습니다.
　이것은 하나님의 뜻과는 반대되는 일이었고, 하나님은 엘을 죽이십니다. 당시엔 형이 자식이 없이 죽으면 동생이 형수와 관계를 맺어 자식을 낳으면 죽은 형의 자식이 되었습니다.
　엘의 동생인 오난은 아이를 낳아도 자기 자식이 될 수 없음을 알고 밖에다 사정을 하자 그것을 악하게 보신 하나님은 오난도 죽이십니다.
　유다는 두 아들이 죽자 하나 남은 아들인 셀라마저 죽을까 봐 다말을 친정집으로 보냅니다. 그리고 셀라가 장성하여 남자구실을 할 수 있음에도 다말과 관계를 맺지 못하게 했습니다.
　유다의 아내가 죽고 얼마 뒤 유다는 다말의 친정이 있는 곳으로 친구와 양털을 깎기 위해 가게 되었습니다.
　그 소식을 듣게 된 다말은 자신을 버린 시아버지에게 복수하기 위해 창녀로 분장해서 시아버지와 잡니다.
　석 달 뒤 다말이 행음을 해서 임신을 했다는 소식이 유다에게 들려옵니다. 유다는 그녀를 화형 시키라고 합니다. 그때 다말은 시아버지가 준 도장과 그 끈과 지팡이를 내보입니다.

그때 유다는 얼마나 놀랐을까요? 셀라를 주지 않은 걸 후회했습니다.

다말은 쌍둥이를 낳습니다. 형의 이름은 세라고 동생의 이름은 베레스입니다. 다말은 다시는 시아버지를 못 봅니다. 그러나 두 아들은 유다의 자식으로 기록되어 있습니다.

그중 베레스의 후손에서 다윗왕이 나오고 예수님이 오십니다. 저는 유다의 이 실수는 하나님이 하신 것이라고 생각합니다. 주님은 자신이 예정한 대로 후손들이 나오길 원하십니다. 그것도 모르고 그때를 놓칠 땐 주님이 치십니다.

남녀 간의 만남도 부부관계도 우연이란 없습니다. 그 속엔 다 주님의 뜻이 있습니다. 매 순간의 만남을 소중히 여기시기 바랍니다. 주님은 자기 뜻을 이루십니다.

"유다가 이르되 무슨 담보물을 네게 주랴
그가 이르되 당신의 도장과 그 끈과 당신의 손에 있는 지팡이로 하라
유다가 그것들을 그에게 주고 그에게로 들어갔더니
그가 유다로 말미암아 임신하였더라"
(창세기 38장 18절)

4월 10일

　노아는 하나님의 마음에 쏙 들 정도로 신실한 사람입니다. 그래서 그를 통해 방주를 지어 사람들과 짐승들을 살리셨습니다.
　그렇게 신실한 노아가 포도주를 마시고 옷을 다 벗고 남자의 성기가 다 드러날 정도로 대자로 뻗어 자고 있었습니다.
　노아의 둘째 아들인 함은 노아의 성기를 보고 덮어줄 생각은 안 하고 자신의 두 형제인 셈과 야벳에게 말을 합니다.
　결국 셈과 야벳이 장막 안으로 들어가 덮어주었고, 성기를 보지 않았습니다.
　그런데 노아가 깨서 얘기를 들은 후 저주를 내린 사람은 함이 아니라 함의 네 번째 아들인 가나안이었습니다.
　그 저주는 가나안은 셈과 야벳의 종이 된다는 것입니다. 가나안은 무슨 잘못을 한 것일까요? 함은 가나안의 아버지로 쓰여 있습니다.
　저는 노아가 성기를 내놓고 벌거벗은 것을 처음 본 사람은 함이 아니라 가나안이었다고 생각합니다. 그래서 가나안을 통해 전해 받은 함이 장막 안으로 들어가서 보고 나왔던 것입니다.
　가나안은 어린 나이에 할아버지의 성기를 보고 나와서 여러 사람들에게 할아버지에 대해 얘기했던 것 같습니다.

가나안의 후손은 나중에 11족속이 되는데 진짜로 정복당하거나 역사 속에서 흔적도 없이 사라집니다. 노아의 저주대로 됐습니다.

이 성경 말씀을 보면서 알 수 있는 건 나이 드신 분들에 대한 우리의 마음가짐이 올바라야 복을 받는다는 것입니다. 가나안의 생각 없는 행동이 자신의 후손들에게 큰 짐이 되었던 것처럼 우리의 경솔한 언행이 후손들에게 큰 짐이 될 수 있습니다.

그리고 한 사람의 실수를 덮어줄 수 있는 넓은 마음을 가지기를 원합니다. 자주 하는 잘못은 지적해서 고치거나 처벌받아야 합니다. 그러나 한 번의 실수는 덮어줄 수 있는 우리가 돼서 가나안처럼 되지 않기를 바랍니다.

> "이에 이르되 가나안은 저주를 받아
> 그의 형제의 종들의 종이 되기를 원하노라"
> (창세기 9장 25절)

27
4월 13일

    다윗왕은 군대 장관 요압과 군사들을 보내 암몬 자손을 멸하게 하고 본인은 예루살렘 왕궁에 있었습니다.
    저녁을 먹고 왕궁 옥상을 거닐던 다윗은 한 여인이 목욕하는 걸 봅니다. 다윗은 그녀가 누구인지 알아봤는데도 그녀를 왕궁으로 데려와 같이 잡니다.
    그녀의 이름은 밧세바이고 솔로몬의 어머니입니다. 그녀는 다윗과 잔 후 임신을 합니다. 다윗은 그녀의 남편을 전쟁 중에도 불러 밧세바와 같이 자게 하려고 했으나 실패하고 남편을 전장에서 죽게 합니다.
    남편이 죽자, 밧세바를 왕궁으로 데려옵니다. 다윗이 저지른 밧세바와의 간통 사건의 근본 원인은 무엇일까요? 이스라엘이 전쟁을 하고 있었는데도 한가로이 왕궁 옥상을 거닐 때 찾아왔다는 것입니다. 다윗은 자신의 부하들과 같이 전장에 있었어야 합니다. 잘못된 장소에 있을 때 유혹은 다가옵니다.
    간통 사건이 있고 난 뒤 아이가 태어나기까지 9개월 동안 다윗은 침묵했습니다. 나단 선지자를 통해 자신의 죄가 드러나자 회개를 해서 하나님으로부터 용서는 받지만, 태어난 아이는 죽고 다윗의 집안에 칼이 떠나지 않습니다.

여기서 우리가 알 수 있는 것은 죄는 용서를 받지만, 죄에 대한 책임까지 면제받는 것은 아니라는 것입니다. 나단 선지자는 다윗 집안에 재앙이 일어난다고 했습니다. 큰아들 암논이 죽고 압살롬에 의해 반란이 일어납니다.

그러나 하나님은 솔로몬을 주셨고 그를 사랑한다고 하셨습니다. 죄에 대한 책임을 물으시지만, 또 다른 곳에선 복을 주시기 원하십니다. 다윗의 진정한 회개 덕분입니다.

회개는 우리의 죄를 없이하고 죄에 대한 책임을 줄여줍니다. 다윗왕의 위대성은 진실한 회개에 있습니다.

우리도 인생을 살면서 죄를 짓지 말아야 합니다. 만약 죄를 지었다면 빨리 회개하시기 바랍니다. 죄의 책임은 생각보다 무겁습니다. 회개를 진실되게 하시기를 바랍니다.

> "이제 네가 나를 업신여기고 헷 사람 우리아의 아내를 빼앗아 네 아내로 삼았은즉 칼이 네 집에서 영원토록 떠나지 아니하리라 하셨고"
> (사무엘하 12장 10절)

4월 17일

이스라엘의 초대 왕이었던 사울왕은 블레셋과의 길보아 전투에서 그의 아들인 요나단과 같이 죽습니다.

사울왕의 죽음은 그의 시체가 블레셋의 벧산이라는 성벽에 못 박힘으로써 개죽음이었다는 것을 알려줍니다. 이때 그의 착한 아들인 요나단의 시체도 같이 못 박힙니다.

사울왕은 직감적으로 길보아 전투에서 자신이 죽을 줄 알았는지 자신의 앞날을 하나님께 물어본 것이 아니라 신접한 여인에게 물어봅니다. 신접한 여인은 사울왕이 죽을 것이라고 말합니다.

저는 하나님이 사울왕의 곁을 떠났지만, 하나님에 의해 왕이 된 자로서 마지막에는 하나님께 여쭤보고 그분의 뜻을 따랐다면 개죽음은 없었을거라 생각합니다.

사울왕은 이스라엘의 왕이 된 후 시골 청년의 순수함을 잃고 교만과 권력욕에 빠져 마지막에는 패배와 자결이라는 비극으로 인생을 끝냈습니다.

그의 아들 요나단은 아버지하고는 틀렸지만, 아버지가 준 굴레 속에 같이 있을 수밖에 없었습니다.

저는 요나단만은 하나님이 살리시길 원했습니다. 그러나 요나단은 죽었습니다. 왜 하나님은 요나단을 죽이셨을까요?

만약 요나단이 살아있었다면 요나단은 등에 떠밀려 사울왕의 살아남은 아들 이스보셋이 그랬던 것처럼 이스라엘의 왕이 됐을 것입니다. 물론 요나단은 다윗이 왕이 될 것을 알았기 때문에 전쟁터에서 아버지가 죽자 같이 죽은 것인지도 모릅니다.

사람의 죽고 사는 것은 하나님의 뜻에 달려 있습니다. 요나단은 자신의 아버지처럼 죽을 이유가 없었습니다. 그러나 요나단은 죽었습니다.

그래서 다윗은 더 슬퍼했는지 모릅니다. 예수님의 12명의 제자 중 야고보는 사역도 못 해보고 제일 먼저 순교합니다. 그러나 베드로는 감옥에서 나오게 하셔서 살리십니다.

누구는 살고 누구는 죽는 것은 정말 하나님의 뜻에 달려있습니다. 살고 죽는 것을 우리 뜻대로 안 되지만, 천국에 갈지 지옥으로 갈지는 하나님이 주신 자유의지로 결정할 수 있습니다.

요나단이 죽은 건 하나님의 뜻입니다. 그것을 인간의 힘으로는 막을 수가 없습니다. 그렇기 때문에 인생을 살면서 욕심을 버릴 수 있습니다. 빈 마음이 될 수 있습니다.

우리가 욕심을 낼수록 주위 사람들만 힘들어집니다. 죽고 사는 건 하나님 뜻에 달려 있습니다. 성령님이 우리 안에 충만하도록 빈 마음이 됐으면 좋겠습니다.

> '내 형 요나단이여 내가 그대를 애통함은
> 그대는 내게 심히 아름다움이라
> 그대가 나를 사랑함이 기이하여 여인의 사랑보다 더하였도다"
> (사무엘하 1장 26절)

4월 20일

　다윗왕의 아들인 압살롬은 정말 잘 생겼습니다. 그에게는 정말 아름다운 누이동생이 있었습니다. 그녀의 이름은 다말입니다.
　그런데 다윗왕의 제일 큰아들인 암논이 상사병이 들 정도로 다말과 자기를 원했습니다. 그때 그의 친구이면서 간교한 자였던 요나답이 암논에게 아픈 척을 하면 왕이 올 텐데 그에게 말하여 "다말이 와서 떡을 만들어 그녀의 손으로 먹여주면 좋겠다"라고 말하라고 시킵니다.
　암논은 그대로 옮기고 다말을 성폭행합니다. 그런데 그 후 그렇게 좋아하던 다말을 버립니다. 암논의 좋아함은 욕정이었습니다. 즉 다말을 좋아한 것이 아니고 자기 성적인 만족의 대상으로 여긴 것이었습니다.
　다말의 오빠였던 압살롬은 이때부터 복수를 위해 이를 갑니다. 이 년이 지나고 압살롬은 모든 왕자들을 초청해서 자신의 집으로 오게 한 후 술이 어느 정도 들어간 상태에서 암논을 죽입니다. 압살롬은 그술로 도망을 갑니다.
　그런데 이상한 것은 다윗왕은 자기 아들들의 죄를 지적하지 않습니다. 암논의 성폭행 범죄도 압살롬의 보복 살인에 대해서도 아무런 조치를 취하지 않았습니다. 결국 이런 태도가 압살롬의 반역으로 이어졌습니다.

왜 다윗왕은 침묵했을까요? 제가 생각해 볼 때 다윗은 자신이 지었던 밧세바와의 간통 사건 때문에 자식들의 죄를 지적하기 꺼렸던 것 같습니다.

또 하나는 나단 선지자가 말했던 하나님의 말씀, **"너의 집안에서 칼이 떠나지 않으리라"**는 말 때문이었던 것 같습니다.

우리가 욕정이든 뭐든 사소하게 보이는 죄도 결국 우리의 자식이나 그 후대에까지 영향을 미칩니다.

다시 한번 말합니다. 우리가 회개하면 용서를 받지만, 그 죄의 책임은 우리의 후대까지도 영향을 미칩니다. 다윗도 그렇게 회개했는데도 자식들의 죄에 대해 떳떳하지 못했습니다.

작은 죄라도 즉시 회개하면 좋겠습니다. 그래야 자신이 살고 우리 자손들이 삽니다. 하나님은 진실로 회개하는 자를 좋아하십니다.

*"암논이 그 말을 듣지 아니하고
다말보다 힘이 세므로 억지로 그와 동침하니라"*
(사무엘하 13장 14절)

30
4월 24일

    모세는 나이 80세가 되도록 장인 이드로의 양 떼를 쳤습니다. 그러던 어느 날 광야 서쪽으로 양 떼를 이끌다가 하나님의 산인 호렙산에 이르게 되었습니다.

    그런데 모세가 이상한 떨기나무를 보게 됩니다. 나무가 타진 않고 불이 계속 타오르는 것입니다.

    여러분도 이상해서 호기심에 그 떨기나무 근처로 갈 것입니다. 모세도 마찬가지였습니다. 그때 하나님께서 부르십니다. "모세야! 모세야!" 이때 모세가 얼마나 놀랐을까요?

    모세는 거의 제정신이 아닌 상태에서 "내가 여기 있나이다"라고 말합니다. 하나님은 "가까이 오지 말라"고 하십니다.

    하나님이 임재하시는 곳은 거룩한 곳입니다. 지금은 성령님의 시대로 장소나 시간을 불문하고 사람의 많고 적음에 상관없이 임하시지만, 모세가 살던 시대는 하나님과 일정한 거리를 두었습니다. 하나님이 계신 곳은 거룩한 곳이라 더 가까이 가면 죽었습니다.

    하나님은 자신을 소개할 때 "아브라함의 하나님 이삭의 하나님 야곱의 하나님"으로 말하십니다. 왜 이렇게 길게 소개할까요?

지금도 이슬람교 사람들은 "아브라함의 하나님 이스마엘의 하나님"이라고 말합니다. 그러니까 믿는 하나님이 틀린 것입니다. 알라는 하나님이란 뜻인데 '이삭의 하나님 야곱의 하나님'이라고 안 합니다.

하나님은 자신을 "스스로 있는 자"라고 말하십니다. 이 뜻은 '나란 나'이다 란 뜻입니다. 히브리어로 '여호와'라고 부릅니다.

하나님은 이집트에 있는 자신의 진짜 백성을 430년 만에 모세를 통해 해방하려고 한 것입니다. 이스라엘 자손의 처절한 부르짖음을 듣고 모세를 쓰신 것입니다.

누구나 간절한 선한 소원들이 다 있습니다. 하나님은 이 욕심이 없는 간절한 부르짖음을 들으십니다. 그리고 응답하십니다.

모세처럼 우리도 하나님께 쓰임을 받아야 합니다. 그것이 작은 일이든 큰일이든 쓰임을 받을 때 큰 기쁨이 옵니다. 그 기쁨은 세상이 주는 것과 다릅니다.

하루를 소중히 여기십시오. 너무나 귀하기 때문입니다. 천국에 가는 그 날까지 우리의 삶을 아름답게 가꿉시다. 하나님께 쓰임 받는 소중한 우리가 됐으면 좋겠습니다.

> "하나님이 이르시되 이리로 가까이 오지 말라
> 네가 선 곳은 거룩한 땅이니 네 발에서 신을 벗으라"
> (출애굽기 3장 5절)

31

4월 27일

모세의 나이가 120세입니다. 그는 이스라엘 백성을 40년 동안 이끌었습니다. 요단강만 건너면 하나님이 약속하셨던 땅입니다.

그러나 모세는 느보산에 올라가 자손들이 차지할 땅을 바라보며 죽습니다. 그는 죽기 전에 순종의 길과 불순종의 길을 말합니다.

이스라엘의 백성들에게는 두 가지 길만이 주어졌습니다. 즉, 생명의 복으로 통하는 순종의 길과 사망의 화로 통하는 불순종의 길이었습니다.

하나님은 자신의 계명을 매우 분명하고도 알기 쉽게 만드셨습니다. 그래서 이스라엘 백성들이 너무 어려워 순종하기에 불가능하다고 주장할 수 없도록 하셨습니다.

다만 백성들은 어떤 길을 걸어갈 것인지 본인들이 선택하기만 하면 됐습니다.

우리도 지금 같은 선택 앞에 놓여 있습니다. 하나님의 뜻과는 반대로 불순종의 길을 선택한다면 죄와 사망의 노예가 될 것입니다. 반대로 순종의 길을 선택한다면 하나님은 자유와 생명을 주시고 인생길에서 힘과 용기를 주실 것입니다.

하나님을 사랑하고 그가 행하라고 하신 길로 가고 그분이 명령하신 규

례와 법도를 지킨다면 생존하고 번성한다고 하셨습니다.

　하나님의 말씀은 우리에게 매우 가까워서 우리의 입에 있고, 우리의 마음에 있기 때문에 하나님의 말씀을 지킬 수 있는 것입니다.

　우리 모두 정말로 진심으로 하나님을 사랑합시다. 그분의 말씀을 잘 듣고 그분을 의지하는 삶을 삽시다. 하나님은 우리의 생명이시고 장수를 누리게 하시는 분이십니다.

　이렇게 좋으신 분을 진심으로 믿읍시다. 삶의 모든 순간에 우리를 도와주십니다. 자! 힘을 냅시다. 하나님이 우리 안에 계십니다.

"오직 그 말씀이 네게 매우 가까워서 네 입에 있으며
네 마음에 있은즉 네가 이를 행할 수 있느니라"
(신명기 30장 14절)

32

5월 1일

하나님은 미래에 새 하늘과 새 땅을 창조하신다고 말씀하셨습니다. 하나님의 백성들은 하나님이 창조하신 것으로 말미암아 영원히 기뻐하며 즐거워할 것이라고 말합니다.

이 미래가 언제인지는 모르지만 우는 소리나 부르짖는 소리가 없을 것이며 대부분의 사람들이 백 세를 넘길 것이라고 말합니다.

지금 우리가 사는 삶은 어떤가요? 미래에 대한 소망은 있는 건가요? 오늘날 현재는 전쟁과 갈등 반목과 증오가 도처에 널려 있습니다. 언제쯤 평화가 올지는 아무도 모릅니다.

그러나 하나님의 내일에는 새 하늘과 새 땅이 있습니다. 모든 고통과 아픔이 사라지고 기쁨이 충만한 곳 말입니다.

자연조차도 변합니다. 힘센 육식동물과 약한 초식동물이 함께 어울려 지냅니다. 이리와 어린 양이 함께 먹고 사자가 소처럼 짚을 먹을 것이라고 합니다.

우리의 수고도 헛되지 않을 것이라고 말합니다. 일한 만큼 대가를 받을 것입니다.

무엇보다 좋은 것은 하나님이 우리가 부르기 전에 응답하시겠고 일을 마치기 전에 다 모든 것을 듣겠다고 하십니다.

저는 새 하늘과 새 땅이 가까운 미래에 왔으면 좋겠습니다. 아픔과 고통이 없는 세상 소망과 비전이 있는 곳, 이런 곳에 살고 싶습니다.

대부분의 사람들도 마찬가지일 것입니다. 우리 모두 이런 미래를 소망했으면 좋겠습니다. 머지않아 올 것입니다. 지금 힘들고 어렵다면 하나님이 주시는 미래를 그려보시기를 바랍니다. 미래는 꿈꾸는 자의 것입니다.

새 하늘과 새 땅을 품으시길 바랍니다. 그리고 오늘을 힘차게 사시길 기도합니다. 자 앞으로 전진 합시다. 하나님이 주신 미래를 향해 나갑시다.

"보라 내가 새 하늘과 새 땅을 창조하나니
이전 것은 기억되거나 마음에 생각나지 아니할 것이라"
(이사야 65장 17절)

33
5월 4일

하나님이 좋아하시는 기도 장소가 따로 있을까요? 결론부터 말하면 따로 없습니다.

어디에서 기도하든 하나님께서는 우리의 기도를 들으십니다. 요나는 심지어 큰 물고기 배 속에서 기도 했지만, 응답을 받았습니다.

하지만 사람마다 다르지만 기도할 때 어떤 장소가 도움이 되는 것은 사실입니다.

예를 들어 교회나 골방에서 기도하면 조용한 가운데 하나님에 대한 더 깊은 경외심을 느낄 수 있습니다.

무릎을 꿇거나 머리를 숙이는 행위도 우리의 마음을 보다 겸손하고 경건하게 만들어 줍니다. 솔로몬왕은 자신의 아버지 다윗왕의 유지를 따라 성전을 지었습니다.

이 성전은 하나님이 좋아하시도록 정성을 다해 지었습니다. 누구든 이 성전을 향해 기도하면 응답해 달라고 기도합니다.

솔로몬 때는 성전 중심의 신앙생활을 했지만, 성령의 시대인 지금은 우리가 장소나 태도에 너무 의지하는 것을 원치 않으십니다.

중요한 것은 기도하는 자의 진실한 마음입니다. 우리가 사는 동안 항상 우리의 마음이 하나님께 가 있어야 합니다. 솔직하게 다 하나님께 말해야 합니다. 그럴 때 하나님께서 들으시고 응답하십니다.

우리들은 하나님 앞에서 우리 자신을 다 들어낼 필요가 있습니다. 그럼, 하나님이 우리를 위로하시고 또 책망도 하시며 우리를 만나 주십니다.

하나님은 좋으신 분입니다. 힘을 내십시오.

"주께서 전에 말씀하시기를 내 이름이 거기 있으리라 하신 곳
이 성전을 향하여 주의 눈이 주야로 보시오며
주의 종이 이 곳을 향하여 비는 기도를 들으시옵소서"

(열왕기상 8장 29절)

34
5월 8일

많은 사람들은 사람을 볼 때 눈을 본다고 합니다. 성경에서도 이스라엘의 가장 위대한 왕인 다윗을 설명할 때 눈이 빼어났다고 말합니다.

눈이 빼어났다는 것은 총기가 있고 이뻤다는 말입니다. 그리고 얼굴빛이 붉었다는 말은 건강하다는 뜻입니다. 얼굴이 아름다웠단 말은 곱상하다는 뜻이며 피부가 좋았다는 뜻입니다.

이것은 시골의 일반적인 양치는 소년과 비슷하다는 것입니다. 그러나 다른 점이 있었는데 마음의 중심에 하나님을 모셔두고 그분의 뜻대로 살려고 했다는 것입니다.

마음의 중심을 심중이라고 하고 카르디아라고 말합니다. 하나님이 다윗의 심중을 보시듯이 지금도 사람들이 지닌 마음의 중심을 보십니다.

우리들도 대화하거나 표정을 보면 그 사람의 마음을 알 수 있습니다. '그 사람이 정말 날 좋아하는구나. 날 이용하려는구나. 나란 사람이 아니고 내 조건을 보고 접근하는구나'를 알 수 있습니다.

사람도 이 정도로 알 수 있는데 하나님이 우리의 마음을 모르신다는 것은 말이 안 됩니다.

하나님은 우리가 키와 외모를 본다는 것을 아십니다. 수십 년간 하나님과 같이 한 사무엘도 잠시 키와 외모를 볼 정도입니다. 그러니 우리는 오죽하겠습니까?

우리는 키와 외모를 보면 안 됩니다. 사람들의 심중을 볼 수 있도록 우린 어떻게 할까요? 그 사람이 정말로 하나님을 믿는 신앙심이 있는지 알아야 합니다. 돈을 벌기 위해 하나님을 이용하는 사람은 아닌지, 자신보다 잘난 사람을 인정도 안 하고 친구로 사귀는 것을 꺼리는지 잘 알아야 합니다.

요새는 다윗같이 마음의 중심이 하나님께 있는 사람들이 적습니다. 이럴 땐 자신이 하나님을 향해 잘 서 있어야 합니다. 교회에서 일을 많이 한다고 믿음이 좋은 것은 아닙니다. 오히려 교회 일을 하다 보니 일터나 가정을 소홀히 할 때가 많습니다.

우리 모두 마음의 중심을 잘 살펴봅시다. 자신이 키와 외모를 보고 사람을 판단한 것은 아닌지, 우리 모두 사람의 심중을 볼 수 있는 자들이 되게 해 달라고 기도합시다. 하나님의 마음에 드는 우리들이 되었으면 좋겠습니다.

> "여호와께서 사무엘에게 이르시되 그의 용모와 기를 보지 말라 내가 이미 그를 버렸노라 내가 보는 것은 사람과 같지 아니하니 사람은 외모를 보거니와 여호와는 중심을 보느니라 하시더라"
>
> (사무엘상 16장 7절)

35

5월 11일

가족이나 친구들 중 누군가가 불의의 사고나 뜻밖의 죽음으로 고통을 겪고 있을 때 어떻게 하십니까?

그럴 때 저는 아무 말도 못 했습니다. 그저 속으로 울었습니다. 저의 신학대학원 동기 목사님은 4살 된 아들을 교통사고로 떠나보내야 했습니다. 그때 동기생 어느 누구도 아무말도 못했습니다. 위로의 말조차 하지 못했습니다.

성경에 등장한 사람들 가운데 욥처럼 고난을 겪은 사람도 없을 것입니다. 하루아침에 모든 것을 잃은 욥에게는 참된 위로가 필요했습니다.

하지만 욥의 세명의 친구들은 욥을 위로 하는 데 실패했습니다. 그들이 욥에게 베푼 것은 위로가 아니라 말다툼과 충고 그리고 자기주장과 진부한 이야기뿐 이었습니다.

그렇다면 우리는 고난 중에 있는 형제자매에게 어떻게 진정으로 위로할 수 있을까요?

우리는 먼저 충격을 받거나 절망하는 기색 없이 고난을 받고 있는 형제자매의 감정을 이해하고 받아들여야 합니다. 우리가 당신의 고통을 이해하고 있음을 알려 주어야 합니다.

실패한 위로자인 욥의 친구들처럼 고난이나 고통이 죄 때문이라거나 그 원인이 무엇인지 애써 설명하려 들거나 그것에 대해 토론해서는 안됩니다.

우리는 이렇게 말할 수 있어야 합니다. "주님은 여전히 당신을 사랑하고 있고 우리도 당신을 사랑하고 있다"고.

우리 주위엔 자신의 잘못도 아닌데 고난을 당하는 사람들이 많습니다. 이산가족이 된 분들이나 불의의 사고로 가족을 잃거나 장애를 입으신 분들, 이런 분들에게는 진정한 위로를 해줄 친구들이 있어야 합니다.

우리가 그분들의 친구가 되어 드리면 좋겠습니다. 주님이 어려운 분들의 친구가 되어 주셨던 것처럼 말입니다.

"그러할지라도 내가 오히려 위로를 받고
그칠 줄 모르는 고통 가운데서도 기뻐하는 것은
내가 거룩하신 이의 말씀을 거역하지 아니하였음이라"

(욥기 6장 10절)

36

5월 15일

하나님께 순종하고 정직하게 살면 우리의 삶이 형통하게 될까요? 성경에 나온 인물들 가운데 욥은 그렇지 못했습니다.

욥은 이유도 알지 못한 채 고난을 겪었습니다. 한 개인의 삶은 형통하지 못했습니다.

그러나 하나님은 이스라엘 백성들에게 순종하면 번창하고 형통할 것이라고 분명히 약속하셨습니다. 하지만 그 약속은 개개인에게 한 약속이 아니라 이스라엘 민족 전체에게 하신 약속입니다.

그렇다면 이스라엘 각각의 개인들에게는 어떻게 적용이 될까요?

하나님께 순종하면 성공을 보장받을 수 있을까요? 보통 우리가 하나님의 뜻대로 산다면 우리 마음대로 할 때보다 형통할 수 있습니다.

그러나 그것은 절대적인 법칙이 아니라는 것을 욥을 통해 알 수 있습니다. 때때로 하나님의 말씀대로 올바르게 살아가는 사람에게도 고통과 아픔이 찾아올 수 있습니다. 사실 어쩌면 올바르게 살려고 하기 때문에 고통과 시련을 겪는 경우도 있습니다.

욥이 올바르게 살다 고통을 겪듯이 이 세상에서는 하나님을 믿는 이들이 고난과 시련을 겪고 악인이 잘되는 경우가 종종 생깁니다.

이럴 땐 하나님이 너무 하신다는 생각과 함께 하나님이 안 계신다는 좌절감이 들기도 합니다. 그러나 하나님은 살아 계시고 언제나 우리를 지켜 주십니다.

우리는 우리의 상황이 어떠하든지 하나님이 좋게 해 주신다는 것을 바로 지금 믿어야 합니다. 하나님의 때에 욥을 회복시키시고 더 좋게 해 주신 것처럼 우리에게 더 좋은 것을 주시고 그전보다 더 좋게 해 주십니다.

우리가 악인들이 지금 잘 되는 걸 부러워할 필요가 없습니다. 하나님의 정의는 이번 생애에서 완성되는 것이 아니라 최후의 심판 때에 모든 것이 공정하게 처리됩니다. 이때 웃을 수 있는 자가 진정으로 복을 받은 자입니다.

우리는 하나님을 보지 못하고 깨닫지 못하지만, 하나님은 우리를 좋게 하시고 힘을 주시려고 일하십니다, 그러니 그런 하나님을 믿고 앞으로 전진하시기 바랍니다. 우린 할 수 있습니다.

"그가 내 앞으로 지나시나 내가 보지 못하며
그가 내 앞에서 움직이시나 내가 깨닫지 못하느l라"
(욥기 9장 11절)

37

5월 22일

　주님은 우리를 잊으실까요? 우리가 주님을 잊고 죄를 짓는다고 주님이 우리를 버릴까요?

　답은 아닙니다. 주님은 우리를 잊거나 버리지 않습니다. 절대로 아닙니다.

　이사야서 49장 15절 16절을 보면 다음과 같이 나와 있습니다.

　"여인이 어찌 그 젖 먹는 자식을 잊겠으며 자기 태에서 난 아들을 긍휼히 여기지 않겠느냐 그들은 혹시 잊을지라도 나는 너를 잊지 아니할 것이라 내가 너를 내 손바닥에 새겼고 너의 성벽이 항상 내 앞에 있나니"

　어떻습니까? 자식을 낳은 어머니는 잊을 수 있지만, 주님은 우리를 잊을 수가 없고 우리를 잊지 않으려고 손바닥에 새겼다고 하십니다.

　주님은 이런 분입니다. 우리가 비록 세상일로 주님을 자주 잊어버리고 죄악의 길에 빠져 허우적거린다고 할지라도 주님은 결코 우리를 잊거나 버리지 않으십니다.

　심지어 우리를 잊지 않으시려고 우리의 이름을 손바닥에 기록하실 정도입니다. 그리고 주님은 성벽처럼 단단하신 분입니다. 그런 주님이 우리 앞에 계십니다.

여러분의 주님은 어떤 분이십니까? 저에게 있어 주님은 포근한 사랑의 주님이십니다. 힘들고 어려울 때 감싸 주시는 어머니 같으신 분입니다.

저의 어머니는 제가 어려서 항상 제 곁에 계셨습니다. 저는 항상 어머니를 보며 안심했습니다. 그런 어머니가 지금 뇌경색으로 입원해 계십니다. 저는 어머니를 통해 주님은 어머니 같은 분이라는 걸 배웠습니다.

어머니가 빨리 좋아지셨으면 좋겠습니다. 주님을 많이 닮으신 우리 어머니! 어서 퇴원해서 집에 오시길 기도합니다.

"모든 육체가 나 여호와는 네 구원자요
네 구속자요 야곱의 전능자인 줄 알리라"
(이사야 49장 26절 하반절)

38

5월 25일

　에스겔같이 하나님을 섬기는 선지자들의 메시지에서 가장 큰 이슈는 우상에 관한 것이었습니다. 우리가 알고 있듯이 우상에 관한 문제는 십계명 중 첫 번째와 두 번째 계명과 연관되어 있습니다.
　이 우상 문제는 하나님의 백성인 우리들이 해결해야 하는 중차대한 문제입니다. 그렇다면 우리에게 우상은 무엇이고 왜 하나님은 우상숭배를 그토록 경고하셨을까요?
　우리들은 보통 우상이라는 것이 복을 구하고 제사를 드리기 위해 나무나 돌로 만든 어떤 형상이라고 생각을 합니다. 물론 그런 형상들은 우상입니다.
　어떠한 형상으로 만들어진 우상은 눈에 보이는 신을 추구하는 인간의 욕구를 충족시켜 주기 때문에 오늘날에도 여전히 지속되고 있습니다.
　그러나 우리 눈에 보이는 형상들이 살아있는 것은 아닙니다. 우리 눈에는 안 보이지만, 살아서 우리와 함께하시는 하나님과는 차원이 다릅니다.
　이런 우상보다 하나님은 좀 더 차원 높은 우상의 본질에 대해 다음과 같이 말씀하십니다.
　"자기가 만든 우상을 자신의 마음에 들어오게 하며 죄악의 걸림돌들을 자신의 앞에 두니"

결국 우상을 마음에 둔 사람들은 하나님을 떠납니다. 자기 마음속의 우상이 하나님으로부터 우리를 멀어지게 하고 죄악 가운데로 빠뜨립니다.

에스겔 시대의 사람들도 하나님의 성전에서 종교의식을 수행하면서도 자신들의 마음에 있는 마음의 우상들을 자신의 앞에 두고 섬겼습니다.

에스겔 때 많은 사람들은 하나님께 종교의식을 수행하면서도 풍요를 가져다준다는 바알도 믿었습니다. 특히 남성들은 바알 성전에 있는 여자 사제들과 성관계를 함으로써 자신이 깨끗해진다고 믿었습니다.

하지만 그들이 결과적으로 거둔 것은 하나님의 진노와 심판뿐이었습니다. 그들은 하나님께 종교의식만 행하고 마음속으로는 우상을 섬기며 살았습니다.

우리는 마음을 다해 깨끗한 마음으로 하나님을 믿고 섬겨야 합니다. 마음속에 하나님보다 높아진 우상들을 제거해야 합니다.

참된 신앙은 마음속에 있는 우상들을 제거한 다음에 그 마음에 하나님을 모셔 들이는 데서부터 출발합니다.

"이는 이스라엘 족속이 다시는 미혹되어 나를 떠나지 아니하게 하며
다시는 모든 죄로 스스로 더럽히지 아니하게 하여
그들을 내 백성으로 삼고 나는 그들의 하나님이 되려 함이라
주 여호와의 말씀이니라"
(에스겔 14장 11절)

39
5월 29일

　영국 속담에 '강을 건너면 하나님은 잊혀진다'라는 말이 있습니다. 이 속담은 어려움이 사라지면 하나님이 더 이상 기억되지 않는다는 사람들의 배은망덕을 묘사한 말입니다.
　인류가 아담과 하와의 타락 이후 얼마나 많이 하나님께 죄를 지었습니까? 이처럼 사람들은 죄성 때문에 하나님의 도우심과 은혜를 망각했습니다.
　모세도 자신이 죽은 후에 이스라엘 백성들도 하나님을 잊을까 봐 율법책을 적었고 언약궤 옆에 두고 항상 백성들에게 들려지도록 했습니다.
　하나님은 지금 광야에 있는 이스라엘 백성들에게 조만간 젖과 꿀이 흐르는 가나안 땅으로 들어가 배부르고 살찌더라도 하나님을 잊지 말라고 거듭해서 당부하고 계십니다.
　배부르고 살이 찐다는 것은 하나님을 섬기는데 너무 게을러졌다는 뜻입니다. 어느 정도 긴장을 하고 살아야 하는데 풀어졌다는 얘기입니다.
　말씀을 보고 기도하는 삶은 우리를 매일 하나님께로 인도합니다. 이런 시간을 낼 수 있다는 것은 우리가 아직 하나님 앞에서 살아있다는 증거입니다.

하나님을 망각하면 다른 신들을 섬기고 결국 하나님을 조롱하고 언약을 어깁니다. 혹 우리 가운데 일주일 동안 성경을 한 장도 읽지 않았다면 위험합니다.

과거에 우리를 도우시고 인도하셨던 하나님을 기억합시다. 이 기억을 잊지 않기 위해 지금 우리가 보는 모세 5경을 적은 것입니다.

하나님을 섬기며 신앙생활을 유지하는 것은 쉬우면서도 어려운 것입니다. 그래서 우리의 생활에서 우선순위가 있어야 합니다. 먼저 성경을 읽고 기도하는 시간을 정해 놓아야 합니다. 그래야 우리는 삽니다.

우리 모두 하나님을 잊지 맙시다. 하나님을 망각하면 우리는 끝입니다. 오늘부터 다시 성경을 읽고 기도합시다. 힘을 내서 하나님의 은혜 속으로 들어갑시다.

"너를 낳은 반석을 네가 상관하지 아니하고
너를 내신 하나님을 네가 잊었도다"
(신명기 32장 18절)

<u>40</u>
6월 5일

하나님이 당신과 약속한 것이 있습니까? 지금 아브라함은 고향을 떠난 지 10년이 지난 85세의 나이에 하나님의 약속을 받습니다.

그 약속의 내용은 아브라함의 후손이 별처럼 많아질 것이라는 음성이었습니다. 다른 사람이 들었다면 '내가 미쳤구나' 할 것입니다.

그러나 아브라함은 하나님의 음성을 알고 있었습니다. 지금 85세이고 자식이 없는데 아브라함의 몸에서 난 자식이 있을 것이라는 약속입니다.

아브라함은 이 약속을 믿었습니다. 하나님은 아브라함에게 "너의 후손이 4백 년 동안 괴롭힘을 당하고 그 후에 큰 재물을 가지고 나오리라"고 말씀 하셨습니다.

이 약속은 하나님이 '이삭의 하나님이요 야곱의 하나님'이라는 사실을 증명합니다. 이스마엘이나 후처인 그두라의 후손들의 하나님이 아니라는 뜻입니다.

적통은 이삭과 야곱의 후손이라는 것입니다. 이삭은 이 약속이 있은 지 15년 뒤에 태어납니다. 비록 이 사이에 이스마엘이 태어났지만, 하나님은 이삭이 태어나게 함으로써 약속을 지키셨습니다.

믿음의 사람인 아브라함도 하나님과의 약속을 15년 기다렸습니다. 그것도 백 세의 나이에 임신할 수도 없는 사라를 통해 이삭을 주신 것입니다.

여러분들은 하나님이 약속을 하셨지만, 아브라함처럼 믿을 수 있겠습니까? 하나님의 약속은 이루어집니다. 반드시 이루어집니다.

불가능을 가능하게 하시는 분이 하나님이십니다. 하나님이 당신과 약속한 것은 반드시 이루어집니다. 아브라함은 자신의 후손들이 진짜 많은 걸 직접 보지는 못했지만, 수많은 별들을 보며 하나님의 약속을 믿었습니다.

우리를 향한 하나님의 약속을 잊지 마시기를 바랍니다. 아브라함이 약속을 믿었듯이 하나님의 약속을 믿으십시오. 사소한 것이든 먼 미래의 일이든 반드시 이루어집니다. 하나님은 약속을 지키시는 분입니다.

"아브람이 여호와를 믿으니 여호와께서 이를 그의 의로 여기시고"
(창세기 15장 6절)

<u>41</u>

6월 8일

아브라함은 조카인 롯을 너무나 사랑했습니다. 그가 어디를 가든 롯을 데리고 다녔습니다.

롯은 아버지가 없었지만, 아브라함을 아버지처럼 따랐습니다. 하란을 떠나 아브라함이 애굽에 갈 때도 따라갔습니다.

이처럼 둘은 항상 같이 다녔습니다. 둘이 애굽에서 나와 롯은 아브라함이 준 양과 소와 목자들을 가지고 경제적으로 독립을 했습니다.

거주하는 곳도 독립해서 서로 따로 살았습니다. 나중엔 롯이 아브라함과 비슷할 정도로 재산이 많아졌습니다.

양과 소를 방목해야 되는데 땅이 부족했습니다. 그러자 아브라함은 롯과 헤어지기 싫었지만, 결단을 내렸습니다.

롯에게 다음과 같이 말했습니다. "네가 오른쪽으로 가면 내가 왼쪽으로 가고 네가 왼쪽으로 가면 내가 오른쪽으로 가마"

이때 롯은 눈으로 보기에 좋은 곳인 요단 지역을 봅니다. 지금의 사해바다가 있는 지역인데 하나님이 소돔과 고모라를 치기 전이므로 성경에서는 그 지역이 여호와의 동산 같고 애굽 땅과 같았다고 적고 있습니다.

롯은 당연하게도 요단 온 지역인 동쪽을 선택합니다. 그런데 롯은 단 한 번도 하나님과 대화를 하거나 아브라함처럼 하나님을 만난 적이 없습니다.

육적으로 보기에 좋은 곳을 선택한 것입니다. 롯처럼 하나님을 한 번도 인격적으로 만난 적이 없는 사람은 위험합니다. 돈이 많이 벌리고 눈으로 봤을 때 좋은 곳을 선택합니다.

롯은 소와 양들을 잃고 도시로 들어갑니다. 나중에 들어간 도시가 소돔입니다. 성경에 소돔 사람은 여호와 앞에 악하며 큰 죄인이었다고 적고 있습니다.

롯은 아브라함 곁을 떠나지 않든가 아니면 영적으로 하나님을 만나야 했습니다. 그런데 그는 영적으로 눈이 어두워 동성애가 만연한 소돔으로 들어간 것입니다.

동성애는 하나님이 죄악으로 보시는 큰 죄입니다. 롯은 모든 것을 잃고 자신이 소와 양을 치던 사람이라는 것을 잊고 소돔으로 간 것입니다.

우리도 롯처럼 눈으로 보기에 좋은 것이나 사람 또는 지역을 선택할 때가 많습니다. 그럴 땐 아브라함과 같은 믿음의 선배들 의견을 들을 필요가 있습니다. 우리의 인생은 선택의 연속입니다

꼭 부탁합니다 선택하기 전에 꼭 주님을 만나시기 바랍니다. 눈으로 보기에 좋아도 하나님이 아니라고 하시면 아닙니다. 롯과 같은 선택을 하지 마시기 바랍니다.

<blockquote>
"아브람은 가나안 땅에 거주하였고
롯은 그 지역의 도시들에 머무르며 그 장막을 옮겨 소돔까지 이르렀더라"

(창세기 13장 12절)
</blockquote>

6월 12일

만약 당신의 상사나 그의 부인이 같이 동침을 하자고 하면 어떻게 하시겠습니까? 요셉은 주인 아내의 끝임없는 유혹에도 같이 자지를 않았습니다.

당시 애굽은 선진국이라 여러 지역에서 노예들이 왔고, 요셉은 그런 여러 노예들 중에 한 명이었습니다.

특히 보디발은 애굽의 왕인 바로를 경호하는 곳의 대장이었습니다. 노예는 주인의 소유인지라 죽여도 처벌을 받지 않았습니다.

당시엔 주인이 같이 자자고 하면 노예는 주인의 말에 순종해야 했습니다.

그런데 요셉은 주인 아내의 말을 매번 거절했습니다. 이런 요셉의 힘은 어디서 오는 걸까요?

바로 그 힘은 하나님께서 요셉과 함께하셨기 때문입니다. 요셉은 지금의 아이돌처럼 용모가 빼어나고 아름다웠다고 성경에서 적고 있습니다.

그럼 보디발의 아내는 어땠을까요? 당시에 이집트의 여인들은 몸매와 피부관리에 애썼고 화장품은 최고의 인기 상품이었습니다.

주인 몰래 주인의 아내와 잘 수도 있었지만, 요셉은 그 여자 근처도 안

갔습니다. 하나님이 함께하시는걸 알았기에 죄를 지을 수가 없었습니다.

하나님이 살아계심을 매번 무엇을 하든 피부로 안 것입니다. 지금도 성령님은 죄 앞에서 우리를 지키십니다.

우리가 무슨 죄를 짓든 하나님은 다 아시고 슬퍼하십니다. 그래서 진정한 회개가 중요한 것이고, 상대방에게 사과한다면 그것만큼 좋은 것은 없습니다.

그럼, 주인인 보디발은 노예인 요셉을 죽이지 않았을까요? 보디발은 하나님이 요셉과 함께하시는 걸 봤다고 합니다. 요셉이 하는 모든 일에 하나님이 형통하게 하심을 본 것입니다.

심지어 하나님은 요셉을 위하여 보디발의 집과 그가 가진 밭에 복을 내려 주십니다.

우리는 요셉과 같은 사람을 만나고 사귀어야 합니다. 우리 주위에 분명 요셉과 같은 사람이 있습니다.

요셉은 평생 하나님과 동행했습니다. 특히 자신이 어려울 때 하나님을 더 의지했습니다.

우리도 요셉같은 순전한 믿음을 가진 사람들이 되었으면 좋겠습니다. 그리고 꼭 요셉과 같은 사람을 만나시기 기도합니다.

"그의 주인이 여호와께서 그와 함께 하심을 보며
또 여호와께서 그의 범사에 형통하게 하심을 보았더라"
(창세기 39장 3절)

43

6월 15일

　우리 가운데 과연 성령님을 통해 인도하심도 못 받고, 성령님이 하나님이시라는 것도 모른 상태에서 신앙생활을 한다면 얼마나 답답할까요?
　목사들 중에도 성경을 이야깃거리 중의 하나로 여기고 교훈을 얘기할 뿐 성령에 대해 한 번도 설교를 안 하는 경우가 많습니다.
　예수님은 분명히 말씀하셨습니다. 물과 성령으로 거듭나야 천국에 갈 수 있다고 하셨습니다. 물은 세례를 말합니다.
　문제는 성령을 받아야 한다는 것입니다. 성령을 받는다는 것은 성령 하나님이 도장을 찍듯이 너는 그리스도인이라고 직인을 찍으신 것입니다.
　성령을 받는 형태는 사람마다 다 다릅니다. 어떤 사람들은 목사님으로부터 안수를 받을 때 기도할 때 말씀을 듣는 중에 가슴이 뜨거워 지기도 합니다.
　한가지 조심해야 되는 것은 아무한테나 안수를 받지 말라는 것입니다. 진짜 믿을 만하고 삶과 마음이 정말 깨끗한지 보라는 것입니다.
　이단을 믿는 사람은 교주로부터 안수를 받지만, 성령이 역사하는 것이 아니라 거짓의 영인 더러운 영을 받습니다. 그래서 제일 좋은 것은 자신이 다니고 있는 교회의 담임목사님께 받는 것이 가장 좋습니다.

성령으로 거듭나면 본인이 내 안에 성령이 계심을 잘 압니다. 이때부터 진정한 신앙생활이 시작됩니다.

다윗왕도 소년 시절 사무엘을 통해 기름 부음을 받은 이후부터 하나님의 영에 의해 크게 충만해졌습니다. 반면 사울왕은 이때부터 악령에 시달렸습니다.

우리가 자주 사울왕처럼 하나님께 불순종하면 성령은 떠나가고 악한 영에 시달리게 됩니다. 이 악령에 시달리면 결국 사울왕처럼 비참하게 죽게 됩니다.

성령은 우리를 좋게 하십니다. 우리를 하나님과 하나 되게 하십니다. 물어보면 사람이나 성경을 통해 아니면 직접 말씀하십니다.

항상 성령의 충만한 가운데 있길 기도합니다. 사울왕처럼 되지 마십시오. 꼭 성령의 뜻에 순종하시길 부탁드립니다.

"여호와의 영이 사울에게서 떠나고
여호와께서 부리시는 악령이 그를 번뇌하게 한지라"
(사무엘상 16장 14절)

44
6월 19일

　성경의 사도행전을 보면 마가의 다락방에 모인 120명의 사람들에게 성령이 임했습니다. 그들은 여러 곳의 말들을 하기 시작했습니다. 진짜 외국어를 말한 것입니다.
　순복음이나 일부 초교파 단체에서는 방언이 성령을 받은 증거라고 말합니다. 그러나 진짜로 방언을 받은 사람은 외국어로 주님을 찬양하는 말을 합니다.
　'랄랄라'나 '따따따' 같은 것은 방언을 받은 것이 아닙니다. 어떤 곳에서는 '랄랄라'나 '따따따'를 일부러 시킵니다. 이런 곳이 있다면 당장 나오시기 바랍니다. 이것은 방언이 아닙니다.
　방언을 안 해도 됩니다. 그러나 한다면 자신이 해석, 즉 통역을 할 줄 알아야 합니다. 진짜 방언은 외국어이고 주님을 찬양하는 내용입니다.
　방언은 꼭 필요한 필수적인 것은 아니지만, 한다면 통역을 통해 자신의 신앙생활에 도움이 되어야 합니다.
　예언은 앞날을 말하거나 '주님이 앞으로 우리가 뭘 하기를 원하시는지 앞으로 교회에 좋은 일이나 안 좋은 일이 생기겠구나'를 말하는 것으로 교회의 유익을 위해 하는 것입니다.

방언과 예언은 교회와 개인을 위해 주신 것이고, 통역과 분별이 필요합니다. 특히 예언의 분별을 위해 목사와 장로가 있는 것입니다.

개인의 덕과 교회의 유익을 위해 방언과 예언이 있지만, 가장 소중한 것은 서로 아끼고 소중하게 여기는 사랑이 최고입니다. 사랑이 없다면 아무리 방언과 예언을 해도 소용이 없습니다.

서로 지혜롭게 아끼고 소중하게 여기십시오. 주님이 좋아하실 겁니다. 은사가 아무리 많아도 그 안에 사랑이 없다면 아무것도 아닙니다. 한 사람 한 사람을 소중히 사랑하시기를 바랍니다.

"그런즉 믿음, 소망, 사랑, 이 세가지는 항상 있을 것인데
그 중의 제일은 사랑이라"
(고린도전서 13장 13절)

6월 22일

우리가 살고 있는 지금 돈은 우리에게 중요합니다. 돈이 많은 사람들이 대우를 받는 세계가 우리가 살고 있는 세상입니다.

교회도 세상의 영향을 받아 돈이 많은 성도가 장로가 되는 경우가 많습니다. 교회가 세상을 향해 선한 영향력을 끼치는 것이 아니라 세상이 교회에 영향을 줍니다.

우리는 지금 물질만능주의에 살고 있고, 날이 갈수록 돈이 최고가 되어가고 있습니다.

돈이 많은 것이 잘못이 아니라 돈을 어떻게 쓰느냐에 달려 있습니다. 주님은 마태복음에서 우리들이 하나님보다 재물을 좋아한다는 것을 아셨습니다. 주님은 다음과 같이 말씀하셨습니다.

"한사람이 두 주인을 섬기지 못할 것이니 혹 이를 미워하고 저를 사랑하거나 혹 이를 중히 여기고 저를 경히 여김이라 너희가 하나님과 재물을 겸하여 섬기지 못하느니라"

주님이 말씀하신 것처럼 우리는 하나님과 재물을 똑같이 좋아할 수가 없습니다. 둘 중에 하나를 선택해야 합니다. 주님은 하나님을 더 소중히 섬기라고 말씀하신 것입니다.

우리들은 이 세상을 살며 돈을 더 소중하게 여길 때가 많습니다. 그럴 땐 빨리 마음을 전환, 즉 바꿔야 합니다. '난 주님이 돈보다 더 소중해. 주님 뜻대로 살래'라고 말해야 합니다.

돈보다 주님을 더 소중히 여기시기 바랍니다. 주님이 복을 주셨기에 돈이 우리에게 오는 겁니다. 돈을 최고의 가치로 둘 때 인간은 추해집니다. 못 할 짓이 없어지고 나중엔 돈이 우리의 주인이 됩니다. 이렇게 되기 전에 마음을 바꾸시기를 바랍니다.

다시 말합니다. 돈이 많은 것이 죄가 아니라 돈의 노예가 되어 주님을 섬기지 않는 것이 죄입니다. 돈을 주님을 위해 잘 쓰고 잘 버신다면 그런 사람들에게 재물의 복을 주실 겁니다.

돈이 많든 적든 주님을 위해 쓰십시오. 부자든 아니든 주님보다 돈이 우선이면 안 됩니다. 사람의 생명은 소유의 넉넉함에 있는 것이 아니라, 주님께 달려있음을 명심하시기를 바랍니다.

돈은 주님이 주십니다. 노력해도 돈이 적을 때가 있을 땐 먼저 주님을 찾으시고 고백 하십시오. "내 삶의 주인이신 주님! 당신을 제일로 사랑합니다. 당신께 저를 드립니다. 저를 책임져 주십시오. 주님의 복을 주십시오. 예수님 이름으로 기도합니다. 아멘!"

"돈을 사랑함이 일만 악의 뿌리가 되나니 이것을 탐내는 자들은
미혹을 받아 믿음에서 떠나 많은 근심으로써 자기를 찔렀도다"
(디모데전서 6장 10절)

6월 26일

　우리가 부활을 믿지 않는다면, 예수님을 믿는 것이 아닙니다. 우리는 다시 살아납니다.
　스펄전 목사님은 부활에 대해 다음과 같이 말했습니다.
　"주 안에서 잠자는 자들은 마지막 날에 다시 깰 것입니다. 그들은 새로운 몸을 덧입을 것이며 다시는 잠들지 않을 것입니다."
　부활은 새로운 시작입니다. 육체적인 죽음이 끝일 것 같으나 끝이 아닙니다. 죽은 자의 부활은 썩을 육체로 땅에 묻히지만 썩지 않는 새로운 육체로 다시 살아납니다.
　만약 죽은 자의 부활이 없다면 예수님도 다시 살아나지 못하셨을 것입니다. 예수님의 부활이 없었다면 우리들이 전파하는 모든 것이 헛것입니다.
　그리고 예수님을 전파하는 우리는 거짓말쟁이가 됩니다. 죽은 자는 다시 살아납니다. 그렇기 때문에 예수님도 다시 살아나신 것입니다. 이 사실을 꼭 믿으시기를 바랍니다.
　예수님의 부활이 없다면 우리의 믿음도 헛것이고, 우리는 여전히 죄 가운데 있으며 구원을 받지 못한 것입니다.

아담의 죄와 죽음으로 모든 사람이 죽었지만, 예수님을 믿으면 영원히 삽니다. 부활이 없다면 예수님을 믿는 우리가 제일 불쌍한 자들이 됩니다. 그러나 부활은 있습니다. 성령님이 믿게 하십니다.

이것이 신비입니다. 성령이 오시면 성경 말씀을 믿게 하시는데 자연스럽게 부활도 믿게 하십니다. 성령이 믿게 하시는 부활, 우리 모두가 성령 안에서 믿었으면 좋겠습니다.

부활은 있습니다. 살아나신 예수님을 찬양합니다. 성령은 예수님의 부활을 믿게 하십니다. 우리 모두도 부활합니다. 우리는 죽은 자 같으나 산 자입니다.

"그러나 이제 그리스도께서 죽은 자 가운데서 다시 살아나사
잠자는 자들의 첫 열매가 되셨도다"
(고린도전서 15장 20절)

47

6월 29일

성경을 보면 가룟유다는 예수님을 팔 생각을 했지만, 정작 실행에 옮기지 못하고 있었습니다. 그런데 최후의 만찬 때 예수님이 떡 한 조각을 가룟유다에게 주었을 때 귀신이 아닌 사탄이 그에게 들어갔다고 합니다.

보통 예수님이 축사를 하신 걸 보면 사탄의 졸개들인 귀신들을 내쫓으셨습니다. 그런데 악의 우두머리인 사탄이 사람의 몸으로 들어갔다는 것은 가룟유다가 그만큼 사탄에게 있어서 중요한 인물이었던 것입니다.

사탄이 들어가자, 예수님은 가룟유다에게 "네가 하고자 하는 일을 속히 하라"고 하십니다.

예수님은 12제자들을 다 사랑하셨지만, 돈 관리, 즉 재정을 맡은 가룟유다가 돈을 사랑한다는 걸 아셨습니다. 결국 가룟유다는 예수님을 팔고 은화 서른 개를 받습니다.

누구나 다 가룟유다처럼 될 수 있습니다. 예수님처럼 성자 하나님을 죽이는 일을 사탄은 귀신을 시킨 것이 아니라 본인이 직접 했습니다. 그만큼 중요한 일이었습니다.

요새 아무 이유도 없이 사람을 죽이고 아이들을 학대하고 죽이는 일의 배후엔 사탄이 있습니다. 가룟유다를 보십시오. 예수님을 판 것을 후회하고 자살합니다. 성자 하나님을 죽게 했는데 도저히 살 엄두가 나지 않았던 것입니다.

예수님의 마음을 보시기 바랍니다. 3년 동안 같이 동고동락했는데 12제자 중 한 명이 자신을 팔아 넘긴다는 것은 슬픈일입니다. 그래도 예수님은 가룟유다가 안 하길 바랬을 겁니다.

사탄은 지금도 예수님을 믿는 우리들 중 한 명이라도 타락시키고, 예수님을 믿지 않기를 바라고 있습니다. 깨어 기도하시기를 바랍니다. 가룟유다를 쓰러뜨린 것처럼 목사나 장로같이 교회의 중직을 맡은 자들을 타락시키려고 합니다.

자주 악한 생각이 들고 교회가 싫고 비판적으로 되고 교역자들이 우습게 보이고 설교가 귀에 안 들어온다면 위험합니다. 사탄이 가룟유다의 몸에 들어가듯이 귀신이 아닌 사탄이 몸에 들어간다면 죽어야지 끝날 수도 있습니다.

사람들에게 섭섭한 것이 있거나 사람들이 미울 때 기도하세요. 기도도 안 나오면 담임목사님을 찾아가 상담을 받고 기도를 받으시기를 바랍니다.

우리 곁엔 성령이 계십니다. 그분을 의지하세요. 누구나 다 가룟유다처럼 될 수 있습니다. 힘을 내시고 악을 대적하십시오. 누군가 당신을 위해 기도하고 있습니다. 화이팅!

*"조각을 받은 후 곧 사탄이 그 속에 들어간지라
이에 예수께서 유다에게 이르시되 네가 하는 일을 속히 하라 하시니"*

(요한복음 13장 27절)

48
7월 3일

지혜란 무엇일까요? 때에 맞게 사리 분별을 잘하는 것이라고 봅니다. 어르신들을 보면 가방끈이 짧으신데도 사리에 맞게 잘 말씀하시는 걸 봅니다.

지혜는 많이 배운다고 생기는 것이 아닙니다. 지혜는 삶을 통해 얻어지는 것입니다. 특히 때에 맞혀 잘 말하는 것은 정말 중요합니다.

'말로 천 냥 빚을 갚는다'란 말은 우리가 말하는 것이 얼마나 중요한지를 잘 알려줍니다. 요새는 스마트폰의 시대라 댓글을 어떻게 쓰냐에 따라 그 사람의 됨됨이를 잘 보여줍니다.

주님은 우리들에게 서로 다른 재능과 영적인 은사 그리고 자신을 개발해 삶으로 나갈 수 있는 능력을 주셨습니다. 주님은 우리가 무슨 일을 선택하든지 그 일에 최선을 다 하길 바라십니다.

그러나 우리가 어떤 일을 선택하는 것보다 더 중요한 일은 우리 내면이 얼마나 성숙해지느냐가 더 중요합니다.

지혜로워지는 것은 내면의 성숙과 같이 갑니다. 주님을 닮아 가는 삶을 통해 우리의 욕심과 시기, 질투, 정욕 등이 줄어 들어야 합니다. 빈 마음이 되는 것을 통해 우리는 더 지혜로워집니다.

우리의 지혜로움은 언행을 통해 나타납니다. 다른 사람들이 볼 때 '저 사람은 진짜 크리스천이구나'라는 말을 들어야 합니다. 우리에게서 주님의 향기가 나야 합니다.

주님의 향기가 난다면 우리는 지혜롭게 성숙한 것입니다. 지혜롭다면 말이나 행동을 함부로 해서는 안 됩니다.

주님을 사랑할수록 우리는 지혜로워집니다. 그리고 말투가 바뀌고 행동은 신중해집니다. 우리는 매일 지혜로워져야 합니다.

힘을 내서 주님을 더 사랑하시고 그 사랑으로 지혜로워지십시오. 지혜로운 자는 반드시 악을 이깁니다. 꼭 승리하세요. 화이팅!

"형제들아 지혜에는 아이가 되지말고
악에는 어린 아이가 되라
지혜에는 장성한 사람이 되라"
(고린도전서 14장 20절)

49

7월 6일

　왜 가난한 사람들은 부자를 싫어할까요? 왜 부자는 가난한 사람들을 무시할까요?

　현재 자신이 동산과 부동산을 합쳐 10억이 있으면 부자의 10% 안에 들고, 재산이 30억이 있으면 상위 1% 안에 든다고 합니다. 지금 당신은 동산과 부동산을 합쳐 얼마의 재산을 가지고 있습니까?

　가난한 자는 어떻게 해야 부자가 될 수 있을까요? 부자는 어떻게 해야 더 큰 부자가 될 수 있을까요? 돈이 많으면 좋을까요? 어느 정도 있어야 행복할까요?

　한가지 우리가 알아야 할 것은 '부자인가 가난한 자'인지가 매우 주관적이라는 것입니다. 즉 자신이 어떻게 생각하느냐에 달려 있습니다.

　재산이 1억밖에 없어도 자신이 풍족함을 느낀다면 부자인 것입니다. 재산이 수백억이 있어도 행복감이 없다면 가난한 것입니다.

　자꾸 남과 자신을 비교하지 마십시오. 주님이 주신 자신의 인생을 사시기 바랍니다. 비교를 하면 우쭐해지거나 비참해집니다. 이런 감정은 둘 다 좋은 것이 아닙니다. 교만해지거나 비굴해 집니다. 주님은 두 감정을 싫어하십니다.

주님은 가난하든 부하든 한 교회로 부르셨습니다. 주님 안에서 하나가 되길 바라십니다. 누가 교회에 오든 잘 녹아들기 원하시고 먼저 주님을 닮기 원하십니다.

돈이 좀 있다고 자랑하면 안 되듯이, 가난하다고 주눅이 들어서도 안 됩니다. 주님의 말씀이 있는 교회는 부자든 가난한 자든 다 녹여내야 합니다.

잠언 30장을 보면 "자신을 부하게도 마시고 가난하게도 되지 않게 해 달라"고 주님께 기도합니다. 오직 필요한 양식을 달라고 합니다.

부하면 주님을 모른다고 할 가능성이 높고 가난하면 도둑질해서 주님의 이름을 욕되게 하기 때문이라고 합니다.

현재 여러분은 부자입니까? 가난합니까? 주님이 우리를 보시는 관점은 우리가 얼마나 주님을 의지하는가를 보십니다. 돈이 많고 적음을 안 보십니다. 자신이 가난하다고 부자인 남자나 여자를 만날 이유가 없습니다. 상대방이 부자여서 만난다면 그것처럼 불행한 만남은 없을 것입니다. 친구 사이도 마찬가지입니다.

주안에서 성숙하십시오. 주님을 닮아갈수록 부한 사람을 부러워할 것도 없고 가난하게 두시지도 않습니다.

주님을 진짜 믿으시기를 바랍니다. 그 믿음 안에 사신다면 그것이 진짜 부자입니다 마음이 편한 것이 제일 큰 부자입니다.

> "곧 헛된 것과 거짓말을 내게서 멀리 하옵시며
> 나를 가난하게도 마옵시고 부하게도 마옵시고
> 오직 필요한 양식으로 나를 먹이시옵소서"
> (잠언 30장 8절)

50

7월 10일

구약시대인 주님이 오시기 9백 년 전 엘리사가 살던 시대에 한 과부가 있었습니다. 그녀에게는 심각한 문제가 있었습니다.

남편이 빚을 지고 죽은 것입니다. 빚을 못 갚으면 자신의 두 아이가 종으로 팔려 가게 생겼습니다.

그녀는 자신의 집 근처를 지나가는 엘리사에게 부르짖었습니다. 엘리사는 과부의 남편이 제자였고, 하나님을 경외하던 사람이었다는 걸 알게 되었습니다.

엘리사는 그 과부에게 말합니다. "내가 너를 위하여 어떻게 해주기를 바라느냐 너의 집에 무엇이 있느냐?"

이때 과부는 창피함을 무릅쓰고 솔직히 말합니다. "기름 한 그릇 외에 아무것도 없다"고 말입니다.

이 시대에 여자가 과부가 되면 다시 결혼 하기가 너무 힘들었습니다. 과부들이 일할 곳이 없어서 몸을 파는 창녀가 되어야 했습니다.

두 아이는 종으로 팔려 갈 것 같고, 과부는 창녀가 될 수밖에 없는 현실 속에서 엘리사에게 부르짖은 것입니다.

자신에게 남아 있는 건 빵을 만드는 밀가루도 아니고 물도 아니고 식사로 대신 쓸 수도 없는 기름 한 그릇이었습니다.

이상하게도 엘리사는 온 동네를 찾아다니며 그릇을 구하라고 합니다. 그것도 조금 빌리지 말고 많이 빌리라고 합니다.

과부와 두 아이는 동네의 모든 그릇을 구한 것 같습니다. 엘리사가 그것밖에 못 구했냐고 말을 안 하는 것으로 봐선 진짜 그릇을 많이 구한 것 같습니다.

집에 있던 기름을 부었는데 쉬지 않고 계속 기름이 나와 수백 개의 그릇에 기름이 가득 찼습니다.

그릇이 없자 기름도 안 나왔습니다. 지금값으로 치면 수십억 원에 해당하는 양입니다.

과부로서 절망에 빠져 있을 때 엘리사는 그녀의 아픔과 어려움을 외면하지 않았습니다. 주님의 마음이 이와 같습니다. 주님은 결코 우리를 잊거나 버리지 않습니다. 반드시 살리시고 일으키십니다.

우리는 그릇만 갖다 놓으면 됩니다. 그 그릇은 우리의 기도와 믿음의 한 걸음입니다. 걱정과 근심을 버리세요.

주님이 다 하십니다. 힘을 내서 더 기도하시고 믿음의 빌걸음으로 앞으로 나가시기 바랍니다. 우린 할 수 있습니다. 화이팅하세요. 화이팅!

"그 여인이 하나님의 사람에게 나아가서 말하니 그가 이르되 너는 가서 기름을 팔아 빚을 갚고 남은 것으로 너와 네 두 아들이 생활하라 하였더라"
(열왕기하 4장 7절)

51

7월 13일

우리는 왜 살까요? 먹기 위해서 아니면 좋은 집에서 살기 위해서 더 높은 지위에 오르기 위해서일까요?

저의 한 친구는 자기 와이프에게 집을 한 채 마련해 주는 것이 꿈이라면서 자기의 집이 있는 사람은 금수저라고 말합니다.

우리가 왜 공부를 열심히 해야 할까요? 그것도 학창 시절에 말입니다. 인생을 살다 보면 공부할 때가 있고 결혼을 할 때가 있습니다.

직업은 평생을 사는데 상당히 중요합니다. 돈을 많이 버는 건 자기 일을 하다 보니 따라오는 것이지, 돈을 많이 벌기 위해 직업을 선택해서는 안됩니다.

우리의 이웃을 도울 수 있는 직업을 선택하는 것이 중요합니다. 아니면 다음과 같은 경우도 있습니다.

원래 교사가 꿈이었는데 다른 직업을 가지게 되었습니다. 그런데 교회를 다니며 교회학교 교사가 돼서 학생들을 위해 기도하며 가르치고 있습니다.

교사의 꿈을 이룬 것입니다. 이런 꿈은 하나님이 좋아하십니다. 지미 카터 전 미국 대통령은 나이가 95세가 넘었습니다. 그분은 5년 전만 해도 교회 학교 교사를 했습니다. 대통령을 했다고 거들먹거리지 않았습니다.

우리에겐 하나님이 주신 꿈이 있습니다. 그 꿈이 세상의 눈으로 볼 땐 작아도 하나님은 크게 보십니다. 반드시 주님이 주신 꿈은 이루어집니다.

집이 자기의 집이 아니면 어떻습니까? 집보다 큰 하나님이 내 안에 계신데요. 직업이 좀 돈을 적게 벌면 어떻습니까? 돈을 주시는 하나님이 내 곁에 계십니다.

인생을 어떻게 보느냐에 따라 우리의 삶은 달라질 것입니다. 하나님을 온전히 믿으시기를 바랍니다. 하나님이 우리의 삶을 이끄십니다.

하나님이 함께하는 우리는 금수저입니다. 금보다 더 귀한 하나님의 자녀가 우리입니다. 힘을 내세요.

"일의 결국을 다 들었으니
하나님을 경외하고 그의 명령들을 지킬지어다
이것이 모든 사람의 본분이니라"
(전도서 12장 13절)

52

7월 17일

　아브라함에게 인생 최대의 위기가 닥쳤습니다. 하나님이 백 세에 주신 귀한 아들인 이삭을 제물로 바치라는 것입니다.

　이때 여러분들은 어떻게 하실 건가요? 저 같으면 진짜 하나님의 목소리인지 확인을 했을 것입니다.

　그리고 하나님의 목소리가 맞다면 그때부터 금식 기도에 들어가서 하나님의 마음을 변화시켰을 것입니다.

　그런데 성경을 보면 아브라함은 그렇게 안 했습니다. 하나님의 음성을 들은 다음 날 아침 일찍 이삭을 데리고 하나님이 말씀하신 모리아 땅의 한 산으로 3일 동안 걸어 갔습니다.

　그리고 한 산으로 올라가 이삭을 죽이려 했습니다. 아브라함은 다른 이들이 볼 때 미친 것입니다. 하나님을 절대적으로 믿는 믿음이 없이는 할 수 있는 일이 아닙니다.

　하나님을 절대적으로 믿지 않는 한 우리는 타협할 수 밖에 없습니다. 하나님은 우리에게 상식 이상의 것을 요구할 때도 있습니다.

　아브라함은 자신이 이삭을 죽여도 하나님이 다시 살리실 줄 믿은 것입니다. 이삭이 하나님의 기적으로 태어났기 때문에 또한 하나님의 기적으로 살아날 것이라고 믿었던 것입니다.

아브라함은 전지전능하신 하나님을 직접 경험을 했습니다. 지금 우리에겐 하나님의 말씀인 성경이 있습니다.

우린 말씀을 통해 주님의 뜻을 알 수 있고, 기도를 통해서도 뜻을 분별할 수 있습니다. 성령님이 우리와 함께하시기 때문입니다.

아브라함의 하나님을 향한 절대적 믿음은 하루아침에 된 것이 아닙니다. 하나님의 뜻이 무엇인지 잘 모르시겠다고요? 말씀을 계속 읽고 기도를 하시다 보면 성령께서 알게 해 주십니다.

아브라함의 절대적 믿음을 꼭 가지시기를 바랍니다. 오늘도 하나님은 우리에게 말씀하십니다. "너를 위해 다 준비했다"고. 꼭 여호와 이레의 하나님을 만나시기 바랍니다.

"또 네 씨로 말미암아 천하 만민이 복을 받으리니
이는 네가 나의 말을 준행하였음이니라 하셨다 하니라"
(창세기 22장 18절)

53

7월 20일

왜 사람들은 돈을 좋아할까요? 돈이 많으면 사랑도 살 수 있을까요? 매력이 없던 사람이 그 사람의 재산을 보고 갑자기 마음이 들 때가 있었나요?

돈이면 뭐든지 다 된다는 생각은 버려야 합니다. 돈으로 살 수 없는 것이 사람의 마음입니다. 특히 남녀 간의 사랑은 둘이 똑같이 좋아해야 합니다. 한쪽만 좋아한다고 해서 되는 것이 아닙니다.

우리는 정말로 만족하며 살아야 합니다. 욕심을 내면 안 됩니다. 주님이 주신대로 살아야 합니다. 왜 말도 안 되는 사기를 당할까요? 욕심 때문입니다.

자족하는 마음이 중요합니다. 사도 바울도 스스로 만족하는 법을 배웠다고 말했습니다. 돈이 많든 적든 자족하는 마음이 있다면, 진정으로 성공한 인생을 산 겁니다.

돈이라는 것이 많을 때가 있고 적을 때가 있습니다. 많을 땐 기뻐하고 적을 땐 슬퍼하시겠습니까? 이럴 땐 액수에 상관없이 평정심을 유지해야 합니다.

돈에 자신의 모든 걸 건다면 주님이 다 가져가십니다. 돈은 주님이 주십니다. 무엇을 하든 돈이 나오는 곳은 주님이십니다. 주님이 축복해 주시면 부자가 되는 것은 한순간입니다.

자신이 돈의 주인이라고 생각하지 마십시오.

돈의 주인은 주님이시고 우리는 청지기입니다. 돈의 주인이 '나'라고 생각한다면 고치시기 바랍니다. 우리는 주님이 주신 돈을 관리하는 사람들입니다.

다시 말하지만, 돈에 욕심을 가지지 마십시오. 마음을 비울 때 주님이 더 주십니다. 욕심을 내면 더 안 됩니다. 제발 빈 마음이 되시기를 바랍니다.

우리는 금보다 귀한 주님의 자녀입니다. 주님이 우릴 정말 사랑하시고 잘되게 해 주시는데 왜 욕심을 냅니까? 주님은 우리 곁을 떠나시지 않습니다.

자족하는 마음, 즉 빈 마음을 가지시기 바랍니다. 우리는 주님이 책임져 주시고 필요를 채워 주십니다.

하루에 세 번 '난 주님의 청지기이다'라고 고백 하시기를 바랍니다. 그럼 욕심도 많이 없어질 겁니다. 돈을 사랑하지 마십시오. 부탁합니다. 빈 마음이 되십시오.

"돈을 사랑하지 말고 있는 바를 족한 줄로 알라
그가 친히 말씀하시기를 내가 결코 너희를 버리지 아니하고
너희를 떠나지 아니하리라 하셨느니라"
(히브리서 13장 5절)

54

7월 24일

우리는 서로 사랑해야 합니다. 그 이유는 주님은 사랑이시고, 우리는 주님의 자녀이기 때문입니다.

자녀들끼리 싸우면 부모의 마음이 아프듯이 주님을 믿는 우리들이 미워하고 악한 분노를 품고 있으면, 주님은 슬퍼하십니다.

분노에는 두 가지가 있습니다. 악한 분노와 의로운 분노가 있습니다. 악한 분노는 상대방이 아무 잘못도 안 했는데 상사나 주인이란 이유로 화를 내는 것입니다.

의로운 분노는 상대방이 잘못한 언행에 대해 선한 마음을 갖고 화를 내는 것입니다. 의로운 분노는 기도로 이어집니다.

우리가 서로 사랑을 하면 우리는 주님께 속한 자들이 되고 주님을 알게 됩니다.

사랑하면 사랑하는 사람에 대해 더 알고 싶듯이 우리는 주님을 더 알고 싶게 됩니다. 그럼, 사랑은 더 깊어집니다.

사랑이 깊어질수록 우리는 주님을 닮아 갑니다. 나이 드신 목사님이나 장로님들을 뵈면 그분을 통해 주님을 보게 됩니다.

주님은 사랑이십니다. 사랑하는 연인들을 보십시오. 좀 전에 봤는데 또 보고 싶어집니다. 또 밤새도록 전화 통화를 합니다.

이런 연인들의 사랑보다 더 뜨거운 것이 주님과 우리의 사랑입니다. 주님은 한번 우리를 사랑하시면 변하지 않으십니다.

우리가 주님에 대한 사랑이 식을 순 있지만, 주님은 평생 뜨거우십니다. 이런 주님의 사랑을 매일 맛보고 싶으십니까?

진심으로 마음을 다해 성경을 천천히 정독하시기 바랍니다. 그럼, 우리의 눈이 성경에 빨려 들어갑니다. 정독한 성경 구절은 때에 맞게 다 생각이 납니다.

주님이 바로 말씀이기 때문에 말씀을 사랑하면 주님을 사랑한 것이 됩니다. 말씀을 사랑할수록 주님을 더 사랑합니다.

주님을 사랑하십시오. 그럼 우리는 주님의 사랑을 받아서 우리가 서로 사랑을 더 합니다. 더 서로 기도하게 되고 사랑의 메시지를 보내게 됩니다.

주님의 사랑을 받아서 사랑의 메신저가 되시길 바랍니다. 서로 깊이 사랑합시다. 주님은 지금도 뜨거우십니다. 매일 사랑받고 사십시오. 우리는 주님의 사랑을 받는 귀한 자녀임을 명심하세요. 힘을 내시기를 바랍니다. 화이팅!

"사랑하는 자들아 하나님이 이같이 우리를 사랑하셨은즉
우리도 서로 사랑하는 것이 마땅하도다"

(요한1서 4장 11절)

<u>55</u>

7월 27일

사도 바울은 디모데에게 다음과 같이 말합니다.
"돈을 사랑하지 마라"
이 뜻은 돈을 좋아하는 정도를 넘어서 탐심을 갖는 것을 말합니다.
탐심은 자신이 원하는 것을 꼭 갖고 싶어 하는 마음을 말합니다. 어떤 사람도 해당할 수도 있고 물건일 수도 있습니다.
돈에 대해 탐심을 갖는 건 집착을 갖는 것인데 나중엔 자신이 주님을 사랑하는 것인지 돈을 사랑하는 것인지 분간이 안 갑니다. 결국 주님을 버리고 돈을 선택합니다.
교회를 다녀도 돈에 관련된 얘기에 솔깃합니다. 그런데 진짜 부자들은 아무 데서나 돈 얘기를 안 합니다. 티를 내지 않습니다.
돈에 집착하면 주님에 대한 믿음을 버립니다. 주님이 주신 귀한 믿음을 버립니다.
요새 다들 주식을 한다고 합니다. 조금이라도 이득이 나면 그렇게 좋다고 합니다. 그래서 한번 시작하면 끊을 수가 없다고 합니다. 일명 주식중독입니다.
빨리 끊어야 합니다. 평생 주식과 함께 할 수 있습니다. 주식의 오르고 내림에 그날의 희비가 교차합니다.

제발 주님께 중독이 되십시오. 우리의 영과 육에 건강을 주는 주님의 말씀을 매일 보시기 바랍니다. 그것이 진정으로 사는 길입니다.

돈에 집착하면 근심을 하게 됩니다. 액수가 커질수록 내가 번 것이라고 생각하니 근심이 커질 수밖에 없습니다. 돈을 은행에 두기는 아까우니까 여러 곳에 투자를 합니다. 이제 그렇게 되면 걱정이 더 됩니다. 근심이 더 커진 것이죠.

이런 근심에서 벗어나기 위해선 어떻게 해야 할까요? 간단합니다. 돈을 사랑하지 않으면 됩니다. 돈에 대한 집착을 버리시기를 바랍니다. 주님께서 도와주십니다. 뭐든지 집착은 좋은 것이 아닙니다.

이제부터라도 주님을 제대로 믿으시기 바랍니다. 돈이 많고 적고를 떠나서 돈은 주님이 주십니다. 다시 말하지만, 돈을 사랑하지 마십시오. 그건 죄입니다.

돈을 제대로 쓰시기를 바랍니다. 그럴 때 주님이 기뻐하십니다. 무엇이든지 누구에게든지 집착하면 추해 보입니다.

그러나 주님께 중독되면 감사와 기쁨이 옵니다. 정말 돈이 아닌 주님을 사랑하십시오. 그것이 진정 우리가 사는 길입니다. 화이팅!

> "돈을 사랑함이 일만 악의 뿌리가 되나니 이것을 탐내는 자들은 미혹을 받아 믿음에서 떠나 많은 근심으로써 자기를 찔렀도다"
> (디모데전서 6장 10절)

56

7월 31일

    가까운 조선시대에 도종이라고 해서 하인이 있었습니다. 그 하인은 자신의 주인 외에 다른 주인을 섬길 수 없었습니다.

    우리도 모든 친구들을 동일하게 좋아할 수는 없습니다. 저에게도 거의 매일 전화하는 친구가 있습니다.

    물론 남자입니다. 코로나 시기를 거치면서 만나는 것보다 전화로 얘기하는 것이 더 익숙해졌습니다. 저는 그 친구를 아낍니다. 다른 친구들도 있지만 그 친구와 제일 친합니다.

    저는 여러 명의 친구들을 동일하게 친하게 지낼 수가 없습니다. 여러분들은 어떤가요?

    우리에겐 두 주인이 있습니다. 우리들은 이 두 주인을 잘 섬길 수 있다고 생각합니다.

    이 두 주인은 누구일까요? 바로 하나님과 재물, 즉 돈입니다. 주님은 두 주인을 동시에 잘 섬길 수 없다고 말씀하십니다.

    바울이나 베드로나 요한이 말한 것이 아니라, 주님이 직접 말씀하신 것입니다. 우리는 하나님과 돈 중 하나를 선택해야 합니다.

    주님은 말씀하십니다. "둘 중 하나를 미워하거나 좋아해라. 또 하나를 귀중하게 여기고, 다른 하나는 값어치 없이 여겨라"

여러분은 하나님과 돈 중 어느 쪽을 선택하시겠습니까? 이 선택은 굉장히 중요한 선택입니다. 저는 여러분들이 하나님을 선택하길 원합니다.

하나님을 선택한 순간부터 자연스럽게 돈은 따라옵니다. 돈뿐만 아니라 사람들이 도와주고 일들이 잘 풀립니다.

너무 돈을 사랑하지 마세요. 돈맛을 아는 순간부터 마음엔 하나님이 없습니다.

주님은 분명히 말씀하셨습니다. **"너희가 하나님과 재물을 겸하여 섬기지 못한다"** 이 말씀을 가슴에 깊이 새기시기 바랍니다.

주님이 하나님과 재물에 대해 직접 하신 말씀입니다. 우리는 돈에 매이면 안 됩니다. 제발 돈에서 자유로워 지세요. 하나님을 잘 믿으면 돈은 따라오고 우리를 인도하시고 지키십니다.

주님을 믿고 순종하는 것을 제일 중요한 일 순위로 두세요. 그렇게 살다 보면 어느새 우리가 바라는 것 이상으로 채워져 있음을 알게 될 것입니다.

다시 말하지만, 돈은 주님이 주십니다. 항상 주님 뒤에 돈이 있습니다. 주님을 잘 믿고 순종하십시오. 그렇게 살다 보면 우리가 풍족해져 있다는 걸 알게 됩니다.

무슨 결정을 할 때 하나님을 먼저 생각하시고, 이럴 땐 어떻게 하셨을까를 염두에 두시기를 바랍니다. 주님이 우리의 진정한 주인입니다.

그런 마음을 갖고 산다면 주님은 기뻐서 다 주실 겁니다. 모든 걸 다 갖고 계신 주님을 기쁘게 해 드리는 우리가 되길 기도합니다. 진정한 주인이신 주님 감사합니다.

"한 사람이 두 주인을 섬기지 못할 것이니
혹 이를 미워하고 저를 사랑하거나
혹 이를 중히 여기고 저를 경히 여김이라
너희가 하나님과 재물을 겸하여 섬기지 못하느니라"
(마태복음 6장 24절)

57
8월 3일

　사단과 귀신들은 진짜 존재하는 것일까요? 이들은 정말 우리에게 영향을 미칠까요?
　결론부터 말하면 이들은 진짜 존재하고 우리들에게 영향을 줍니다. 사단은 천사들 중의 우두머리인 천사장 중의 하나였고, 귀신들은 사단을 따르는 천사였습니다.
　이들이 하나님을 배신하고 타락을 한 것입니다. 사단은 하나님처럼 되고 싶어 했습니다. 사단은 하늘나라에서 쫓겨나 세상으로 와서 죽음을 무기로 삼고 귀신들과 같이 인간들을 지배하기 시작했습니다.
　사단과 귀신들은 영적인 세계에서 인간들을 조정합니다. 이 영적인 세계를 보는 사람들을 영안이 열렸다고 말합니다.
　무당이나 중들 가운데도 사단이나 귀신들을 보는 사람들이 있는데, 사람들은 이들을 용하다고 합니다. 이들은 하나님과 천사나 천국의 군사들인 천군을 볼 수 없습니다.
　용하다는 이들은 성령이 역사하는 이들을 보면 점을 볼 수가 없습니다. 단지 고귀하신 분이 올 곳이 아니라고 가라고 말합니다.
　사단과 귀신들은 진정한 크리스천들을 잘 압니다. 진짜와 가짜를 잘 압니다. 초대교회 때도 사단과 귀신들은 예수님과 바울은 알았지만, 유대의 한 제사장의 일곱 아들들은 몰랐습니다.

성령으로 거듭나야 진짜입니다. 귀신들은 사단의 지시를 받고 우리들을 타락시키려고 합니다. 요새 사람들을 타락시키기 제일 손쉬운 방법이 돈입니다.

목사나 장로들을 타락시키기 위해 돈으로 유혹을 합니다. 여기에 걸린 사람은 빨리 빠져나와야 합니다.

목사들 중에도 사단과 귀신들의 유혹에 걸려들면 성령의 역사가 아닌 악령의 역사로 사역하는 것입니다. 그러니 정말 조심해야 합니다.

사단과 귀신들은 지금도 먹잇감들을 찾아 나서고 쓰러뜨리려고 합니다. 그래서 서로 기도를 해 주어야 합니다.

서로 붙잡아 주면서 천국에 가야 합니다. 사단과 귀신들이 알고 떠는 자들이 되어야 합니다. 그러기 위해서 말씀을 매일 읽고 기도를 해야 합니다.

정말 기도는 중요합니다. 담임목사님과 장로님들을 위해 기도해야 합니다. 매일 기도해야 합니다. 사단과 귀신들이 접근도 못 하도록 해야 합니다.

구역 식구끼리 서로 기도한다면 우리 교회는 성령 안에서 튼튼히 서 갈 겁니다. 서로 힘을 냅시다. 그리고 서로 기도하자고요. 화이팅!

> "악귀가 대답하여 이르되 내가 예수도 알고
> 바울도 알거니와 너희는 누구냐 하며"
> (사도행전 19장 15절)

58

8월 14일

　누군가를 진정으로 좋아한 적이 있으십니까? 하나님은 지금 좋아하는 걸 뛰어넘어 우리를 사랑하십니다.
　거의 일방적으로 우리를 사랑하십니다. 천지를 창조하신 하나님이 우리들 한명 한명을 다 아시고 사랑하십니다. 이게 말이 됩니까?
　우리를 너무나 사랑해서 우리가 하나님 곁으로 오게 하시려고 예수님을 보내셨습니다. 우리는 예수님을 통해 하나님을 봤습니다. 하나님은 사랑 그 자체입니다.
　하나님은 우리들이 우리의 반쪽을 알아보게 하시고 사랑하게 하십니다. 이것이 신비입니다. 누군가를 사랑하게 하심으로 하나님의 사랑을 알게 하십니다.
　하나님의 사랑은 인간의 사랑을 뛰어넘는 사랑입니다. 진심으로 사랑하십니다. 우리의 생각을 뛰어넘는 사랑입니다.
　누군가를 진정으로 사랑하면 다 해주고 싶습니다. 우리들이 보기에 제일 하나님의 사랑과 닮은 사랑이 부모님의 자식에 대한 사랑이라고 생각합니다. 저는 저의 어머니의 사랑을 듬뿍 받고 자랐습니다.
　그 사랑을 통해 하나님의 사랑을 알게 되었습니다. 여러분은 하나님의 사랑이라고 하면 어떤 단어가 떠오르십니까? 저는 포근함입니다.

하나님의 포근한 사랑입니다. 어머니의 품 안에 있는 사랑, 만약 그 사랑을 모르시겠다면, 아내나 남편이나 연인을 통해 느껴보시기를 바랍니다.

누군가를 사랑한다는 것은 좋은 것입니다. 사랑의 충만함을 느낍니다. 하나님이 우리를 사랑하시듯이 우리도 그 사랑을 통해 누군가를 진정으로 사랑하게 됩니다.

한 사람이라도 제대로 사랑하고 싶습니다. 그리고 그 힘으로 다른 이들을 아끼고 싶습니다. 여러분도 하나님의 사랑 안에 있길 기도합니다. 그 사랑이 충만해지길 기도합니다. 다시 말하지만, 한 사람이라도 제대로 사랑하길 기도합니다.

> "하나님이 우리를 사랑하시는 사랑을 우리가 알고 믿었노니
> 하나님은 사랑이시라 사랑 안에 거하는 자는 하나님 안에 거하고
> 하나님도 그의 안에 거하시느니라"
> (요한1서 4장 16절)

8월 17일

　천국과 지옥은 정말 있을까요? 우리는 예수님을 믿으므로 인해 영생을 얻은 것일까요?
　예수님이 이 땅에 오심으로 그를 믿는 자는 천국이 이미 내 안에 있다는 걸 압니다.
　이 땅에서 예수님을 믿으면 비록 자신이 천국에 직접 가 있는 것은 아니지만, 천국을 소유한 자입니다.
　예수님은 천국에 가서 하나님과 같이 있습니다. 예수님을 믿는 자들은 육체가 죽으면 우리의 영혼이 천국에 갑니다. 그리고 심판 날 새로운 육체를 입습니다.
　예수님을 믿지 않는 자들은 지옥으로 갑니다. 그곳은 뜨겁고 습하며 목이 말라도 물을 먹을 수 없는 곳입니다.
　천국에서는 찬양과 하나님의 향기가 하나가 되어 우리 자신이 안식을 취하게 됩니다.
　예수님을 믿고 돌아가신 분들을 보면 잠들어 있는 것 같습니다. 평안하게 천국에 가십니다.
　우리는 영원히 삽니다. 예수님이 영원히 사시듯 예수님을 믿으면 우리는 영원히 삽니다. 예수님은 성자 하나님이시며 영생입니다.

예수님을 믿으면 그를 통해 영생이 주어 집니다. 우리가 세상에 살면서도 담대한 것은 예수님을 믿기 때문입니다.

천국은 진짜 좋은 곳입니다. 좋은 곳이 아니었다면 사람들에게 예수님을 믿으라고 말을 안 합니다. 예수님이 거짓말할 분으로 보입니까?

예수님을 믿으면 이 세상을 사는 동안 우리를 돕는 성령님이 함께 하십니다. 이 성령님이 '아! 내가 진짜 크리스천이 됐구나. 내가 천국에 가겠구나'를 알게 하십니다.

우리는 예수님을 믿고 그분의 자녀가 됐다는 것이 얼마나 좋은 일인지 알아야 합니다. 예수님이 아신 바 된 것은 놀라운 일입니다.

어깨를 펴고 자신 있게 다니세요. 예수님의 사랑이 성령님을 통해 전해집니다. 이 예수님의 사랑을 전하시기를 바랍니다. 그럼, 성령님께서 더 큰 은혜를 주십니다.

예수님을 꼭 믿으시기를 바랍니다. 로또에 당첨된 것보다 더 좋은 겁니다. 천국에 가서 영원히 살지, 이 세상을 사는 동안에는 성령님이 함께 하시지, 이보다 좋은 것은 없습니다.

예수님을 전합시다. 기회가 오는 대로 전해서 예수님을 믿게 하면 좋겠습니다. 예수님은 진짜 좋은 분입니다. 예수님 정말 사랑합니다!

"또한 우리가 참된 자 곧 그의 아들 예수 그리스도 안에 있는 것이니
그는 참 하나님이시요 영생이시라"
(요한1서 5장 20절 후반절)

<u>60</u>
8월 21일

우리는 미래를 봐야 합니다. 미래에 대한 청사진이 보여야 합니다. 그러나 과거를 모르면 미래를 예측할 수가 없습니다.

'온고지신'이란 말이 있습니다. 과거를 정확히 알 때 새로움을 알 수 있다는 뜻입니다.

기독교는 의미가 있고 뜻깊은 과거의 역사를 중요하게 생각합니다. 특히 성찬식을 중요하게 여기고 기념합니다.

성찬식을 통해 과거에 주님이 이루신 십자가에서의 희생과 사랑을 기념합니다. 이 의식을 통해 다시금 믿음을 새롭게 다집니다.

우리가 힘들고 어려울 때 우리를 도우셨던 분은 주님이십니다. 도움을 주는 사람들을 만나게 하시고 환경적으로 어려웠는데 풀리게 해 주십니다.

우리의 신앙생활은 다 굴곡이 있습니다. 우리의 신앙생활이 나약해지고 무기력해질 때, 주님은 과거에 주님이 주셨던 은혜를 기억나게 하십니다.

그 은혜가 현재에도 오고 미래에도 올 것입니다. 그러나 과거에 왔던 은혜를 생각할 때 힘이 납니다.

우리는 좋은 과거를 통해 현재의 은혜 속에 살아야 합니다. 그리고 미래의 은혜를 품어야 합니다.

   누군가가 당신에게 힘이 되어주고 허황된 꿈이 아닌, 주님이 주신 꿈을 가지게 한다면 주님이 당신에게 보내신 소중한 사람입니다.

   힘을 내세요. 주님은 당신을 사랑하십니다. 우리의 현재는 과거가 되지만, 주님이 이루신 과거는 힘이 생기는 과거입니다.

   자! 가슴을 펴고 당신을 사랑하는 주님과 사람이 있다는 걸 기억하세요. 다시 말하지만 힘을 내세요.

> "너희는 옛적 일을 기억하라 나는 하나님이라
> 나 외에 다른 이가 없느니라
> 나는 하나님이라 나 같은 이가 없느니라"
> (이사야 46장 9절)

61
8월 24일

'I am what I am and I do what I do' 이 문장의 뜻은 '나는 나일 뿐이고 나에게 주어진 일을 열심히 할 뿐이다'란 뜻입니다.

위의 말은 자기 일만 충실하면 된다는 뜻입니다. 지극히 개인주의적인 사고입니다.

만약 교회의 사역도 자신의 맡은 것만 한다면 얼마나 삭막할까요? 저는 주님의 말씀대로 돌아가야 한다고 생각합니다.

주님이 우리를 사랑하신 것처럼 서로 사랑해야 합니다. 주님의 사랑을 받은 우리가 사랑해야 하는 건 당연한 것입니다.

요새는 사랑이 넘쳐야 하는 교회에서도 자기가 할 일만 하고 그냥 집으로 갑니다.

서로 사랑하라는 주님의 말씀은 새 계명입니다. 굉장히 중요한 말씀입니다. 주님의 사랑이 어느 정도이기에 내가 너희를 사랑한 것처럼 서로 사랑하라고 하신 걸까요?

주님의 사랑은 끝이 없습니다. 탕자의 아버지를 보십시오. '집을 나간 아들이 언제나 돌아올까?' 하고 매일 나가 기다렸던 것입니다. 이 아버지의 간절한 바람이 주님의 마음입니다.

그리고 어린양 한 마리를 찾으려는 애타는 그 마음은 우리의 마음을 울립니다. 지금 주님은 우리 주위에 있는 탕자와 길 잃은 어린양을 기다리시고 찾으십니다.

탕자의 아버지와 길 잃은 어린양을 찾는 목자, 이런 마음이 주님의 마음입니다.

누군가를 사랑하면 많은 사람들 가운데서 그 사람밖에 안 보입니다. 주님도 우리만 보십니다. 사랑하시기 때문입니다.

그 주님의 사랑이 우리 안에 있기 때문에 교회를 사랑해서 시간을 내서 헌신을 하는 겁니다. 사랑하기 때문에 찬양도 하고 설교도 듣는 겁니다.

우리 모두 서로 사랑합시다. 자기일 뿐만 아니라 서로 챙겨줍시다. 그것이 진정한 부흥입니다.

주님의 마음은 우리 안에 사랑이 넘치길 원하십니다. 거의 무조건적인 사랑입니다.

이런 사랑이 있다면 한 사람을 사랑할 수 있습니다. 진정으로 사랑할 수 있는 것입니다. 우리의 힘으로는 서로 사랑할 수 없습니다.

주님의 사랑으로 우리를 아끼다 보면 한 사람을 사랑하게 됩니다. 주안에서 서로 사랑하면 사랑이 보입니다.

사랑으로 사세요. 남을 돌보세요. 주님이 사랑을 주십니다. 그럴 때 사랑과 소유욕이 다르다는 걸 알게 됩니다. 진정으로 사랑하시기를 바랍니다. 서로 사랑합시다.

"새 계명을 너희에게 주노니 서로 사랑하라
내가 너희를 사랑한 것 같이 너희도 서로 사랑하라"
(요한복음 13장 34절)

62
8월 28일

　우리는 마음속에 있는 모든 것들, 다시 말해서 기뻤던 일이나 슬펐던 일, 화가 났던 일이나 좋은 일, 그리고 필요한 일이나 걱정과 의심, 두려움 등 모든 일에 대해서 주님께 기도할 수 있습니다.
　우리는 화가 나거나 낙심하고 있을 때도 주님이 우리 편에 서 계신다는 걸 알아야 합니다.
　다윗은 '내 원수가 수가 많고 자신을 미워해도 수치를 당하지 않게 하시고 성실과 정직으로 자신을 보호해 달라'고 기도합니다.
　우리는 원수를 만들면 안 됩니다. 그러나 우리를 곤란에 빠뜨리고 돈을 요구하거나 진짜 상식적으로 이해할 수 없는 일을 한다면 기도해야 합니다.
　다윗은 본인이 원한 건 아니지만 사울왕이라는 원수가 있었습니다. 그때 다윗은 기도했습니다. "주를 바라오니 성실과 정직으로 보호해 달라"고.
　다윗은 사울왕을 죽일 수 있었는데도 죽이지 않았습니다. 주님이 주님의 때에 해결해 주길 바랐습니다.
　저도 사이가 안 좋은 선배 목사가 있습니다. 제가 목사 안수를 받을 때였는데 그 선배 목사가 담임목사였습니다. 그런데 돈을 요구했습니다. 자신의 교회에서 사역하려면 돈을 가져오라는 것이었습니다. 저는 더 이상 그 교회에 있을 수 없었습니다.

그 선배 목사가 나한테만 돈을 요구한 것이 아니라 1년 선배나 후에 들은 얘기지만 후배들에게도 돈을 요구했다고 합니다.

이런 선배 목사는 목회나 다른 사역을 해서는 안 됩니다. 이런 사람과는 가까이 지내면 안 됩니다. '근묵자흑'이라고 가까이 지내면 나도 검게 됩니다.

주님은 우리의 마음을 다 아십니다. 그리고 우리를 보호하십니다. 그리고 누가 잘못했는지 주님은 판단하실 겁니다. 악인은 쓰러지게 되어 있습니다. 저는 주님의 정의로움을 믿습니다.

원수 앞에서도 당당해지려면 주님께 기도하며 주님과 친밀해져야 합니다. 주님은 자신의 손으로 원수 앞에서 우리를 높이실 것입니다.

우리 모두 주께 피합시다. 주님은 우리를 보호하실 것이고 같이 기도하는 사람들을 붙여 주실 겁니다.

악인들은 잘되는 것 같지만, 주님은 가만히 안 두십니다. 우리는 복수할 수 없지만 주님은 복수하십니다.

다윗과 사울왕이 서로 용서할 사이입니까? 악인으로 인해 돌아올 수 없는 사이 아닙니까? 다시 말하지만, 악인은 반드시 쓰러집니다. 반드시!

> "내 원수를 보소서 그들의 수가 많고 나를 심히 미워하나이다
> 내 영혼을 지켜 나를 구원하소서 내가 주께 피하오니
> 수치를 당하지 않게 하소서"
> (시편 25편 19~20절)

63

8월 31일

진정으로 겸손한 것은 무엇일까요? 여러분은 자신이 겸손하다고 생각하십니까?

진짜 겸손한 자는 나란 자아가 없어집니다. '내가 누군데 저런 놈한테 고개를 숙여?'하며 사과하지도 않는 일은 없어집니다.

주님을 사랑할수록 겸손해집니다. 왜냐하면 주님이 주신 힘으로 살기 때문입니다. 자신의 위신은 찾지도 않습니다.

자신 스스로 '난 장로인데…난 권사인데…난 목사데…'라며 자신을 높이려 하면 안됩니다. 더 주님을 높여야 합니다.

다윗의 시를 보면 '겸손한 자는 먹고 배부를 것'이라고 합니다. 왜일까요? 먹는 것도 주님이 주시기 때문입니다. 우리가 음식을 먹을 수 있는 것도 주님이 주시기 때문입니다. 주님이 안 주시면 먹을 수가 없습니다.

다윗은 사울왕을 피해 다니면서 먹을 수 있는 것도 주님의 은혜라는 걸 수없이 경험 했습니다.

겸손한 자는 자신을 내세우지 않고 주님이 나타나길 원합니다. 자매님들이 어느 때 제일 아름다운지 아십니까? 찬양할 때입니다. 그때의 모습은 천사와도 같습니다. 주님을 경배하는 그 모습이 진짜 겸손한 자입니다.

연인들을 보세요. 얼굴에서 미소가 떠나질 않습니다. 저는 그 미소가 주님을 닮은 미소라고 생각합니다. 겸손한 자는 항상 주님의 미소 속에 산다고 봅니다.

자신감과 담대함이 있지만, 교만하지 않은 그 모습이 주님의 모습입니다. 그것이 진정 겸손한 겁니다.

우리들은 연약해서 겸손하기보단 교만하기 쉽습니다. 교만해지려고 할 땐 찬송을 부르시기를 바랍니다. 겸손한 자는 찬송을 좋아합니다. 찬송을 통해 주님을 높이고 우리의 마음이 낮아지기 때문입니다.

항상 주님이 주신 말씀으로 마음을 씻기 바랍니다. 아침에 찬송을 한 곡 부른다면 그것처럼 좋은 건 없습니다.

자! 오늘도 우린 겸손한 자입니다. 힘차게 앞으로 나아갑시다. 화이팅!

"겸손한 자는 먹고 배부를 것이며
여호와를 찾는 자는 그를 찬송할 것이라
너희 마음은 영원히 살지어다"
(시편 22편 26절)

64

9월 11일

    고린도전서 13장은 성령이 주시는 사랑을 얘기한 아름다운 장 중에 하나입니다.
    다들 누군가를 진정으로 사랑해도 사랑 장의 내용처럼 사랑하기 힘들다고 합니다. 그러나 성령이 함께하시면 가능합니다. 그래서 우리는 성령 없이 살 수가 없습니다.
    사랑 장에 있는 15가지 사랑의 특성은 우리에게 사랑이 추상적인 사상이 아니라 삶 속에서 실천하고 이룰 수 있는 것들이라고 말해주고 있습니다.
    4절과 5절을 보세요 "사랑은 오래 참고 사랑은 온유하며 시기하지 아니하며 사랑은 자랑하지 아니하며 교만하지 아니하며 무례히 행하지 아니하며 자기의 유익을 구하지 아니하며 성내지 아니하며 악한 것을 생각하지 아니하며"
    이것만 봐도 우리는 성령의 은혜로 우리의 마음을 새롭게 할 수 있습니다. 도를 닦는 것이 아닙니다. 마음을 수련을 통해 새롭게 하는 것이 아니고 성령을 의지하는 것입니다. 마음을 새롭게 하는 것은 우리의 모든 욕심을 버리고 남이 잘되는 것을 시기하지 않는 것입니다.
    욕심은 모든 악의 시작입니다. 우리 교회가 우리 학교가 더 잘되어야 한다며 욕심이 들어가면 성령의 자연스러운 역사는 없어지고, 인간인 나의 역사만 남게 됩니다.

마음을 비우시기를 바랍니다. 욕심이 들어가면 끝이 추해집니다. 예수님을 믿는 사람이 욕심이 많으면, 사랑이 없어집니다.

제발 빈 마음이 되세요. 그래야 성령의 사랑이 넘칩니다. '소탐대실'이라고 '작은 것에 욕심을 내다 큰 것을 잃어버린다'는 뜻입니다.

우리는 예수 믿는 자라는 걸 잊지 마세요. 사람을 미워하지 마시기를 바랍니다. 악에는 이겨야 하지만 상대방이 악을 행했다면 기도하십시오. 상대방이 상처가 많기 때문입니다. 기도의 결과는 주님께 맡기세요.

성령의 사랑은 아픔과 상처가 있는 사람들에게 필요합니다. 아픔과 상처가 많은 분을 아신다면 거리를 두면서 기도하시고 직접 만나진 마세요. 주님의 때에 주님이 만나게 하실 겁니다.

다시 말하지만, 마음을 비우세요. 그래야 성령께서 마음 놓고 일하십니다. 성령이 이끄시는 사랑을 누리시고 사랑의 눈이 되시길 바랍니다.

> "모든 것을 참으며 모든 것을 믿으며
> 모든 것을 바라며 모든 것을 견디느니라"
> (고린도전서 13장 7절)

65

9월 14일

　우리는 보통 "평안하세요?"라고 말하면서 "샬롬"이라고 말합니다. 우리가 말하는 식으로 하면 "안녕하세요?"라고 얘기할 수 있습니다.
　주님은 십자가에서 돌아가시기 전에 예수님의 영이신 성령이 오시면 그가 모든 것을 가르치고 모든 것을 생각나게 하신다고 하셨습니다.
　이 말씀을 하시고 이 세상이 줄 수 없는 평안을 주시겠다고 하셨습니다. 세상이 줄 수 없는 평안은 무엇일까요?
　바로 성령이 주시는 평안입니다. 예수님의 영이신 성령이 주시는 평안입니다. 이 세상이 주는 평안은 잠깐입니다. 금방 사라집니다.
　그러나 성령이 주신 평안은 평생을 갑니다. 성령은 내 안, 즉 자신 안에 들어와 계십니다. 성령을 받으면 기쁜데도 마음이 안정되고 좋습니다. 모든 것이 새롭게 보입니다.
　바깥이 아무리 시끄러워도 내 안은 고요합니다. 그리고 침착해집니다. 그리고 참고 사랑합니다.
　성령이 주시는 사랑은 평안과 깊은 관련이 있습니다. 남을 이용하거나 괴롭히지 않습니다. 어느 교회 같은 데는 멀어도 자신의 교회로 오라고 전도합니다. 그건 사람을 교회가 소유하려는 것이지 사랑이 아닙니다.

성령의 평안이 있어야 사랑할 수 있고, 사랑을 해야 평안이 지속될 수 있습니다. 요새는 사랑과 소유욕을 혼동합니다.

진짜 주 안에서 사랑한다면 자유스럽게 놓아주고 소유하고 싶은 욕심은 버려야 합니다. 올바른 관계는 소유하는 것이 아닙니다.

일정한 거리를 두고 지혜로운 관계를 유지할 때 평안이 옵니다. 남녀 간에도 평안한 거리가 필요합니다. 지혜롭게 말이죠.

주님이 주시는 평안은 주님이 주십니다. 주안에서 사랑하는 것도 지혜로운 거리가 필요합니다. 그래야 더 사랑할 수 있습니다.

우리 이제 세상이 줄 수 없는 평안을 가졌습니다. 그 평안으로 사랑합시다. 그럼 더 사랑이 넘칩니다. 주님이 주신 평안으로 뭉치시길 기도합니다.

"평안을 너희에게 끼치노니 곧 나의 평안을 너희에게 주노라
내가 너희에게 주는 것은 세상이 주는 것과 같지 아니하니라
너희는 마음에 근심하지도 말고 두려워하지도 말라"

(요한복음 14장 27절)

66

9월 18일

예수님의 동생이었던 야고보는 처음엔 형이 그리스도 즉, 구세주인지 몰랐습니다. 그러나 예수님이 부활하시고 승천한 것을 보고 성령님이 직접 오신 걸 경험하자 초대교회의 리더가 되어 야고보서를 썼습니다.

그는 예수님을 믿고 크리스천이 됐다면 그에 합당한 생활을 해야 한다고 했습니다.

그중에서도 말의 실수가 있어서는 안 된다고 했습니다. 말에 실수가 없다면 온전한 사람이라고 했습니다. 우리는 과연 말에 실수가 없는 온전한 사람이 될 수 없을까요?

"혀는 능히 길들일 사람이 없나니 쉬지 아니하는 악이요, 죽이는 독이 가득한 것"이라고 말합니다.

우리는 이런 혀를 가지고 있습니다. 그런데 예수님을 믿으면 우리의 혀가 완전하지 않지만, 성령님에 의해 제어가 됩니다. 우리가 주님을 찬송하게 되고 기도하게 된다는 것입니다.

우리가 여전히 누군가를 저주하거나 욕을 하지만, 그 횟수가 점점 줄어듭니다. 샘에선 여전히 단 물과 쓴 물이 나오지만, 현저히 단 물이 많이 나오게 되고 나중엔 단 물만 나오게 됩니다.

우리는 예수님을 믿어도 연약합니다. 그래서 성령이 우리 안에 충만해야 합니다. 그래야 말에 실수가 적습니다.

우리의 마음 중심인 '카르디아'가 성령님에 의해 지배를 받고 또 받으면 우리의 마음은 안정감을 찾습니다.

그럴 때 말의 실수가 적습니다. 우리는 우리의 마음에 있는 걸 말하게 되어 있습니다. 그러므로 마음을 비우고 성령으로 채워야 합니다.

우리의 마음이 단 물로 채워질 때 말씀하세요. 사랑받고 있을 때 단물이 쏟아집니다. 그리고 그 사랑을 상대방에게도 전하십시오.

그리고 가족들 친구나 이웃들에게 전하시기를 바랍니다. 기도나 성경을 보는 것은 우리의 마음을 단 물로 만들어 줍니다.

다시 말하지만 단 물일 때 말하세요. 쓴 물일 때 말하면 상처만 남깁니다. 우리는 성령 안에 있기 때문에 단 물의 샘이 될 수 있습니다.

항상 성령 안에서 기도하시고 말하세요. 우리는 단 물의 샘입니다. 화이팅!

"샘이 한 구멍으로 어찌 단 물과 쓴 물을 내겠느냐"
(야고보서 3장 11절)

67

9월 21일

영어로 'The world is as you take it'란 뜻은 '세상은 마음먹기 나름이다' 란 뜻입니다. 그럼 마음을 먹는 것은 무슨 뜻일까요?

쉬운 예로 여러 명의 배우자감이 있는데, 주님의 뜻대로 한 사람을 정하는 것도 마음을 먹는 것입니다.

성경을 보면 *"사람이 마음으로 자기의 길을 계획할지라도 그의 걸음을 인도하시는 이는 여호와시니라"*라고 말하고 있습니다.

우리가 누구를 선택하고 어디로 갈까? 계획을 세워도 우리의 마음을 주관해서 발걸음을 움직이게 하시는 이는 하나님이십니다.

특히 인생을 살면서 어떤 사람들을 만나느냐는 매우 중요 합니다. 주님은 우리가 주님의 뜻대로 움직이길 기다리십니다. 우리는 주님의 뜻을 알려고 하지도 않습니다. 이래서는 안 됩니다.

저의 대학 친구는 배우자를 선택할 때 처음엔 음대를 나오고 이쁜 교회 후배를 놓고 기도를 시작했다고 합니다. 기도를 시작하고 두 달이 지난 후 제 친구는 5살 연상이고 기도의 용사인 한 누나로 마음이 움직이고 그 누나가 자신의 짝이라는 걸 알게 되었다고 합니다.

제 친구는 그 누나와 결혼했고 딸 둘을 낳고 잘살고 있습니다. 제 친구는 주님께 순종하기로 마음을 먹은 것입니다.

돈을 보고 결정하거나 외모를 보고 결정하면 안 됩니다. 기도를 하면서 배우자나 사업 파트너나 직원들을 뽑아야 합니다. 진정으로 성령으로 거듭났는지를 봐야 합니다.

주님의 뜻대로 마음을 먹으시길 바랍니다. 그래야 우리의 마음이 즐겁습니다. 마음의 즐거움은 얼굴을 빛나게 합니다.

주님 앞에선 우리의 속마음이 다 드러납니다. 주님을 속일 수는 없습니다. 속마음을 깨끗하게 가지시기 바랍니다. 그래야 예수님을 믿어 천국에 갑니다.

우리는 매 순간 주님께 물어봐야 합니다. 그럼 주님이 우리 마음속에 좋은 마음을 주십니다. 그리고 그 선한 마음대로 이끄십니다.

우리의 삶을 자기 뜻대로 움직이지 마십시오. 주님의 뜻대로 마음을 정하시기를 바랍니다. 오늘 하루가 모여 삶이 됩니다. 마음을 먹는다는 건 주님의 뜻에 순종하여 우리의 속마음을 깨끗하게 하여 움직이는 것입니다.

자! 이제 주님의 뜻대로 마음을 먹으세요. 화이팅!

"지혜로운 자의 입술은 지식을 전파하여도
미련한 자의 마음은 정함이 없느니라"
(잠언 15장 7절)

9월 25일

인내를 생각하면 어떤 모습이 떠오르십니까? 보통 활기가 없이 억지로 참는 모습을 그립니다. 우리가 사는 삶의 어려움을 어쩔 수 없이 다 맞고 서 있는 것 같습니다.

모든 꿈을 포기한 채 수동적으로 기다리는 모습이 떠오릅니다. 그러나 성경에서 말하는 인내는 다릅니다.

성경 속의 인내는 담대하고 용맹스럽습니다. 인내로 번역된 헬라어 단어들을 종합해 보면 다음과 같이 뜻을 나타낼 수 있습니다.

'확신을 가지고 꿋꿋이 견디는 모습'

성경 속의 인내는 세파에 부딪히더라도 좌절하지 않고, 앞에 놓인 승리를 바라고 기다리며 굳게 맞서 싸우는 것입니다.

욥을 보십시오. 끝까지 하나님을 믿으며 사단의 유혹과 괴로움에 지지 않고 맞서 싸워 이겼습니다.

농부들을 보십시오. 귀한 열매를 바라고 씨를 뿌리고 물을 뿌려주고 거름을 주면서 인내를 합니다.

인생 가운데 인내 없이 무엇인가를 거두는 것은 없습니다. 반드시 기다림이 있습니다. 그래야 열매가 있습니다.

우리는 열매를 거두지 못하게 하는 사단과 귀신들의 유혹과 공격을, 인내를 가지고 이겨야 합니다. 승리해야 합니다.

우리는 영적 전쟁에서 승리할 수밖에 없습니다. 예수님이 이미 사단과의 싸움에서 이겼습니다. 사단은 잠시 세상을 지배한 것 같지만 결국 지옥으로 떨어질 것입니다.

지금 영과 육적으로 힘드십니까? 인내심을 갖고 성령의 검인 말씀을 갖고 전진하시길 바랍니다. 인내는 우리를 성숙시키시고 주님이 다시 오시는 재림의 날까지 승리의 깃발을 들게 할 겁니다.

힘들더라도 누군가가 우리를 위해 기도한다는 것을 잊지 마시고, 인내하십시오. 승리는 우리 것입니다.

자! 어깨를 펴시고 앞으로 전진 하십시오. 승리의 찬가를 부르시기를 바랍니다.

"너희도 길이 참고 마음을 굳건하게 하라
주의 강림이 가까우니라"
(야고보서 5장 8절)

69
10월 5일

믿음의 기도는 다른 기도와 무엇이 다를까요? 지금도 수능 날이 되기 수 개월 전부터 부모들은 자녀가 수능을 잘 보게 해 달라고 기도합니다.

모든 종교 관계자들은 부모들과 같이 기도를 합니다. 특히 절이나 교회에서는 집중적으로 기도를 합니다. 그럼 기독교의 기도는 다른 종교의 기도와 무엇이 다를까요?

기독교의 기도는 성령 안에서 하는 기도입니다. 그래서 성령으로 거듭난 자들이 하는 기도와 간구가 진짜 기도입니다. 그냥 입에서 앵무새처럼 하는 건 기도가 아닙니다. 다른 종교에서도 성령의 인도하심이 없이 주술 같은 걸 끊임없이 내뱉습니다.

진정으로 성령 안에서 기도하면 중보기도를 하게 됩니다. 자신만을 위한 기도가 아니라 우리의 이웃들을 위해 그리고 우리나라와 세계를 위해 기도합니다. 성령 안에서 기도하는 것이 믿음의 기도입니다. 어떤 날은 누구를 위해 집중적으로 기도하게 하십니다. 그리고 어떤 날은 눈물을 흘리게도 하십니다.

특히 대통령과 위정자들을 위한 기도는 계속해야 합니다. 이 기도는 매우 중요합니다. 우리가 믿음 안에서 기도할 때 국정의 방향이 바뀌고 주님을 믿기도 합니다.

믿음의 기도는 병든 자를 낫게 하고, 진정한 회개 후에 오는 참 기쁨을 맛보게 하십니다. 우리가 기도하다 보면 내가 과거에 지었던 죄들이 용서함을 받았다는 걸 알게 됩니다. 즉 죄책감이 사라집니다. 이것이 성령이 하시는 일입니다.

다른 종교도 기도를 통해 병을 고치기도 합니다. 그러나 그것은 하나님이 하시는 것이 아니라 귀신들이 하는 작은 능력으로 시간이 지나면 도로 원상태가 됩니다. 오로지 성령님이 고치시는 것이 진짜입니다.

믿음의 기도는 우리를 더 주님께로 인도합니다. 주님을 더 사랑하게 하고 의지하게 만듭니다. 그럼, 우리의 믿음은 더 커집니다. 그래서 주님의 힘으로 살게 하십니다.

우리는 주님이 없이는 살기가 어렵습니다. 우리는 살기 위해 기도합니다. 믿음의 기도는 우리를 살립니다. 우리는 남들을 위해 기도해야 합니다. 기도의 범위를 확대할 필요가 있습니다. 성령 안에서 믿음의 기도를 하시기를 바랍니다.

자! 우리는 기도의 용사들입니다. 꼭 기도할 때 성령의 뜻대로 기도하십시오. 그럼 반드시 승리합니다. 사탄과 귀신들의 뜻대로 기도하지 마십시오. 성령이 주시는 빈 마음으로 기도하십시오.

힘을 내세요. 기도를 통해 주님을 만나시기를 바랍니다. 진정 주님이 인도하시는 기도의 용사들이 다 되시기를 바랍니다. 화이팅!

> "믿음의 기도는 병든 자를 구원하리니 주께서 그를 일으키시리라
> 혹시 죄를 범하였을지라도 사하심을 받으리라"
> (야고보서 5장 15절)

70

10월 9일

우리는 내일 무슨 일이 일어날지 예측은 할 수 있어도 정확하게 알 수는 없습니다. 그래서 내일이 더 기다려지는 것 같습니다.

우리의 생명은 주님의 뜻에 달려있습니다. 죽고 사는 것이 주님의 뜻에 따라 달라집니다. 그런데도 우리는 주님의 뜻대로 살려고 안 합니다. 우리의 마음이 주님의 뜻을 무시할 정도로 완악합니다. 즉 완고하고 악합니다.

우리들은 오늘 하루를 어떻게 살아가야 할까요? 간단하지만 어렵습니다. 자기 뜻이 아닌 주님 뜻대로 살아야 합니다. 순간마다 주님이 나와 함께 하신다는 걸 알아야 합니다.

주님이 언제나 우리와 함께하신다는 걸 어떻게 알 수 있을까요? 순간마다 기도하는 심정으로 살아야 합니다. 그래야 실수가 적습니다. 기분이 내키는 대로 하면 안 됩니다.

우리는 연약해서 실수하게 되어 있습니다. 그래서 성령이 계신 것입니다. 성령이 인도하시는 대로 간다면 실수는 적습니다. 그럼, 성령은 어떻게 우리를 인도하실까요?

우리가 마음을 다해 기도할 때 전에 읽었던 성경 구절이나 설교 내용들이 떠오르게 하십니다. 또는 성경 말씀을 읽을 때 마음이 뜨거워지게 하시고 평안함을 주십니다.

우리는 기도와 성경 말씀을 보는 것을 게을리해서는 안 됩니다. 매일 성경 말씀을 보고 기도를 해야 합니다.

이렇게 지낼 때 내일도 모르는 우리가 담대해질 수 있는 것입니다. 성경은 우리의 생명이 "잠깐 보이다가 없어지는 안개와 같다"고 말합니다.

우리의 생명은 주님이 십자가에서 죽을 정도로 귀하게 여기신 것인데 왜 안개와 같다고 하셨을까요?

주님이 보시기에 우리의 인생은 없습니다. 그런데 우리는 그 짧은 인생 동안 허황된 꿈을 꿉니다. 주님이 주신 꿈이 아닌 말도 안 되고 욕심이 가득 찬 꿈을 꾸니 그 인생이 안개와 같다고 한 것입니다.

주님이 주신 꿈은 주님을 높이는 일을 하게 하시고, 우리의 욕심은 없어집니다. 주님의 바람이 나의 바람이 됩니다. 이런 마음이 될 때 우리의 인생은 안개가 아닌 아름다운 꽃이 됩니다.

우리는 내일의 일을 모릅니다. 그리고 허황된 꿈을 꿀 때 잠깐 보이다가 없어지는 안개 같은 인생이 됩니다.

허황된 꿈을 버리시고 주님이 주시는 꿈을 가지시기를 바랍니다. 주님이 주시는 힘으로 사는 인간의 욕심이 없는 인생이 되길 기도합니다.

> "내일 일을 너희가 알지 못하는도다
> 너희 생명이 무엇이냐
> 너희는 잠깐 보이다가 없어지는 안개니라"
> (야고보서 4장 14절)

10월 12일

약하다는 것은 무엇을 의미할까요? 다른 사람들이 볼 땐 약점이 돼서 감추고 싶어 할 것입니다. 그런데 사도 바울은 육체적으로 연약한 약점을 말했습니다.

누구나 어느 정도 나이가 들면 다 육체적으로 연약한 부분이 드러납니다. 김종진 집사님이라는 분이 계십니다.

이분은 소아마비에 걸려서 한쪽 다리가 짧습니다. 한번은 딸아이의 초등학교로 선생님을 만나러 갔는데 아이들이 "왜 너의 아버지는 이상하게 걷니?"란 말이 들리고 딸아이의 얼굴이 빨개지는 모습을 보고 운동을 해서 저는 모습을 최대한 고쳐보잔 마음으로 탁구를 하기 시작했습니다.

그는 훈련에 훈련을 거듭한 결과 장애인 국가대표가 돼서 장애인 올림픽에서 금메달을 따고 딸아이와 학생들이 지켜보는 가운데 교장선생님으로부터 장한 어버이라는 상을 받았습니다.

지금도 68세인데도 현역으로 뛰고 있고, 딸도 탁구선수로 뛰고 있습니다. 김종진 집사님은 자신의 약함을 통해 사람들에게 절대 약하지 않다는 것을 나타낸 것입니다.

사도 바울도 자신의 약함을 오히려 자랑했습니다. 바울은 눈이 좋지 못했습니다. 편지를 쓸 땐 자신이 말하는 것을 누가나 마가가 썼고 싸인만 본인이 했습니다.

   자신의 약한 부분은 그것 때문에 더 주님을 찾게 되고 더 겸손하게 되고, 아집이나 자존심들은 버리게 됩니다. 쉽게 말해서 영적으로나 육적으로 욕심을 버리게 됩니다.

   나이가 들어서 욕심을 갖는 모습은 추해 보입니다. 오직 성령의 인도하심대로 사는 모습이 제일 아름답습니다.

   이제 마음을 비웁시다. 오직 주님 안에서 삽시다. 인생을 살 때 힘을 빼고 삽시다. 욕심을 버립시다. 뭐든지 자연스러운 것이 가장 좋고 주님을 자랑합시다.

> "내가 이런 사람을 위하여 자랑하겠으나
> 나를 위하여는 약한 것들 외에 자랑하지 아니하리라"
> (고린도후서 12장 5절)

72

11월 2일

우리는 예수님을 믿는데 왜 풍족하지 못하다고 생각할까요? 그 이유는 욕심이 많기 때문입니다.

다른 사람들이 볼 땐 풍족한데 그 사람이 바라보는 상대들이 높기 때문입니다.

부부가 맞벌이하거나 남편이 벌어오는 돈은 한정적인데 남편이나 아내의 기준이 삼성가의 이재용이라면 언제쯤 만족을 하며 웃을까요?

우리의 삶의 기준은 재벌같이 돈 많은 사람이 아니라 주님이어야 합니다.

영어로 'Your eyes are bigger than your stomach'란 말이 있습니다. 직역을 하면 '너의 눈들이 너의 위보다 크다'란 말로 '너의 욕심이 지나치다'란 뜻입니다.

우리의 욕심은 대부분 눈에서 시작됩니다. 눈으로 사람이나 사물을 보는 데서 시작이 됩니다.

얼마나 욕심이 많으면 눈이 위보다 클까요? 우리 인간들의 욕심은 끝이 없습니다.

성경의 바벨탑 사건을 보십시오. 하늘에 계신 하나님께 가자고 언어가 하나니까 대공사를 하다가 인간이 하나님처럼 되고 싶은 교만함이란걸 아시고 하나님은 여러 언어로 인간들을 흩으셨습니다.

우리들의 욕심이 우리를 교만하게 합니다. 나이가 들수록 돈보다는 명예에 목숨을 겁니다. 자신의 이름이 더렵혀지는걸 견디기 힘들어합니다.

여야를 떠나서 박원순 전 서울시장의 자살은 명예를 얼마나 중하게 여기는지 잘 보여주는 사례라고 할 수 있습니다.

우리의 사회적 지위, 돈, 명예보다 소중한 것이 있습니다. 바로 주님이십니다. 주님이 지금 그 자리로 올리신 것이고 또 은퇴도 하게 하신 것입니다. 지금 있는 곳에서 주님은 최선을 다 하길 원하십니다. 이런 자세, 즉 태도가 주님을 믿는 우리들의 태도입니다.

눈들이 위보다 크지 않기를 바랍니다. 지나친 욕심은 자신뿐 아니라 가족들과 친구들 그리고 교회도 힘들게 합니다.

우리가 성령님을 의지하고 성경의 말씀대로 산다면 욕심을 부릴 수 없을 것입니다. 지금의 위치에서 잘하다 보면 주님이 다 주십니다.

욕심 없이 살다 보면 우리의 영혼이 평온하고 우리가 하는 일마다 다 잘 되고 우리의 몸도 건강해집니다.

위보다 눈이 작아져서 주님이 주시는 복을 다 받으시기 기도합니다.

"사랑하는 자여 네 영혼이 잘됨 같이
네가 범사에 잘되고 강건하기를 내가 간구하노라"
(요한삼서 1장 2절)

73
11월 6일

　왜 우리는 용서하기가 어려울까요? 자신의 마음에 상처를 준 사람을 용서하는 건 쉬운 일이 아닙니다.
　어떤 사람은 자신이 잘못한 걸 알고 있는데 "미안하다"란 말을 안 해 일을 더 크게 만들고 관계를 끊어지게 만듭니다.
　성경에서 용서는 빚을 없어지게 해 주는 것을 말합니다. 누군가가 빚을 졌는데 안 갚아도 되도록 만들어 준 것입니다.
　보통 사람들은 빚에다 이자까지 쳐서 받는데 빚을 안 받는다면 정말 제정신이 아닙니다. 그런데 주님이 "빚을 탕감해 주라"고 말씀하십니다.
　주님은 내가 너의 빚을 탕감해 주었으니, 너도 타인의 빚을 없애주라는 것입니다.
　주님은 우리가 일상생활 속에서 지은 수많은 잘못을 용서해 주었으니, 우리도 다른 사람의 잘못을 용서하라는 것입니다.
　작년 12월에 한 기독교 단체에 제 책을 보냈는데 수취인 거절로 와서 또 한 번 책을 보냈는데 수취인 거절로 왔습니다. 그래서 저는 더 이상 후원을 안 했습니다. 9년을 후원했는데 돌아온 건 수취인 거절이었습니다.
　전 많이 화가 났고, 그들이 잘못한 것에 리더가 사과하기를 바랐습니다.

1년이 다 되어가는데도 사과 한마디도 없습니다.

그러면서도 제 스마트폰으로 자신의 설교 보라고 카톡이 옵니다. 이런 단체와 사람들을 용서해야 할까요?

용서는 쉬운 것이 아닙니다. 주님의 은혜 없이는 불가능합니다. 뻔뻔한 이 단체를 9년 동안 후원한 저 자신의 어리석음에 화가 났습니다.

전 이 단체가 리더만을 위한 단체가 되지 않기를 기도했습니다. 초창기 때의 순수함으로 돌아가길 기도했습니다.

용서는 그 단체가 이단이 안 되도록 기도하는 것으로 대신했습니다. 그 단체를 위해 기도하는 것도 힘들었습니다.

여러분들이 누구를 용서하라고 쓰진 않겠습니다. 하지만 상대방을 위해 저주의 기도가 아닌, 선의의 기도를 하길 권유합니다.

선의를 가진 기도를 하는 것으로도 대단한 겁니다. 그것도 성령님이 인도하신 겁니다.

우리는 성령님이 도와주신다면 용서할 수 있고, 상대방이 사과할 수도 있습니다. 강제로 용서하라고 말을 안 하겠습니다. 단 한 가지는 주님은 우리를 용서하셨다는 것입니다.

"우리가 선을 행하되 낙심하지 말지니
포기하지 아니하면 때가 이르매 거두리라"
(갈라디아서 6장 9절)

74

11월 9일

고린도전서 13장, 즉 사랑장을 보면 어떤 마음이 드십니까? 우리가 이런 사랑들을 할 수 있을까? 의구심이 드십니까?

아니면 내 힘으로는 할 수 없지만, 주님이 함께하시면 할 수 있으십니까?

우리가 할 수 있기 때문에 사도 바울은 고린도 교인들에게 적어 보낸 것입니다.

주님의 사랑이 사랑장에 다 적혀 있는 것입니다. 제가 아는 김 집사님은 뇌성마비 장애가 있는 자매님과 결혼을 해서 두 아이를 키우며 잘 지내고 있습니다.

김 집사님은 자기의 부인이 그렇게 이뻐 보이고 자기의 여동생의 친구로 구김살 없는 모습을 봐왔기에 장애는 보이지 않았다고 합니다.

솔직히 왜 장애가 안 보였겠습니까? 사랑이 더 컸기 때문입니다. 이처럼 사랑은 사람을 이쁘게 보이게 합니다.

서로 사랑하는 것은 아름다움 그 자체입니다. 많고 많은 사람들 중에 서로 사랑한다는 것은 기적입니다.

사랑하면 아름다워집니다. 이땐 서로 사랑할 때입니다. 외사랑이나 짝 사랑은 사랑이 아닙니다. 그건 괴로움입니다.

아무리 성령의 은사가 많아도 사랑이 없으면 내 자신이 아무것도 아닙니다.

제가 왜 남녀 간의 사랑을 서두에 얘기했을까요? 우리들은 주님의 사랑을 피부로 느끼기 어렵습니다.

그러나 남녀 간의 사랑은 느끼기 쉽습니다. 그래서 부부가 되고 부모가 되고 사랑은 성숙되어 가는 겁니다.

아가서를 보면 솔로몬의 사랑 이야기를 주님과 우리의 사랑으로 비유합니다. 얼마나 아름다운 이야기인지 모릅니다.

전에 말했듯이 아름다움은 아름다운 것입니다. 자신의 아름다움을 외적으로나 내적으로 아름답게 지키려고 하는 모습이 아름다운 것입니다.

사랑이 자신 안에 있기에 아름다워지려고 하는 것입니다.

다들 진정으로 사랑하시기를 바랍니다. 주님이 진정으로 우리를 사랑하셨듯이 말입니다. 사랑은 아름다운 것입니다.

"그런즉 믿음, 소망, 사랑, 이 세가지는 항상 있을 것인데
그 중이 제일은 사랑이라"
(고린도전서 13장 13절)

75

11월 13일

왜 우리는 만족을 못 하고 계속해서 욕심을 부릴까요? 특히 돈에 대해서는 계속적으로 갈급합니다.

성경에서는 "부자든 아니든 스스로 만족하라"고 말씀하십니다. 스스로 어떻게 해야 만족할 수 있을까요?

자족하기 위해선 지금 '내가 가진 것이 주님이 주신 것이구나' 하고 감사해야 합니다. 이 감사의 마음은 교회나 가정 그리고 일터에서도 적용이 됩니다.

내가 살고 있는 집, 남편과 아내 그리고 아이들, 직장 그리고 교회, 얼마나 소중합니까? 다 주님이 주신 것입니다.

자족하는 마음은 빈 마음이 되는 것입니다. 내 마음속에서 욕심이 생기려고 할 때 '내가 이러면 안 되지. 주님이 주신 것에 감사하자. 욕심내지 말자'라고 생각을 해야 합니다.

주님은 자신이 소유한 것이 없었고, 바울이나 베드로도 자신이 가진 것이 없었습니다. 자신이 가진 것이 많든 적든 빈 마음을 가지고 살면 우리에게 유익합니다. 빈 마음은 자족하는 마음입니다.

자족하는 마음은 우리의 마음을 평안하게 해주고 경건 생활을 하는데 유익을 줍니다.

　기도할 때 마음을 비우고 성령의 인도하신 대로 기도를 한다면, 주님이 기뻐하시고 기도 응답도 금방 될 것입니다.

　모든 걸 주님께 맡기세요. 그리고 욕심을 내려놓고 기도를 하세요. 주님께 맡기는 것은 주님을 의지하는 걸 말합니다.

　빈 마음이 되는 것과 주님을 의지하는 것은 우리가 스스로 만족할 때 가능합니다. 그래서 자족이 경건 생활의 시작입니다.

　아무쪼록 마음의 욕심을 버리시기를 바랍니다. 빈 마음이 됐을 때 마음이 가벼움을 경험해 보셨으면 합니다.

　주님은 우리가 자족했을 때 우리가 생각도 못 할 정도로 채워 주십니다. 자족했을 때의 풍성함을 누리시기를 바랍니다. 주님은 좋으신 분입니다.

"그러나 자족하는 마음이 있으면 경건은 큰 이익이 되느니라"
(디모데전서 6장 6절)

76

11월 16일

우리는 고정관념을 깨야 합니다. 장애인 목회자라고 해서 장애인 사역을 하라고 하는 건 일차원적인 사고입니다.

휠체어를 밀고 계단을 오르락 내리락 할 때 비장애인이 업고 해야 합니다. 말씀을 전할 때에도 비장애인 목회자가 발음이 정확하기 때문에 훨씬 좋습니다.

장애인 목회자는 다른 분야로 나아가야 합니다. 저는 글을 씁니다. 글을 쓸 때 설레고 행복합니다.

영어로 'Let's break the mold'란 말이 있습니다. 여기서 'mold'란 규범이란 뜻으로 직역을 하면 '규범을 무너뜨려라'이고 '고정관념을 깨라'란 뜻입니다.

자매들이 회사에서 사장이 되고 형제들도 하기 힘든 일을 합니다. 40년 전만 해도 꿈같은 얘기입니다. 우리나라는 미국도 못한 일인 여자대통령도 나왔습니다.

고정관념을 깨세요. 그럼 새로운 세계가 보일 겁니다. 십여 년 전 광고회사인 제일기획에서 중증 뇌성마비 장애인을 카피라이터, 즉 광고에 글을 쓰는 사람으로 뽑았습니다. 지금 KBS에서는 12시 생활뉴스 코너에서 시각장애인을 쓰고 있습니다.

고정관념을 깨는 건 쉬운 일이 아닙니다. 그러나 한번 깨지면 도미노처럼 금방 벽은 무너질 겁니다.

우리의 고정관념은 주님이 세리와 창녀를 만나고 그들의 친구가 되셨던 것처럼 깨질 것입니다.

주님이 우릴 지켜보고 계십니다. 주님은 우리의 시야가 바뀌고 넓어지길 바라십니다. 오히려 고정관념이 깨질 때 우리의 길은 더 안전합니다.

고정관념을 깨는 용기 있는 자들이 되길 기도합니다. 주님은 우리가 변하길 원하십니다. 자 이 시대를 변화시킬 사람들은 우리들입니다. 자! 앞으로 나갑시다. 힘을 내세요. 주님이 변화의 길을 인도하실 겁니다.

> "대저 사람의 길은 여호와의 눈 앞에 있나니
> 그가 그 사람의 모든 길을 평탄하게 하시느니라"
> (잠언 5장 21절)

77

11월 20일

십계명을 보면 "간음하지 말라"고 나와 있습니다. 남의 아내나 남편과 성행위를 하는 걸 말합니다.

요샌 성행위에 대해 관대하고 자유롭습니다. 그러나 아직도 많은 사람들이 순결을 지키고 있습니다.

저는 대학교 4학년 때 기독교 써클인 겟세마네에서 혼전순결 서약서에 서명한 이후 지금까지 여자와 잔적이 없습니다. 그동안 많은 유혹이 있었지만 단 한 명의 여자와도 잔적이 없습니다.

요새 교회를 다니는 크리스천들도 바람을 피우는 사람들이 있다는 얘기를 종종 듣습니다. 특히 영적 간음이 심각합니다. 서로 눈이 맞아서 영적으로 성관계를 하는 걸 말하고 이것이 발전하면 현실 세계에서도 간음하게 됩니다.

영적 간음도 죄라는 걸 아시기 바랍니다. 이런 영적 간음을 자주 하는 자는 영육 간에 쇠약해집니다. 하지 마시기를 바랍니다. 영적으로 더러워져서 성령이 떠나십니다.

잠언 5장에서는 "네 우물에서 물을 마시라"고 합니다. 당연한 말인데 왜 적어놨을까요? 여기서 우물은 젊어서부터 같이 사는 조강지처를 말하는 것입니다.

주님이 주신 자신의 샘을 귀히 여기시기 바랍니다. 그 샘이 자신의 복입니다. 샘이 바깥으로 흐르지 않도록 아내나 남편을 사랑하시기를 바랍니다.

대부분의 여자들은 호세아의 아내인 고멜 같은 여자가 아닌 이상 바람을 피우는 경우는 적습니다. 문제는 남자입니다. 눈으로 죄를 짓습니다. 이쁜 여자만 보면 고개가 그 여자에게로 갑니다.

음욕을 품고 여자를 보는 자마다 마음에 이미 간음한 것이라고 주님은 말씀하십니다. 이 마음이 우리의 영과 육을 병들게 하고 영적 간음과 육적인 간음을 하게 합니다.

영적인 간음은 그 사람의 영이 상대방의 영과 성행위를 하고 계속할수록 영적으로 타락을 합니다.

그래서 방언 기도를 했는데 성령이 역사하는 것이 아니라 악령이 역사를 해서 여러 사람들을 괴롭힙니다. 그러므로 자신이 영육 간에 피곤하다면 쉬는 것이 좋고 마음을 깨끗하게 하는 것이 좋습니다.

꼭 주님이 주신 자신의 샘을 지키시기를 바랍니다. 왜 샘의 물들이 다른 곳으로 가게 하십니까? 꼭 지키시고 그 샘을 사랑하십시오.

"네 샘으로 복되게 하라 네가 젊어서 취한 아내를 즐거워하라"
(잠언 5장 18절)

78

11월 23일

우리는 보통 직장에서 일이 늦어지거나 잘못되었을 때 다른 사람의 잘못으로 돌릴 때가 많습니다.

결혼 생활이 파탄이 났을 때 "이게 다 너 때문이야"란 말은 "It's all because of you"라고 말합니다.

우리가 살면서 겪어 온 모든 잘못들이 남의 탓일까요? 저는 그렇지 않다고 봅니다.

제가 미국에서 공부할 때 한 여학생이 있는 그룹에서 같이 공부하게 됐습니다. 그 여학생은 심장이 안 좋았습니다. 그러던 어느 날 그 여학생의 심장이 보이고 심장 안으로 뱀들이 들어와 있는 걸 보았습니다.

저는 그 여학생 근처는 가지 말자고 마음을 먹고 아는 척도 안 했고, 같이 공부하는 선배에게 제가 본 것을 말했는데, 결국 그 여학생의 귀에까지 들어가 그 이후 여학생들 사이에서 전 기피 대상이 되어 곤욕을 치른 적이 있습니다.

전 이 어려움이 그 여학생 탓으로 된 줄 알았습니다. 그 여학생은 2년 뒤 심장 수술을 잘 받고 지금까지 잘 지내고 있습니다.

저의 잘못으로 그런 의도는 아니었지만, 그 자매는 왕따를 당할 뻔했고 오히려 제가 여학생들 사이에서 왕따를 당했습니다.

저는 그 자매에게 정중히 사과했습니다. 그 자매가 건강하게 잘 살길 기도합니다.

대부분의 잘못은 자신의 어그러진 선입견에서 시작됩니다. 교회에서 가정에서 일터에서 있는 그대로 상대방과 대화하시고 사과할 것이 있다면 미안하다고 정중하게 사과를 진심으로 하시기를 바랍니다.

모든 오해와 잘못이 풀렸을 때, 주님이 우리의 길을 평탄하게 하십니다. 그럼 평안할 것입니다.

모든 잘못된 일들은 나로부터 시작됩니다. 먼저 나부터 잘 살피시기를 바랍니다. 그럴 때 꼬였던 일들이 풀리고 관계나 일들이 회복될 것입니다.

자기 말이나 태도를 살펴 주님이 원하시는 바른길로 가시고, 굽은 길로는 가시지 마십시오. 꼭 주님이 원하시는 길로 가십시오.

자! 우리의 마음부터 살폈으면 합니다. 우리의 어그러진 마음을 바로잡읍시다.

주님은 우리가 우리 자신을 정확히 알기 원하십니다. 우리는 하나님의 귀한 자녀입니다. 귀한 자녀라는 걸 잊지 마세요. 힘을 내세요. 화이팅!

"바른 길로 행하는 자는 걸음이 평안하려니와
굽은 길로 행하는 자는 드러나리라"

(잠언 10장 9절)

79

11월 27일

성경에 보면 '굳은 마음'이라는 단어가 나옵니다. 그럼 '굳은 마음'은 어떤 뜻일까요?

'굳은 마음'은 '돌 같은 마음'입니다 돌같이 단단하고 완고한 마음입니다. 주님의 말씀이 들어갈 수 없는 마음입니다.

주님의 말씀이 마음 안으로 들어가야 하는데 그냥 스쳐 지나갑니다. 이런 사람들을 주님이 가만히 보고만 계실까요?

주님은 새 영과 새 마음을 주시겠다고 하십니다. 새 영은 예수님을 증거하시는 성령이시고, 새 마음은 부드러운 마음입니다.

그럼 부드러운 마음은 어떤 마음일까요? 바로 하나님이 하나님인줄 아는 마음입니다.

우리 주위의 가족 친척 친구들이 주님을 믿지 않지만, 그들에게 주님은 부드러운 마음을 주어 자신의 백성으로 삼으시겠다고 하십니다.

지금은 성령이 역사하시는 시대입니다. 주님이 승천하시고 성령이 오셨고 지난 2천 년 동안 수많은 사람들의 마음 안에 성령이 들어가 주님의 일을 행하셨습니다.

성경의 '말씀이 믿어지고 기도를 하게 되고 찬송을 부르게 된다'는 것은 하나님을 아는 마음, 즉 '부드러운 마음이 됐다'는 뜻입니다.

진심으로 주님을 믿고 사랑하시기를 바랍니다. 그분의 '백성이 됐다'는 것은 그분의 '자녀가 됐다'는 것입니다.

주님은 자신이 우리 마음에 오셨을 때 마음의 문을 열도록 우리의 마음을 깨끗하게 하십니다. 즉 우리를 정결하게 하십니다.

이 깨끗하게 하는 물이 성령의 물입니다. 매일 성령의 물로 씻으시기를 바랍니다. 저는 이 성령의 물이 기도라고 생각합니다.

이 기도와 더불어 성령의 검인 말씀으로 무장한다면 영적 전쟁에서 반드시 이길 것입니다.

주님은 우리에게 새 영인 성령과 새 마음, 즉 하나님을 아는 마음을 주셨습니다. 우리는 주님의 자녀가 됐습니다.

영적 전쟁에서 이깁시다. 아니 대장 되신 주님 곁에 있읍시다. 승리는 보장된 것입니다. 자! 화이팅입니다. 화이팅!

"또 새 영을 너희 속에 두고 새 마음을 너희에게 주되
너희 육신에서 굳은 마음을 제거하고 부드러운 마음을 줄 것이며"
(에스겔 36장 26절)

80

11월 30일

　십자가라고 하면 무엇이 떠오르십니까? 주님의 고난과 죽음이 생각나십니까? 그럼 자기 십자가는 무슨 뜻일까요?
　이 말을 많은 사람들이 다음과 같이 생각합니다. 세상에서 우리가 어차피 겪어야 할 고난이라고.
　그러나 자기 십자가는 우리들 각자가 지고 가도록 부르심을 받은 개인들이 안고 살아가는 인생에 대한 주님의 뜻입니다.
　다시 말하면 우리들이 평생 가지고 살아야 하는 주님의 뜻입니다. 그럼, 우리를 향한 주님의 뜻은 힘들고 괴로운 것일까요?
　로마서 12장 2절에 보면 "우리를 향한 주님의 뜻은 선하고 기쁘고 온전한 것"입니다
　주님의 뜻은 강압적이지도 않고 협박도 없고 자연스럽고 너무도 그것을 선하게 하게 하십니다. 누군가가 영적으로 억압을 하며 협박을 통해 시키려고 한다면 주님의 뜻이 아닙니다.
　단호히 거절하십시오. 다시 말합니다. 주님의 뜻은 선하고 기쁘고 온전한 것입니다.
　자기 십자가는 짐이 아닙니다. 주님이 우릴 통해 하실 기쁜 일입니다.

저는 몸이 약간 불편하기에 장애인 사역이 내가 할 일인 줄 알았습니다. 그러나 어느 순간부터 짐으로 다가왔고 기쁘지 않았습니다. 저를 향한 주님의 뜻이 아니었습니다.

저는 글을 쓸 때 마음이 기쁘고 편안하고 안정됩니다. 저는 글 쓰는 것도 사역이고 저의 십자가입니다.

여러분들도 자기 십자가를 찾으시기를 바랍니다. 우리가 주님의 뜻을 따라 살아간다면, 주님 앞에서 자신의 십자가는 선하고 기쁘고 온전한 삶을 만들어 줄 겁니다.

꼭 자신에게 맞는 자기 십자가를 지시기 바랍니다. 너무나 무거운 십자가를 진 사람들이 많습니다. 이제 주님이 주시는 자기 십자가를 지십시오. 꼭 부탁합니다. 자기 십자가는 악하거나 슬프거나 비상식적이지 않습니다.

자신에게 맞는 자기 십자가를 지세요. 꼭 부탁합니다.

> "너희는 이 세대를 본받지 말고 오직 마음을 새롭게 함으로
> 변화를 받아 하나님의 선하시고 기뻐하시고 온전하신 뜻이
> 무엇인지 분별하도록 하라"
>
> (로마서 12장 2절)

81

12월 4일

　남자는 여자하기 나름입니다. 이것은 맞는 말인 것 같습니다. 남자가 아내나 여친의 말을 안 들어서 문제가 더 커지는 것을 자주 봅니다.
　영어로 '남자는 여자하기 나름입니다'란 말은 다음과 같습니다.
　'Behind every great man there is a great woman'
　이 뜻은 '위대한 남자 뒤에는 위대한 여자가 있다'란 말입니다.
　내조를 잘하는 여자가 있는 집은 평안합니다. 미국의 대통령인 바이든도 아내가 조용히 내조를 잘해 늦은 나이에도 불구하고 대통령이 된 것입니다.
　여자는 약한 것 같지만 강합니다. 아내로서 엄마로서 최선을 다합니다. 내조를 잘하는 여자를 만난 남자는 든든합니다.
　남자는 자신의 일만 신경을 쓰게 되고, 경제권을 아내가 가져도 잘 하니 안심이 됩니다.
　이런 아내를 성경에서 현숙한 여인이라고 말합니다. 아내는 주님이 만나게 해 주신다고 했습니다.
　현숙한 아내는 집안을 풍성하게 하고 일으킵니다. 잠언 31장을 보면 아내는 남편과 똑같이 일을 합니다.

즉, 일꾼들을 감독하고 토지를 사고팔며 번 돈을 투자하고 물건을 거래하여 이윤을 창출합니다. 그리고 가족들이 필요로 하는 것을 돌봅니다.

구약시대에도 아내의 내조가 많은 도움을 주듯이 지금도 아내의 내조는 중요합니다.

남편들이여! 아내를 믿고 맡겨보십시오. 지혜롭게 잘할 겁니다. 다시 말합니다.

남자는 여자하기 나름입니다.

"덕행 있는 여자가 많으나 그대는 모든 여자보다 뛰어나다 하느니라"
(잠언 31장 29절)

82

12월 7일

　이사야서 55장 9절을 보면 "하나님의 생각이 우리의 생각과 다름"을 말하고 있습니다.
　이처럼 하나님의 시간도 우리의 시간과 다릅니다. 하나님은 시간을 만드신 분으로 시간의 처음과 끝을 주관하시는 분이십니다.
　예를 들면 예수님의 재림의 시기에 관해 우리는 그 시기가 많이 더디다고 생각합니다.
　하지만 하나님은 기다리십니다. 하나님은 수많은 사람들이 회개 하기를 원하십니다.
　하나님의 타임 스케줄에 의하면 더딘 것이 아닙니다. 하나님은 한 명이라도 더 회개하여 당신 곁으로 더 오기를 원하십니다.
　하나님은 우리를 사랑하십니다. 그 사랑이 얼마나 큰지 우리의 생각으로는 측량할 수 없습니다.
　하나님의 기다림은 그분의 사랑이 얼마나 큰지 조금은 알게 하십니다. 하나님의 기다림의 시간은 우리에게서 회개를 바라시는 긍휼과 은총의 시간입니다.
　그러므로 재림과 관련하여 우리는 하나님의 시간이 더디다고 할 것이 아니라 자신을 살펴 회개의 시간을 가져야 합니다.

그리고 우리는 감사해야 합니다. 우리가 회개하여 구원에 이르도록 시간의 스케줄을 짜신 것에 대해서 말입니다.

하나님의 눈으로 보면 천년이 하루 같습니다. 우리는 하나님의 시간을 정확히 알 수가 없습니다.

그러나 우리가 확실히 알 수 있는 것은 하나님의 때에 약속한 대로 재림하신다는 것입니다.

재림은 반드시 옵니다. 하나님의 시간표에는 한 치의 오차도 없습니다. 시간을 창조하신 분은 다시 오십니다.

재림하실 때 우리 모두 기뻐하며 웃었으면 합니다. 주님은 반드시 다시 오십니다. 주 예수여 속히 오소서!

"하나님의 날이 임하기를 바라보고 간절히 사모하라
그 날에 하늘이 불에 타서 풀어지고 물질이 뜨거운 불에 녹아지려니와"
(베드로후서 3장 12절)

12월 11일

사이가 나쁜 것을 영어권에서는 '고양이와 개같은 사이'라고 말합니다 'They agree like cats and dogs'

진짜 사이가 나쁜 사이일 때 쓰는 말입니다. 우리는 이런 관계를 맺으면 안 됩니다.

그렇다고 해서 악인들과도 사이좋게 지내라는 건 아닙니다. 그들을 위해 기도해야 합니다. 그러나 대부분의 악인들은 죽을 때에도 주님을 안 믿고 후손들을 힘들게 합니다.

주님을 안 믿어도 착한 사람들이 있습니다. 그런 분들은 빨리 주님 곁으로 오게 해야 합니다. 여러 사람들을 전도 했지만, 지금도 기억에 남는 분이 있습니다.

보라매 공원으로 노방전도를 나갔는데 한 어르신이 홀로 벤치에 앉아 계셨는데 몇 달 전 할머니가 돌아가시고 가끔 공원으로 나오신다고 하시면서 "인생이 너무 허무하다고 죽고 싶다"고 하시더라고요. 저는 열심히 복음을 전했고, 그 어르신은 천국에 가고 싶다면서 주님을 영접했습니다.

그분은 정말 고맙다며 자신이 사는 신림동의 한 교회에 나가시겠다고 하셨습니다.

세상엔 악인들이 있지만, 대부분의 사람들은 우리가 다가가 주길 원합니다. 우리들이 친구가 되어 주길 바랍니다.

나이 차이를 떠나서 정말 좋은 친구는 눈만 봐도 무엇을 원하는지 알 수 있습니다. 특히 주 안에서 만난 친구는 귀합니다.

성경에서도 친구의 진심 어린 권고가 아름답다고 했습니다. 시기나 질투가 없는 진심에서 우러난 권고를 할 수 있는 친구가 한 사람이라도 있길 기도합니다.

진실된 권고를 할 수 있는 사이는 좋은 향기가 납니다. 이런 사이를 꼭 만드시기 바랍니다. 고양이와 개같은 사이가 아닌 좋은 향기가 나는 친구 사이를 만드시기를 바랍니다.

주님이 보내주신 진실한 친구는 참 귀합니다. 좋은 향기가 계속 날 수 있도록 힘을 냅시다. 우리는 주안에서 좋은 향기가 나는 친구입니다.

> "기름과 향이 사람의 마음을 즐겁게 하나니
> 친구의 충성된 권고가 이와같이 아름다우니라"
> (잠언 27장 9절)

₈₄
12월 14일

가지가 줄기로부터 힘을 얻듯이 우리는 주님 안에서 머물러 있어야 합니다.

주님이 내 안에 내가 주님 안에 있으면 무서운 것이 없습니다. 이것을 주님과의 연합이라고 합니다.

우리는 가지입니다. 주님은 나무입니다. 가지는 주님께 붙어 있어야 삽니다. 우리가 주님께 붙어 있으면 열매를 맺습니다. 그런데 잘 붙어 있어야 합니다.

세상의 근심, 걱정 그리고 욕심이 있다면 제대로 나무에 붙어 있을 수가 없습니다. 열매를 맺기가 어렵습니다. 그래서 마음을 비워야 합니다.

마음을 비워야 주님의 마음이 보입니다. 이럴 때 주님이 내 안에 내가 주님 안에 있게 됩니다. 진정한 연합이 된 것입니다.

우리는 가지이기 때문에 우리가 하고 싶은 대로 할 수가 없습니다. 열매를 맺게 하시는 분은 주님이십니다. 우리는 나무에 잘 붙어 있으면 됩니다.

그럴 때 자연스럽게 열매를 맺습니다. 우리의 근심, 걱정, 욕심이 나무에 잘 붙어있게 못합니다.

가지가 나무에 잘 붙어있지 못하면, 그 가지는 아무 쓸모가 없게 됩니다.

우리는 자신을 잘 살펴야 합니다. 나의 세상적인 바램들을 줄여야 합니다. 그래야 가지가 삽니다.

주님과 잘 연합이 되어 있다면 걱정하지 마십시오. 주님의 뜻이 내 뜻이 되어 열매가 맺어지게 됩니다.

주님이 내 안에 내가 주님 안에 있다면 주님의 뜻을 알게 되고 순종하게 됩니다.

순종이 곧 열매입니다. 주님 뜻대로 기도도 하게 되고 행동도 하게 됩니다. 진정한 연합이 되면 우리는 마음을 비우게 됩니다.

나무줄기로부터 오는 수액이 가지로 잘 전달되기 위해서는 마음을 비워야 합니다.

생명의 수액이 잘 흐를 때 주님이 내 안에, 내 안에 주님이 있게 되어 주님 뜻대로 기도하게 됩니다. 그럼, 기도의 열매가 주렁주렁 열리게 됩니다.

제발 부탁합니다. 마음을 비우세요. 그럼 빈 마음을 주님이 채우십니다. 열매는 내가 맺어야지 해서 생기는 것이 아닙니다.

주님이 내 안에 계시고 내가 주님 안에 있을 때 열매는 자연스럽게 맺어집니다. 우리 모두 마음을 비웁시다.

욕심을 낸다고 우리 뜻대로 됩니까? 더 안되는 걸 봅니다. 우리는 가지입니다. 이 사실을 잘 알고 있었으면 합니다.

우리는 가지요 주님은 나무라는 그 사실을 잊지 마십시오. 이 사실을 알 때부터 모든 것이 시작됩니다. 우리는 가지입니다. 나무가 아닙니다.

"나는 포도나무요 너희는 가지라 그가 내 안에 내가 그 안에 거하면 사람이 열매를 많이 맺나니 나를 떠나서는 너희가 아무 것도 할 수 없음이라"
(요한복음 15장 5절)

85

12월 18일

천국에서도 나이를 먹을까요? 결론부터 말하면 나이는 아무런 의미가 없습니다. 천국에서는 늙지 않습니다.

나이는 늙음과 죽음을 의미합니다. 그런데 천국에서는 늙음과 죽음이 없습니다.

우리는 나이가 들어 죽으면 우리의 육체는 썩어집니다. 그러나 주님이 다시 오시면 썩지 않는 새로운 몸을 입습니다.

이 세상에서 우리의 몸은 죄 때문에 죽게 되어 있습니다. 나이를 먹으면 늙고 병들며 약해집니다. 그리고 죽습니다.

그러나 주님의 재림 때 우리에게 전혀 새로운 신령한 몸을 주십니다.

성경에서는 이 얘기를 다음과 같이 말했습니다.

"썩을 것이 반드시 썩지 아니할 것을 입겠고, 이 죽을 것이 죽지 아니함을 입으리로다."

이 부활의 몸은 늙거나 지치거나 죽지 않는 몸입니다. 새 예루살렘에서 영원히 삽니다. 병들거나 아프거나 슬프거나 괴롭거나 걱정도 없습니다.

이렇기 때문에 천국을 소망하는 겁니다. 서로 형제님, 자매님이라고 부르며 찬송과 기쁨이 끊어지지 않고 계속될 것입니다.

지금 힘드십니까? 천국을 소망하세요. 그리고 부활의 새로운 몸을 입는다는 걸 믿으시기를 바랍니다.

다시 말하지만 천국에서는 나이를 먹지 않습니다. 우리의 몸은 쇠잔하여 죽지만, 다시 새로운 부활의 몸을 입습니다.

아픔과 고통이 없는 죽음도 없는 그날을 꼭 기억하시기를 바랍니다.

천국은 있습니다. 그리고 예수님의 재림도 반드시 있습니다. 우리에게는 새로운 몸을 덧입는 부활이 있습니다.

부활 신앙을 꼭 가지시기를 바랍니다. 예수님과 같이 천국을 다니는 모습을 품으시기 기도합니다.

주 예수여! 어서 오시옵소서!

"나팔 소리가 나매 죽은 자들이 썩지 아니할 것으로
다시 살아나고 우리도 변화되리라"
(고린도전서 15장 52절)

86

12월 21일

우리의 삶은 무의미한 것일까요? 우리가 의미가 없는 것에서 삶의 의미를 찾으려 한다면 그 삶은 무의미하게 될 것입니다.

전도서를 쓴 솔로몬은 지혜, 일, 쾌락, 명성, 재물, 권력 등 자신이 추구하려고 했던 것들에 대해 "헛되고 헛되다"라고 말합니다.

그렇지만 솔로몬은 그 "헛되고 헛됨이 해 아래서 이루어지고 있다"고 매번 강조했습니다. 그것은 곧 하나님을 떠난 삶을 의미합니다.

그렇다면 해 위에서의 삶은 어떠할까요? 솔로몬은 다음과 같이 말했습니다.

"일의 결국을 다 들었으니 하나님을 경외하고 그의 명령들을 지킬지어다 이것이 모든 사람의 본분이니라"

진정한 삶의 의미는 하나님을 경외하는 삶입니다. 경외는 높이 받드는 것입니다. 그 뜻에는 두려움도 포함되어 있습니다.

하나님은 회개하는 우리들에게는 한없는 사랑을 베푸시지만, 회개도 안하고 계속 하나님의 뜻을 어기면 정신을 차리라고 혼내십니다.

우리는 마음을 다해 깨끗한 마음으로 하나님을 믿고 섬겨야 합니다. 하나님은 창조주이십니다.

하나님은 우리의 모든 행위와 모든 은밀한 일을 선악 간에 심판하십니다. 해 위해 계시는 하나님과 더불어 살 때 삶의 의미가 있습니다.

우리 영혼의 빈자리를 채울 수 있는 분은 하나님이십니다. 다른 어떤 것으로도 우리의 공허함을 채울 수 없습니다. 인생의 참의미가 하나님께 있습니다.

하나님을 믿고 섬기세요. 그럼, 우리 주위에 같이 할 사람들을 보내주십니다. 우리의 삶은 허무하거나 공허하지 않습니다. 하나님은 빈자리 없이 꽉 채우십니다.

하나님을 제대로 믿으시기를 바랍니다. 그럼, 우리의 삶은 빈 곳이 없이 채워집니다. 우리의 삶은 헛되지 않습니다. 다시 말하지만, 우리의 인생은 헛되지 않습니다. 힘을 내세요.

"하나님은 모든 행위와 모든 은밀한 일을 선악 간에 심판하시리라"
(전도서 12장 14절)

<u>87</u>

12월 25일

일상의 생활이 지루하십니까? 아니면 너무 바쁘십니까? 성경에서는 일상의 먹고 마시는 것과 수고하여 낙을 누리는 것이 하나님의 선물이라고 말합니다.

우리의 일상생활은 하나님이 주신 것입니다. 그것도 값어치가 없는 것이 아니라 선물로 주신 것입니다.

우리 한번 생각해 봅시다. 선물을 아무한테 줍니까? 진짜 소중하고 사랑하고 존경하는 사람에게 주잖아요? 주님은 진정으로 우리를 아끼십니다.

우리의 일상은 주님이 우리를 너무 소중하고 사랑하시기에 주신 것입니다. 일상생활을 소중하게 생각하세요.

일상이 쳇바퀴 돌듯이 똑같다고 생각하지 마세요. 일상 가운데 주님이 일하십니다.

우리의 예상과 생각을 뛰어넘어 역사하십니다. 또는 잔잔하게 조금씩 우리의 마음을 변화시키십니다. 주님은 일상속에서 우리들을 움직이십니다.

시간이 흘러 가는대로 놔두지 마세요. 그 시간이 오기 전에 계획을 세우시기를 바랍니다. 이때에는 뭘 해야겠다고 마음을 먹으시기를 바랍니다.

그럼, 일상이 조금씩 다르다는 걸 아실 겁니다.

일상은 소중합니다. 지루하다거나 너무 바쁘게 쓰지 마세요. 쉬는 것도 잘 쉬어야 합니다. 그것이 지혜로운 자의 자세입니다. 그래서 일요일이 있는 것이 소중한 것입니다.

일상을 사랑하시기를 바랍니다. 그 생활 가운데 오는 즐거움은 우리를 미소 짓게 합니다. 화초에 물을 줄 때 미소 짓는 어머니의 모습이 생각 납니다. 설거지하며 찬송을 부르시던 모습이 선합니다.

일상이 모여 인생이 됩니다. 주님은 우리를 만들어 가십니다. 우리의 모난 부분을 둥글게 만드십니다. 우린 언젠간 죽습니다. 우리의 일상도 끝납니다. 그러나 우리가 가는 천국은 우리가 가지고 있는 시간이 아닌 주님의 시간대로 움직입니다. 일상이 없습니다.

이 땅에 사는 동안 일상이 있다는 건 소중합니다. 주님이 주신 하루를 잘 쓰시기를 바랍니다. 주님이 주신 선물, 값어치 있게 사용하세요. 일상이 모여 인생이 됩니다.

"사람마다 먹고 마시는 것과 수고함으로 낙을 누리는 그것이
하나님의 선물인 줄도 또한 알았도다"

(전도서 3장 13절)

88

12월 28일

성경에 보면 하나님이 지켜보시기 때문에 "함부로 말하지 말라"고 하십니다. 급한 마음에 말했다가 실수하기 때문입니다.

하나님은 창조주이십니다. 우리는 피조물입니다. 하나님은 우리의 마음, 즉 중심을 보십니다.

우리의 마음이 정리가 안 되어 있으면 중언부언합니다. 즉 앞뒤가 안 맞는 말을 하다 보니 말을 많이 하게 됩니다.

말을 많이 하면 실수를 합니다. 그래서 말을 적게 해야 합니다. 말이 많으면 우매한 자의 소리가 나타납니다.

말에 실수가 없다면 자기 몸도 제어할 수 있게 됩니다. 때와 장소에 맞는 말을 해야 합니다. 그것이 지혜로운 말입니다.

만약 말을 잘못 사용한다면 모든 것을 태우는 지옥 불과 같고 사람을 죽이는 독과 같습니다.

우리는 사람을 살리는 말을 해야 합니다. 격려하고 칭찬하고 사랑해 주는 말 한마디가 상대방을 살리고 본인도 삽니다.

성질이 난다고 욕하면 안 됩니다. 특히 혼자 있다고 상대방에 대해 욕을 마구 하는 건 더욱 안 됩니다.

이렇게 욕해놓고 찬양이 됩니까? 그 찬양이 온전히 주님께 드려지는 것이 될까요?

한 입에서 찬송과 저주가 나오는 것입니다. 샘의 한구멍에서 쓴 물과 단 물이 같이 나올 수 있을까요?

우리는 연약합니다. 하나님도 우리의 부족함을 알고 계십니다. 그래서 우리에게 말을 적게 하라고 하십니다.

우리의 샘에서 단물이 나와야 합니다. 쓴 물이 나오려고 할 때 하나님이 다 보시고 있다는 걸 아시기를 바랍니다.

우리의 마음 중심에서 쓴 물이 나오려고 할 때 5초만 더 기다리세요! 우리의 언어생활이 많이 달라질 겁니다.

오늘부터 말하기 전에 5초만 더 생각하십시오. 5초만!

"너는 하나님 앞에서 함부로 입을 열지 말며
급한 마음으로 말을 내지 말라
하나님은 하늘에 계시고 너는 땅에 있음이니라
그런즉 마땅히 말을 적게 할 것이라"
(전도서 5장 2절)

제3부
2024년 은혜의 날

"보혜사 곧 아버지께서 내 이름으로 보내실 성령
그가 너희에게 모든 것을 가르치고
내가 너희에게 말한 모든 것을 생각나게 하리라"
(요한복음 14장 26절)

01

1월 1일

하나님은 사람을 정직하게 지으셨지만, 인간은 하나님 앞에서 잔머리를 굴렸습니다. 사단의 꼬임에 걸려 죄를 지었지만, 인간은 하나님께 용서를 구하지 않았습니다.

오히려 죄에 대한 책임을 아담은 하와에게 하와는 뱀에게 돌렸습니다. 그 이후 인간은 하나님하고의 관계가 완전히 끊어졌습니다.

하나님은 그 이후 자신이 선택한 사람하고만 대화하셨습니다. 그러나 예수님이 죽고 승천하신 이후 하나님은 자신을 믿는 누구에게나 성령을 보내셨습니다. 우리는 성령의 시대에 살고 있습니다.

예수님을 믿는 누구나 성령을 받고 하나님과 말씀을 통해 대화할 수 있습니다.

우리는 주님을 닮아가야 합니다. 그러기 위해선 성경 말씀을 보고 기도를 해야 합니다. 이 세상엔 의인이 없다고 합니다. 그러나 성령을 받은 사람은 틀립니다.

예수님의 영인 성령이 하시는 말씀을 듣습니다. 전도서에 보면 지나치게 의인이 되지 말라고 했지만, 성령을 의지하면 의인이 될 수 있습니다. 성령이 우리 안에 계시기 때문에 가능합니다.

의인이 되어 가는 과정이 우리가 거룩해지는 과정입니다. 실수도 하고 심지어는 저주도 하지만, 우리는 성령에 이끌리어 의인이 될 수 있습니다.

지금이 성령께서 역사하시는 시기라는 것에 감사하십시오. 만약 성령이 없었다면 우리는 성경 말씀을 깨달을 수도 없고 예수님을 더 깊이 믿을 수도 없습니다.

예수님을 믿으세요. 성령을 받습니다. 성령을 받으면 우리의 가치관이 달라집니다. 우리의 삶이 새롭게 됩니다. 그리고 다른 사람들에게 예수님을 전하게 됩니다.

참 지혜는 주님을 믿고 순종하고 말씀을 전하는 데 있습니다. 많은 사람들이 성령의 인도함을 받기를 원합니다. 인도함을 받기 위해서는 성경을 봐야 합니다.

성경을 통해 지식과 믿음이 생기고, 주님의 뜻대로 사는 멋진 인생이 됩니다. 우리의 욕심이 없는 주님의 소망으로 가득 찬 삶이 되길 기도합니다.

> "보혜사 곧 아버지께서 내 이름으로 보내실 성령 그가 너희에게 모든 것을 가르치고 내가 너희에게 말한 모든 것을 생각나게 하리라"
>
> (요한복음 14장 26절)

02

1월 4일

여러분은 행복하십니까? 돈이 많으면 행복할까요? 좋은 집에 살면 행복할까요?

솔로몬은 하나님이 사람마다 주신 수고를 할 때 그 가운데 즐거움이 있다고 말합니다.

하나님은 사람들이 살면서 각자에게 주신 몫이 있다고 하십니다. 요새 우리들이 하는 말로 하면 사람들이 가진 직업이라고 보면 됩니다.

자신이 하는 일에서 즐거움을 찾아야 합니다. 아무리 하찮은 일이라 하더라도 악한 일이 아니라면 다 귀한 일입니다.

일을 통해 주님을 더 의지하시기를 바랍니다. 돈을 의지하는 것이 아닙니다. 우리는 알게 모르게 돈을 의지합니다. 그러다 보면 하나님보다는 돈을 더 믿게 되고 인생 자체가 돈에서 행복을 찾게 됩니다.

돈이 많다고 행복할까요? 로또에 1등으로 당첨된 사람 중 80%가 불행한 삶을 살고 있습니다.

저는 글을 쓰면서 행복합니다. 제 자신을 돌아보게 됩니다. 그리고 은혜를 서로 나눌 때 기쁩니다. 주님이 주신 행복입니다.

삶을 통해 하나님은 행복한 일거리들을 주십니다. 그 일거리들을 마쳤을 때의 성취감이 행복입니다. 작은 행복들이 모여 우리의 삶이 의미 있게 됩니다.

소소한 일상에서 행복을 찾아보세요. 저절로 미소가 지어질 겁니다. 아이들의 웃음소리, 식사할 때의 기쁨 등 일상의 모든 것들이 하나님이 주신 행복입니다.

천국을 가기 전 이 땅에서의 삶도 행복해야 합니다. 하루를 의미 있게 보내세요. 비록 백 년도 못 살지만 행복하게 사시기 바랍니다.

행복은 우리의 삶의 일상속에 있습니다. 멀리서 찾지 마세요. 지금 누군가는 당신을 위해 기도하고 있습니다. 그 사람을 사랑하는 것도 행복입니다. 행복은 항상 우리 곁에 있습니다. 행복하세요!

"그가 비록 천 년의 갑절을 산다 할지라도 행복을 보지 못하면
마침내 다 한 곳으로 돌아가는 것뿐이 아니냐"

(전도서 6장 6절)

03
1월 8일

    우리들은 미래를 과연 어느정도까지 예측할 수 있을까요? 아무리 과학이 발전해도 1년 후를 정확히 알 수는 없습니다.
    모든 미래는 주님만이 정확히 아십니다. 우리들은 예측만 할 뿐입니다. 우리들은 내일의 일도 정확히 알 수 없습니다.
    몇 년 전만 해도 윤석열 검찰총장이 대통령이 될 것이라고 정확히 맞춘 사람은 없습니다.
    우리의 인생은 장래 일을 헤아릴 수 없습니다. 하나님이 그렇게 하셨습니다. 왜 그렇게 하셨을까요?
    만약 사람들이 미래의 일들을 정확히 안다면 자신의 유리한 대로 바꿔서 혼란을 야기하기 때문입니다.
    어느 누가 이스라엘과 하마스 사이에 그것도 하마스의 선제공격으로 전쟁이 일어날 줄 누가 알았습니까? 예측을 잘하는 컴퓨터와 전문가가 있어도 예측하기 어렵습니다. 그런데 정확히 맞춘다는 건 더 어렵습니다. 아니 우린 몇 시간 뒤의 일도 알기 어렵습니다.
    주님은 형통한 날과 곤고한 날을 동일하게 주셔서 우리들이 장래의 일을 알 수 없도록 하셨습니다.

오직 하루하루를 살 때 주님만 의지하게 하셨습니다. 예측은 할 수 있지만 그건 예측일 뿐입니다.

미래의 일을 정확히 본다는 건 거짓말입니다. 어느 누구도 알 수 없습니다. 우리는 언제 죽어 천국에 갈 수 있을지 아는 사람이 없습니다. 오로지 주님만 아십니다.

우리들은 주님 앞에서 겸손해야 합니다. 우리가 미래에 대해 아무리 좋은 청사진을 제시한다고 해도 그건 예측일 뿐입니다.

하루를 주신 주님께 감사합시다. 그리고 하루를 주님께 맡기고 그분 곁에서 인생을 걸어갔으면 합니다.

하루를 소중하게 생각한다면 함부로 말이나 행동을 안 할 것이고, 불안해하지도 않을 것입니다.

먼 미래의 일은 하루가 모여 된 것입니다. 하루 동안 최선을 다합시다. 주님이 주신 하루 정말 소중합니다. 힘을 내세요. 화이팅!

"형통한 날에는 기뻐하고 곤고한 날에는 되돌아 보아라
이 두 가지를 하나님이 병행하게 하사
사람이 그의 장래 일을 능히 헤아려 알지 못하게 하셨느니라"

(전도서 7장 14절)

04

1월 11일

　무슨 일에든지 그 때와 그 일에 대해 판단을 합니다. 지금은 무엇을 해야 할 때인지 알아야 합니다.
　그리고 자신이 한 말이나 행동, 심지어 생각에 관해 판단을 잘 해야 합니다. 지금 무엇을 해야 하고 그에 대해 판단을 잘못하면 불행해집니다.
　저는 요새 주님이 저를 새로운 곳으로 인도하시고, 사람을 만나게 하시는 데 저의 마음이 편합니다. 오래전부터 내가 있어야 할 장소 같습니다.
　우리는 바람을 자신이 원하는 대로 움직이게 할 수도 없고, 죽는 날을 알 수도 없습니다. 우리들이 할 수 있는 건 생각보다 적습니다.
　우리는 창조주이신 하나님을 더 의지해야 합니다. 그분의 생각을 알 수는 없지만, 하나님은 성령님을 통해 자기 뜻을 알려 주십니다.
　우리가 할 수 있는 것은 하나님을 경외하는 것입니다. 경외가 영어로 말하면 'fear'입니다. 즉, 두려움 또는 무서움이란 뜻이 있습니다.
　악인들은 이 두려움을 모릅니다. 그래서 악한 마음을 품고 악을 행합니다. 하나님을 모르면 그저 동물처럼 살다 가는 것입니다.
　우리 안엔 성령이 계십니다. 그분이 우리의 삶을 인도하시고 잘못된 생각을 바로잡아 주십니다. 판단을 잘하도록 주관하십니다.

악인이 되지 마세요. 사람들의 선한 뜻을 곡해하지 마시기를 바랍니다. 우리가 하나님을 경외한다면, 주님의 뜻이 무엇인지 알 것입니다.

자! 우리는 주님을 믿기 때문에 의인이 됐고, 주의 자녀가 됐습니다. 다시는 악한 마음을 품지 마시기를 바랍니다. 그럼, 악인이 됩니다.

주님은 좋은 분이시고 사랑이 많으신 분이지만, 경외심을 항상 가지고 있어야 합니다. 우리 마음대로 할 수 있는 분이 아닙니다.

다시 한번 더 얘기하지만, 악인이 되지 마십시오.

"악인은 잘 되지 못하며 장수하지 못하고
그날이 그림자와 같으리니
이는 하나님을 경외하지 아니함이니라"
(전도서 8장 13절)

05
1월 15일

지혜가 있는 사람은 어떤 사람일까요? 세상의 모든 이치를 알고 남들에게 가르치는 사람일까요?

만약 지식을 가르치는 사람이라고 한다면 AI가 훨씬 낫습니다. 즉, 인공지능을 가진 로봇이 훨씬 잘 가르칠 겁니다.

성경에서 말하는 지혜자는 하나님을 경외하여 그분의 뜻에 순종하는 자를 말합니다. 세상의 이치를 모르고 가볍게 여기라는 뜻이 아닙니다.

하나님의 뜻과 말씀을 최고의 우선순위에 두라는 것입니다. 전 요사이 눈이 오고 길이 미끄러워 유튜브로 예배드립니다.

저는 예배를 중하게 여기기 때문에 유튜브로 예배를 드려도 단정한 옷으로 갈아입고 오로지 예배에 집중합니다.

예배를 통해 주님께 제가 얼마나 주님을 사랑하는지 보여 드리고 싶기 때문입니다.

하나님을 경외하고 순종하는 것은 AI는 못합니다. 오로지 인간만이 할 수 있습니다. 하나님에 대한 경외심을 가지고 있는 자가 진정한 지혜자입니다.

사도 바울은 "하나님을 제대로 아는 지식에서 자라가라"고 말했습니다. 이 지식이 세상의 이치를 깨닫는 기본이 되기 때문입니다.

하나님이 주시는 지혜를 가지고 교만하지 말고 겸손하게 쓸 때 많은 사람들에게 선한 영향력을 끼칠 것입니다.

비록 지혜자의 말소리가 작아도 많은 이들이 그 사람의 말을 들을 겁니다. 그 지혜자 안에는 하나님을 사랑하는 마음이 있기 때문입니다.

하나님을 경외할 때 온 마음을 다하시고, 다른 누군가를 사랑할 때도 온 마음을 다하세요. 그럼, 그 마음이 전달될 겁니다.

하나님은 우리를 사랑하십니다. 우리가 경외하고 사랑하는 것 이상으로 사랑하십니다. 결코 큰소리 치지 않으십니다. 고요한 것 같으나 권위가 있으십니다. 항상 우리가 잘 되길 바라십니다.

큰소리 치지 않아도 주님은 말씀하십니다. 지혜자의 작은 목소리에 힘이 있듯이 주님의 말씀도 우리의 마음을 울립니다.

성경을 볼 때 찬양을 부를 때 기도할 때 예배를 드릴 때 고요한 지혜자의 말처럼 주님은 말씀하십니다.

진정한 지혜자는 하나님 안에 있고, 하나님도 지혜자 안에 계십니다. 우리가 바로 이런 지혜자들입니다.

다들 고요한 지혜자가 되십시오. 큰소리치는 자들이 되지 마시기를 바랍니다.

"조용히 들리는 지혜자들의 말들이
우매한 자들을 다스리는 자의 호령보다 나으니라"
(전도서 9장 17절)

06

1월 18일

성경에서는 "하나님을 경외하지 않는 사람을 우매자"라고 합니다. 즉, 바보들입니다.

바보들은 때를 모릅니다. 여기서 '때'라는 것은 'time'과 시기, 즉 'season'을 말합니다.

성경에서 말하는 때는 농사를 지을 때, 죽을 때, 울 때, 웃을 때 등을 말하는 것도 있지만, 하나님이 각자 개인에게 주신 때, 시기가 있다는 것입니다.

각자에게 주신 때는 사람마다 다릅니다. 그때가 하나님이 나에게 주신 때구나를 우매자들은 모르고 지혜자는 안다는 것입니다.

지혜자는 '하나님이 지금 뭘 하라고 하시는구나'를 압니다. 왜냐하면 하나님을 경외하기 때문에 성령님의 인도하신다는 것을 압니다.

그러나 우매자들은 세상이 돌아가는 건 잘 알지만, 하나님의 때를 잘 모릅니다. 모든 일을 주관하시는 하나님을 경외하지 않기 때문입니다.

하나님을 경외한다면, 자기 뜻보다는 하나님의 뜻대로 움직입니다. 우매자들은 시간이 흐른 다음에 늦게 알거나 아예 모릅니다.

하나님을 경외하는 지혜자들은 자신들이 뭘 해야 하나님이 기뻐하시는

지 잘 압니다. 그래서 지혜자들은 지혜로운 것을 더 해 하나님의 축복을 받습니다.

하나님은 시작과 끝, 즉 알파와 오메가입니다. 모든 것을 알고 계십니다. 우리의 시작과 끝을 아십니다. 이런 분을 안 믿고 누구를 믿는다는 것입니까?

하나님을 경외하는 자는 하나님이 하라는 대로 가기 때문에 사람들의 눈에는 늦어 보여도 가장 좋은 때입니다.

하나님은 우리 자신을 제일 잘 알고 있습니다. 그렇기 때문에 가장 잘 맞는 배우자를 주셨고 주실 것입니다.

성령님은 지금도 말씀하십니다. 자기 뜻을 하나님의 때에 보여 주십니다. 우리 각자의 처지와 환경 등을 다 고려해서 보여 주십니다. 억지로 하시는 분이 아닙니다.

우매자들은 억지로 짜맞추려고 합니다. 그러다 실패하면 좌절하고 우울증에 걸립니다. 하나님을 경외하지 않기 때문입니다. 이런 사람들은 하나님의 뜻을 알려고 하지도 않습니다.

우리 모두 하나님을 경외하여 자기 뜻대로 기도하는 것이 아니라 하나님의 뜻대로 기도하고 움직입시다. 그럼, 우리 인생길도 한결 가벼울 겁니다.

아무쪼록 하나님을 경외하는 지혜자의 삶을 사세요. 그 인생이 절대 헛되지 않을 겁니다. 우매자가 되지 마세요. 힘내세요. 화이팅!

> "지혜자의 입의 말들은 은혜로우나 우매자의 입술들은 자기를 삼키나니 그의 입의 말들의 시작은 우매요 그의 입의 결말들은 심히 미친 것이니라"
> (전도서 10장 12~13절)

07

1월 22일

하나님은 모든 행위와 모든 은밀한 일을 선악 간에 심판하십니다. 우리는 하나님을 속일 수 없습니다. 우리의 모든 걸 다 아십니다.

우리가 무슨 생각을 하며 어떤 일을 하든지, 하나님의 손바닥 안입니다.

하나님은 우리의 마음을 아십니다. 그런데 사단도 우리의 마음을 알고 하나님을 떠나게 하려고 자기 졸개인 귀신들을 보내 우리의 정욕대로 살게 합니다.

성령의 도우심이 없다면 말씀대로 살 수 없습니다. 우리는 교회를 다녀도 오늘의 운세를 보거나 점을 보러 갑니다. 이런 행위는 하나님을 믿지 못해 귀신을 의지하는 것으로 하나님이 화를 내실 행위입니다.

하나님은 이 세상을 창조하시고, 우리를 태어나게 하신 분입니다. 전적으로 모든 마음을 다해 하나님만을 의지하십시오. 그 길만이 우리가 살길입니다. 다른 곳에 눈을 두시지 마십시오.

우리는 보통 우리가 자라면서 얻은 정보로 사람이나 사건을 판단합니다. 그 정보들이 다 틀린 것은 아니지만, 하나님이 주신 정보가 제일 정확합니다. 주님은 자신이 가지신 정보로 판단하시고 그 정보를 자녀에게 주십니다.

그 정보가 성경 말씀을 통해 더 선명해지고 풍성해집니다. 하나님이 주신 정보를 가진 자가 지혜로운 자입니다.

하나님이 주신 정보를 가진 자는 기도합니다. 더 정확히 잘 알기 위해 주님께 매달립니다. 그럼, 주님은 알려주시고 정보를 더 주십니다.

하나님의 정보를 알았던 자들이 성경엔 수두룩합니다. 그래서 성경을 보면 나 자신을 알고 남을 압니다. 이것이 지혜입니다.

선을 행하세요. 하나님은 선과 악을 아시고 심판하십니다. 우리의 모든 행위를 심지어 은밀한 일까지 다 아십니다.

이런 분이 우리를 사랑하셔서 우리를 구원하시려고 예수님을 보내셨습니다. 예수님을 제대로 믿으세요. 그럼 삽니다. 예수님을 제대로 꼭 믿으시기를 바랍니다.

"하나님은 모든 행위와 모든 은밀한 일을 선악 간에 심판하시리라"
(전도서 12장 14절)

08

1월 25일

어떤 사람이 지혜와 총명이 있다면 그것을 어떻게 알 수 있을까요?

성경에서는 "지혜의 온유함으로 선행을 통해 증명하라"고 나옵니다. 여기서 우린 온유함 없이 억지로 마지못해 선한 행위를 할 수도 있다는 것을 알 수 있습니다.

우리는 지혜의 온유함이라는 표현을 통해 지혜 속에는 온유함이 있다는 것을 알 수 있습니다. 지혜는 모질지가 않습니다. 모난 것이 없습니다. 부드럽고 둥글둥글합니다.

지혜는 독한 시기나 다툼이 없습니다. 그리고 거짓됨도 없습니다. 시기가 심하면 관계가 깨지고 상대방을 죽이고 싶어 합니다. 공동체가 독으로 가득 찹니다.

거기다 다툼도 일어납니다. 상대방이 자신보다 잘하는 것이 있으면 인정하고 칭찬을 해야 하는데 그것이 안돼서 다툼이 일어납니다. 그리고 거짓말까지 합니다.

이것은 지혜가 아닙니다. 세상, 즉 사단이 자주 쓰는 악입니다. 그런데 이런 악이 교회에도 있다는 것입니다. 시기와 다툼과 거짓말이 사라져야 하는데 초대교회에도 있었고, 지금도 있다는 것입니다.

그래서 주님이 주신 지혜가 있어야 합니다. 성경은 그 지혜의 향기를 다음과 같이 말합니다. "성결·화평·관용·양순·긍휼·선한 열매·편견과 거짓이 없는 것."

이 가운데서 관용은 사단과 귀신들이 역사하는 것을 뺀 것들을 수용하는 것입니다. 그리고 용서도 관용 안에 들어갑니다.

양순은 조용히 순종하는 것입니다. 억지로 하는 것이 아니라 기꺼이 순종하는 것입니다. 긍휼은 상대방을 불쌍히 여겨 도와주는 것입니다. 선행과 깊은 연관이 있습니다.

주님이 주신 지혜 가운데 몇 가지를 살펴 보았습니다. 이 지혜들은 전부 다 사랑이 들어 있습니다.

사랑에 어찌 거짓과 편견이 있을 수 있겠습니까? 사랑은 교회를 부흥시키고 가정을 살립니다. 화평은 사랑의 또 다른 표현입니다. 조화롭게 다같이 평화롭게 지내는 것, 진정 주님이 바라는 것입니다.

주님을 가까이하세요. 그래야 주님이 주신 지혜를 얻습니다. 하늘의 지혜를 꼭 얻으시기를 바랍니다. 다 주님은 반드시 지혜를 주십니다. 더러운 마음을 버리세요. 욕심을 버린다면, 지혜는 여러분 곁에 있습니다. 빈 마음이 되세요. 화이팅!

"하나님을 가까이하라 그리하면 너희를 가까이하시리라
죄인들아 손을 깨끗이 하라 두 마음을 품은 자들아 마음을 성결하게 하라"
(야고보서 4장 8절)

09

1월 29일

　여러분은 사람을 판단할 때 얼마 정도의 시간이 걸리십니까? 그 사람의 옷차림으로 또는 걸음걸이나 얼굴을 보고 판단하십니까?
　저는 과거에는 관상을 믿었습니다. 그 사람의 얼굴을 보면 거의 다 맞아떨어졌습니다. 그런데 예수를 믿고 어느 목사님을 만났는데 거지가 될 얼굴인데 오천 명의 성도가 다니는 교회를 담임하고 있었습니다.
　저의 판단이 틀렸던 것입니다. 그날 이후로 저는 관상을 믿지 않습니다. 우리는 여러 가지 정보를 취합해서 한 사람에 대해 결론을 내립니다. 요새는 직업이 무엇인지, 어떤 집에 사는지, 무슨 학교를 나왔나 등 여러 가지를 봅니다. 이런 일들이 잘못됐다는 것이 아닙니다.
　이런 일보다 우선적으로 봐야 할 것이 있습니다. 바로 신앙심입니다. 과연 예수님을 나의 구주로 믿고 있는가입니다.
　거지가 될 얼굴이 분명한데 목사가 그것도 담임목사가 됐다는 것은 바로 그분이 주님을 향한 신앙심이 그분의 운명을 바꿔놨다는 얘기입니다.
　주님은 자비를 가지고, 즉 은혜를 가지고 우리를 판단 하십니다. 우리에게 자유가 주어진 법을 주셨습니다. 모세 때의 엄격한 법이 아닌 자유의 법을 주신 것입니다. 그 자유의 법을 가지고 말하고 행동하라고 하십니다.

자유의 법은 모세 때의 법이 잘못됐다는 것이 아닙니다. 주님은 우리가 법에 묶여 판단 받고 판단하는 것을 싫어하십니다.

성령의 인도하신 대로 산다면 법에 얽매여 살 필요가 없어진 것입니다.

자비가 있는 판단은 자비가 풍성한 곳에서는 판단할 수가 없습니다. 즉 자비가 판단을 이깁니다.

제가 보기에 사랑이 풍성한 곳에서는 판단이 없습니다. 주안에서 하나입니다.

자비, 즉 사랑이 판단을 이기고 주의 사랑으로 함께 가게 하십시오.

성경에서는 'judgment'를 '심판'으로 번역했지만, 저는 판단으로 번역했고 'mercy'를 '긍휼'로 썼으나 저는 자비로 번역했습니다.

자비, 즉 주님의 사랑은 우리의 잣대를, 즉 판단을 이깁니다. 사람을 판단할 때 자비의 잣대를 사용하시기를 바랍니다.

지금 우리도 누군가에 의해 판단을 받고 있습니다. 사람을 함부로 판단하지 맙시다. 주님의 시각으로 사람들을 봤으면 합니다.

"너희는 자유의 율법대로 심판 받을 자처럼 말도 하고 행하기도 하라"
(야고보서 2장 12절)

10

2월 1일

누군가를 정말 사랑해 본 적이 있으십니까? 진짜 사랑하면 잘해주고 싶고 또 계속해서 보고 싶게 됩니다.

사랑할 때 이성적으로 '이 사람은 이래서 또는 저래서 사랑하는 거야. 지금부터 사랑할래'라고 해서 사랑이 시작됩니까? 그건 사랑이 아닙니다.

또 마음이 아프지만 상대방이 싫어하면 사랑을 그만해야 합니다. 상대방이 좋아하지 않는데도 일방적으로 좋아하면 스토커가 될 수 있습니다.

우리의 믿음은 어떤가요? '내가 지금부터 주님을 믿어야겠어. 난 오늘부터 예수님을 믿었으니까 의인이야'라고 각인시킵니까?

믿음도 사랑과 같습니다. 교회를 나가 예배를 계속 드리거나 성경을 읽다가 자신도 모르게 믿음이 생깁니다.

예수님에 대한 사랑이 내 안에 들어온 겁니다. 사랑하면 주님을 알기 위해 성경을 봅니다. 사랑하면 상대방에 대해 알고 싶듯이 성경 말씀을 계속 보게 됩니다.

그래서 주님에 대해 사랑이 커지면, 행동으로 그 사랑을 보여주고 싶어집니다. 주님에 대한 사랑이 커지는 것을 믿음이 자란다고 말합니다.

믿음은 애장용 트로피가 아닙니다. 진정한 믿음은 살아 움직입니다. 사랑을 보여주고 싶듯이 믿음도 보여주고 싶어집니다.

사랑도 행동으로 표현하고 싶어서 스킨쉽이 있듯이, 믿음도 행동으로 표현을 자연스럽게 하게 됩니다.

주님이 말씀한 대로 행하는데 기쁘고 가슴이 벅차오르고 꿈이 생깁니다. 그리고 그 꿈을 이루기 위해 움직입니다.

믿음은 기도나 찬양을 통해 표현되고, 남을 돕고 후원하고 선교사로 나가 주님에 대한 사랑을 나타냅니다.

믿음은 살아 활동하지 않으면 메말라 죽게 됩니다. 물처럼 흘러 내리지 않으면 썩게 됩니다. 행함이 없는 믿음은 죽은 믿음입니다.

서로 사랑하면 아름다워지듯이, 행함이 있는 믿음은 주님이 기뻐하시고 우리의 마음도 기뻐합니다. 주님에 대한 뜨거운 사랑을 꼭 가지시기를 바랍니다. 그럼, 주님도 그 사랑을 끊임없이 주십니다.

그 사랑을 보여주고 싶고, 경험시켜 드리고 싶습니다. 주님께 기도로, 찬양으로, 선행으로, 사랑을 표현해 보세요. 주님은 자신의 사랑을 주십니다.

행함이 있는 믿음을 꼭 가지시기를 바랍니다. 주안에서 은혜 가운데 사랑합니다.

"영혼 없는 몸이 죽은 것 같이 행함이 없는 믿음은 죽은 것이니라"
(야고보서 2장 26절)

11

2월 5일

우리는 살면서 말의 실수를 많이 합니다. 말을 어떻게 하느냐에 따라 인생이 달라집니다. 그럼 어떻게 해야 말의 실수를 줄일 수 있을까요?

성경에서는 "말에 재갈을 물리는 것처럼 길들이라"고 말합니다. 말에 실수가 없다면 온전한 사람이라고 적고 있습니다.

영어에서는 말하는 것에 진짜로 잘못이 없다면 '완벽하다', 즉 'perfect'하다고 합니다.

우리는 말을 잘 다스리고 길들여야 합니다. 그만큼 훈련해야 합니다. 우리는 말하고 나서 실수했다고 후회를 많이 합니다.

우리는 말할 때 죽고 싶다는 말을 자주 합니다. 이런 부정적인 말을 습관적으로 하다 보면 잘되던 일도 안 됩니다.

부정적인 말보단 긍정적인 말을 계속 하시기 바랍니다. '고맙습니다', '감사합니다', '힘내세요' 등 긍정적인 말을 하다보면 우리의 생각이 긍정적으로 되고 삶에 자신감이 들어옵니다.

진짜 말한 대로 됩니다. 말한 대로 행동합니다. 말이 우리의 생각을 변화시키고 생각이 우리의 말을 움직입니다.

말은 우리가 사는 삶의 수레바퀴를 움직입니다. 말은 우리의 가치관이 바뀔 때 변화됩니다. 저는 예수님을 믿게 된 이후부터 말할 때의 패턴이 가장 많이 바꿨습니다. 주님처럼 선한 말을 하게 된 것입니다. 무슨 문제가 생겼을 때 '난 할 수 있어'라며 자신감이 생깁니다.

이것은 대단한 변화입니다. 학교에서 배운다고 한 사람의 사고방식이 바뀝니까? 그런데 주님을 믿으면 사고방식이 달라집니다. 그것도 좋게 긍정적으로 바뀝니다.

우리의 말과 사고방식이 긍정적으로 바뀌는 것을 성령이 도와주십니다. 그래서 성령의 열매를 맺게 하십니다. 말의 실수도 줄여 주십니다.

저는 개인적으로 매일 일기를 씁니다. 하루를 정리하며 말할 때 실수는 없었는지 글로 적으면서 살펴봅니다.

우리의 삶은 주님이 이끄십니다. 말에 실수가 없도록 우리를 사랑하십니다. 그것이 신기합니다. 주님이 믿음의 말을 하게 하십니다.

감사의 말을 하세요. 격려의 말을 하세요. 기쁨의 찬양을 드리세요. 찬양도 말하는 것의 또 다른 표현입니다.

우리가 말하는 것도 성령께 맡깁시다. 그럼, 우리도 완전한 자가 될 수 있습니다. 우리가 말에 실수가 없다면 사람들은 우리가 믿는 주님이 어떤 분인지 궁금해할 것입니다.

힘을 내십시오. 우리는 완전한 자가 될 수 있습니다. 화이팅!

> "우리가 다 실수가 많으니 만일 말에 실수가 없는 자라면
> 곧 온전한 사람이라 능히 온 몸도 굴레 씌우리라"
> (야고보서 3장 2절)

12

2월 8일

우리는 과연 어떨 때 유혹을 받을까요? 멋있는 남자나 여자가 다가와서 말을 걸 때 어떠십니까? 같이 차를 한잔하자고 할 땐 대부분의 사람들은 마음이 흔들릴 것입니다.

우리는 욕심에 이끌리어 시험을 받습니다. 이런 유혹에서 오는 시험을 영어로 'trial'이라고 합니다. 성경에서는 '여러가지 시험들에 직면하거든 순전하게 기뻐하라'고 말합니다.

그 이유는 이런 'trials'들이 믿음의 'test'가 돼서 인내를 만들어 내기 때문입니다. 하나님은 인내를 통해 온전히 'test'를 통과하여 우리가 믿음 위해 우뚝 서기를 바라십니다.

우리가 여러 가지 'trials'를 받는 이유는 욕심 때문입니다. 욕심이 생기면 죄를 짓게 되고, 그 죄를 회개 안 하고 그냥 놔두면 우리는 죄 속에서 죽습니다.

영어 성경에서는 욕심을 'desire'로 쓰고 있습니다. 즉 욕망, 욕구, 정욕을 말하는 겁니다. 즉 육신의 정욕, 안목의 정욕 등을 들 수 있습니다.

이런 세상적인 욕심들은 우리가 마음에서 버리지 못하면 우리를 죽입니다. 우리가 가진 이런 악한 욕정을 어떻게 해야 버릴 수 있을까요?

바로 주님이 주시는 좋고 완전한 선물을 받으면 됩니다. 주님이 주시는 선물은 바로 각종 성령의 은사들과 성령의 열매입니다.

각종 은사와 열매 중에서 가장 큰 주님의 선물은 사랑입니다. 주님은 먼저 우리를 사랑하셨고, 지금도 사랑하시고 앞으로도 사랑하실 것입니다.

그 끝없는 사랑 때문에 유혹과 욕심을 버릴 수 있고, 주님을 사랑할 수 있는 겁니다. 세상의 화려한 모습에 속지 마십시오. 세상에 대한 욕심을 버릴 힘을 주셨습니다. 주님의 사랑이 우리 안에 있다면, 우리는 시험의 근원이 되는 욕심들을 버릴 수 있고 이미 버린 것입니다.

여러분들은 주님의 자녀입니다. 자녀답게 사십시오. 가슴을 펴고 자신감을 가지고 지내십시오. 다시는 세상에 속지 마십시오.

우리는 세상을 이겼습니다. 힘차게 앞으로 나아갑시다. 화이팅!

> "내 사랑하는 형제들아 속지 말라"
> (야고보서 1장 16절)

2월 15일

우리가 내일 무슨 일이 일어날지 정확히 안다면 얼마나 좋을까요? 우리는 내일 일들에 대해 자랑하지 말아야 합니다.

요새는 자신이 짠 스케줄에 따라 움직이는 사람들이 많습니다. 그런데 그다음 날 주님이 데려갈 수도 있습니다.

죽고 사는 걸 우리 뜻대로 할 수가 없습니다. 물론 자살이나 연명치료를 거부하고 죽기를 바라는 사람들도 있습니다. 저는 자살하거나 의사의 동의하에 죽는 것을 반대합니다.

우리는 주님이 주신 수명이 있습니다. 그것이 길수도 있고, 짧을 수도 있습니다. 우리에게는 '난 언제까지 살 거야' '난 언제 죽을 거야'란 결정권이 없습니다. 만약 자신이 결정한다면 그것은 교만한 것입니다.

자살한 사람들을 보면 그 괴로움을 이해 못 하는 것은 아니지만, 자기 스스로 자신의 생명을 결정하는 건 죄입니다.

주님은 우리에게 생명을 주셨고 사명, 즉 우리가 주님을 위해 살 이유를 주셨습니다. 그 사명이 끝날 때 천국으로 데려가십니다.

내일 무슨 일이 일어날지 모르기 때문에 교만해서는 안 됩니다. '내일 내가 위대한 일을 할 거야' 그러나 주님은 오늘 데려가십니다.

그래서 하루하루를 정성을 다해 겸손하게 살아야 합니다. 내일 무슨 일이 생길지 아무도 모릅니다. 오로지 주님만이 아십니다.

귀신의 힘을 빌려 내일의 일을 말하는 무당도 내일 무슨 일이 일어날지 모릅니다. 2001년 미국 뉴욕의 쌍둥이 빌딩이 테러에 의해 무너질 거라고 말한 사람은 없었습니다.

우리는 한 치 앞도 알지 못합니다. 누구를 만나고 사랑에 빠질지 알고 결혼한 사람은 없습니다. 우리가 내일 일을 안다면 인생길이 재미가 없을 것 같습니다.

주님을 의지해서 한 발짝 한 발짝 걷는 인생이 더 좋을 것 같습니다. 우리가 내일을 모르는 것이 얼마나 다행인지 모르겠습니다. 물론 계획을 세우지만 그 계획에도 여백은 있어야 합니다.

우리는 언제 천국에 갈지 모릅니다. 바로 내일 갈 수도 있습니다. 성경에서는 우리가 *"잠깐 보이다가 사라지는 안개와 같다"*고 말합니다.

주님이 보시기에 백 년도 못사는 우리가 아등바등 사는 모습을 보시면서 얼마나 안타까워하셨을까요?

인생을 주신 주님을 외면한 채 '내가 해 낸 인생이야. 내 인생은 내 거야'라고 허탄한 자랑을 해서는 안 됩니다. 인생은 주님이 주신 것이고, 주님이 가져가실 겁니다. 인생을 살아가는 동안 인생을 사랑했으면 좋겠습니다.

힘을 내세요. 주님이 인생길을 같이 걸어가고 계십니다. 그 길이 사랑이 넘치는 길이 되길 기도합니다.

> "내일 일을 너희가 알지 못하는도다 너희 생명이 무엇이냐
> 너희는 잠깐 보이다가 없어지는 안개니라"
> (야고보서 4장 14절)

14

2월 19일

　왜 세상엔 부자가 있고 가난한 자들이 있을까요? 부자는 주님의 축복을 받은 것일까요? 그리고 가난한 사람들은 주님께 버림을 받은 걸까요?

　우리는 거지 나사로와 부자의 얘기를 압니다. 거지 나사로는 죽어 천국에 갔고 부자는 지옥으로 떨어졌습니다.

　천국과 지옥은 경계선이 있습니다. 그래서 지옥에서 목이 타는 부자에게 물을 한 방울도 줄 수가 없었습니다.

　주님께서 직접 하신 이 내용을 보면 세상에서 부자라서 천국에 가는 것이 아니라는 걸 알 수 있습니다.

　그리고 가난하더라도 주님을 믿고 구주로 영접했다면, 천국에 갈 수 있습니다.

　돈의 많고 적음에 상관없이 주님을 믿고 구주로 영접했다면, 천국에 가는 것입니다.

　거지 나사로가 세상에서 얼마나 힘들었을까요? 부잣집에서 나오는 음식물 찌꺼기를 먹으며 살았을 것입니다.

　그리고 어느 날 주님의 말씀을 들었습니다. 그리고 주님을 자신의 구주로 영접했습니다.

거지 나사로처럼 비천한 자들도 주님을 구주로 영접하면 천국에서 높은 자리에 올라갑니다.

그러나 이 세상에서 부자고 사회적 지위가 높다고 해도 주님을 구주로 영접을 안 한다면 지옥으로 갑니다. 목이 타는데 물을 한 모금도 마실 수 없는 곳이 지옥입니다.

아무리 이 세상에서 떵떵거리며 살았어도 지옥으로 간다면 아무것도 아닙니다.

가난하고 힘들게 사는데 주님을 안 믿고 교회도 건성으로 다닌다면, 지옥으로 갈 수밖에 없습니다. 그것처럼 비참한 일은 없습니다.

어려움 가운데 믿는 자들을 낮은 자라고 번역했는데 이런 자들이야말로 천국에서는 높은 자리에 있을 것이라 말합니다.

그러나 주님을 안 믿는 부자들은 야생화처럼 사라집니다. 돈이 최고인 세상에서 주님을 최고의 위치에 두는 자들이 되어야 합니다.

가난하든 부자든 주님을 믿고 구주로 영접했다면, 우리는 주 안에서 하나가 될 수 있습니다. 주님을 믿는 가난한 자, 주님을 믿는 부자가 되길 바랍니다.

"낮은 형제는 자기의 높음을 자랑하고
부한 자는 자기의 낮아짐을 자랑할지니
이는 그가 풀의 꽃과 같이 지나감이라"
(야고보서 1장 9~10절)

15

2월 22일

신유 기도에 대해 다들 들어보신 적이 있으실 겁니다. 많은 은사 가운데 병고치는 은사가 있는 사람이 하는 기도입니다.

지금도 여의도의 OOO교회에서는 예배 기운데 신유 기도라는 순서가 따로 있습니다. 그런데 최근엔 병을 고쳤다는 사람이 거의 없습니다.

저는 어려서부터 신유 기도 집회를 많이 다녔습니다. 지금도 기억나는 건 초등학교 1~2학년 때 할머니의 손에 이끌리어 신유 집회에 가서 기도를 받았는데, 아무 일도 안 일어났다는 것입니다.

신학대학원에 들어가서는 동기 전도사님과 같이 기도원에 가서 기도를 받았는데, 아무 일이 없자 100일 동안 한 끼만 먹고 금식하라고 해서 코웃음만 짓고 집에 온 적이 있습니다.

신유 은시자들은 대부분 자신이 병을 고치는 줄 압니다. 주님이 고치시며 자신은 도구에 불과하다는 걸 모르나 봅니다. 이 사실만 알아도 훨씬 더 겸손할 텐데 말입니다.

성경에서는 "믿음의 기도가 병을 낫게 하고 서로 죄를 고백하며 병이 낫기를 위해 서로 기도하라"고 쓰여 있습니다.

믿음의 기도는 바로 주님을 의지해서 주님이 고쳐주시기를 바라는 기도입니다. 기도 외에는 병을 고칠 수 있는 법이 없습니다.

서로 기도해 주는 것도 서로 죄를 고백하며 회개 기도를 할 때 병이 낫습니다.

그리고 또 한 가지 교회의 장로들이 같이 병든 자를 찾아가서 상처 난 부위에 기름을 발라주고 기도를 하라는 것입니다.

이 성경의 내용을 보면 지금의 신유 은사자들이 하는 것과 아주 다릅니다. 실제로 신유 은사자가 적다는 얘기입니다. 그리고 진심으로 병 낫기를 위해 기도한다면 우리도 고칠 수 있다는 것입니다.

초대교회 당시에 몸에 기름을 발랐다는 얘기는 지금으로 치면 약을 썼다는 말입니다. 대부분의 신유 은사자라 칭하는 자들은 약을 먹지 말거나 수술도 하지 말라고 합니다. 주님을 전적으로 의지하는 믿음을 보여야 한다면서 주님을 의지하게 하는 것이 아니라, 자신을 의지하게 만듭니다.

성경 어디에도 약을 먹지 말라거나 수술을 받지 말라는 구절이 없습니다. 스님들 가운데도 병을 고치는 자들이 있습니다. 그들은 귀신들을 의지해서 고칩니다. 무당들이 하듯이 말입니다. 주님을 의지하십시오. 그 믿음을 갖고 기도하십시오.

신유 은사자가 따로 있는 것이 아닙니다. 서로 회개하며 병 낫기를 구하십시오. 교회가 있는 이유 중의 하나는, 주님을 진심으로 믿는 자들이 병을 고칠 수 있기 때문입니다. 주님이 주신 생명 주님이 살리십니다. 꼭 믿음의 기도를 하시기 바랍니다.

"믿음의 기도는 병든 자를 구원하리니 주께서 그를 일으키시리라
혹시 죄를 범하였을지라도 사하심을 받으리라"
(야고보서 5장 15절)

16

2월 26일

　남자들은 보통 결혼 전에 여자들에게 뭐든지 다 해줄 듯이 말합니다. 주님을 믿는 형제들도 마찬가지입니다. 자매들에게 온갖 말로 다 해줄 듯이 말합니다.
　형제들은 이러면 안 됩니다. 주님이 주신 비전과 소소한 일까지 함께 하겠다는, 진심이 담긴 약속을 해야 합니다.
　진심이 담긴 말 한마디가 소중한 시대가 됐습니다. 지금 누군가를 좋아하십니까? 마음을 담아 진심으로 다가가시기를 바랍니다.
　우리 마음이 매일 주님께로 가 있다면, 이미 경건한 것입니다. 경건은 항상 우리의 마음에서 시작됩니다. 성경을 보며 성령의 도우심으로 묵상해야 합니다. 말씀이 우리의 마음을 울립니다. 그중에 한 구절이 심령에 꽂히면 나에게 주신 한 말씀인 '레마'가 됩니다.
　'레마'로 하루를 시작한다면 주님의 말씀에 이끌리어 사는 삶이 될 것입니다. 우리는 우리의 의지대로 경건할 수 없습니다. 이리저리 요동치는 우리의 마음을 잡을 수 있는 분은 성령이십니다.
　성령이 가르쳐 주신 말씀을 가지고 살 때, 진정으로 경건하게 살 수 있습니다. 말씀을 읽을 때 '나에게 하시고 싶은 말씀은 무엇일까?'라며 삶에 적용을 해야 합니다.

하루를 이렇게 시작한다면 실수가 줄어듭니다. 특히 말할 때 신중하게 하게 됩니다. 이것이 경건입니다. 어떤 사람이 말하는걸 보면 그 사람의 마음을 알 수 있습니다.

그래서 경건과 말은 뗄라야 뗄수가 없습니다. 둘은 항상 같이 갑니다. 경건 생활을 할수록 우리의 마음은 새로워지고, 우리의 말도 달라집니다. 말을 하는걸 보면, 그 사람의 진심을 알 수 있습니다.

하루를 시작하면서 주님께 레마를 받읍시다. 그 레마의 말씀대로 삽시다. 그럴 때 우리의 경건도 참된 경건이 될 것입니다.

항상 말할 때 조심합시다. 우리의 마음이 드러나는 것이 말입니다. 진정한 경건은 말을 통해 나타납니다.

우리 모두 말에 고삐를 맵시다. 성령이 도우십니다. 우리의 마음을 속이지 맙시다. 우리 마음의 표현이 말입니다. 진심으로 말하는 우리가 되었으면 좋겠습니다.

"누구든지 스스로 경건하다 생각하며 자기 혀를 재갈 물리지 아니하고
자기 마음을 속이면 이 사람의 경건은 헛것이라"

(야고보서 1장 26절)

17
2월 29일

    이 세상엔 왜 차별이 존재할까요? 왜 자신보다 사회적으로 약자인 자들을 무시할까요? 차별은 역사적으로 뿌리가 깊습니다.

    문둥병인 한센병에 걸린 사람들은 모세가 있기 전부터 격리되어 생활하다 죽었습니다. 예수님만이 한센병에 걸린 사람들을 깨끗하게 고쳐 주셨습니다.

    지금은 약이 개발되어 거의 한센병이 없어지게 됐습니다. 흑인들도 영국과 미국에서 19세기에 해방이 됐지만, 미국에서는 그 이후 1960년대까지 버스를 타도 백인과 따로 앉아서 갔고, 학교도 흑인들만 따로 가는 학교가 있었고, 교회도 흑인과 백인이 따로 다녔습니다.

    마틴 루터 킹 목사는 '나는 꿈이 있다'는 연설에서 흑인과 백인 아이들이 뒤섞여 노는 꿈을 말했습니다. 그 연설이 있고 40년이 좀 지난 다음에 기적 같은 일이 일어납니다. 흑인 대통령이 나옵니다. 오바마 대통령이 탄생한 겁니다.

    장애인에 대한 차별도 서서히 줄어들고 있지만, 교회는 장애인에 대해 벽이 높습니다. 특히 장애인 목회자들은 장애인 사역만 하도록 분위기가 형성되어 있습니다. 장애인들은 사회생활을 해본 경험이 적으니, 인간관계를 잘 못하니 말하지말고 듣기만 하라고 합니다.

이것도 고정관념입니다. 유튜브나 인터넷을 통해 관계를 잘 맺고 있는 장애인들이 많습니다.

차별을 없애기 위해선 고정관념을 깨야 합니다. 저번에 영어로 말했듯이 'Let's break the mold' 해야 합니다.

우리부터 고정관념을 깹시다. 나부터 시작합시다. 마틴 루터 킹 목사에게도 꿈이 있듯이 저에게도 있습니다. 장애인 목회자들이 교회에서 차별 받지 않고 자유롭게 사역하는 그날을 꿈꿔 봅니다.

"만일 너희가 사람을 차별하여 대하면 죄를 짓는 것이니
율법이 너희를 범법자로 정죄하리라"
(야고보서 2장 9절)

18

3월 4일

우리는 왜 기도할까요? 가장 큰 이유 중의 하나는 응답받기 위해서입니다. 그런데 우리가 기도할 때 조심해야 하는 것은 우리의 욕심에 이끌리어 기도할 때입니다.

마음을 비우고 기도할 때, 우리를 향하신 주님의 뜻을 알 수 있게 됩니다. 나중엔 '당신의 뜻대로 행하소서'란 말이 나옵니다.

저는 주님을 영접하고 초창기 때는 거창하고 큰일들, 나의 힘으로는 불가능한 일만 기도했습니다. 그러나 지금은 사소한 일까지도 주님께 물어봅니다. '주님 어디를 가게 되는데 무사히 잘 가게해 주시고 운전하는 기사분과 함께하여 주세요.'

우리는 기도한 후에는 염려하지 말아야 합니다. 염려하면 그 일은 나의 일이 됩니다. 그러나 기도하면 그 일은 주님의 일이 됩니다.

우리는 모든 일에 기도와 간구로 감사함을 느끼고 기도해야 합니다. 어떤 일은 기도를 안하고 어떤 일은 기도하는 것이 아니라, 모든 일이 주님의 일이 되도록 기도해야 합니다.

그런 기도를 할 때 주님의 평강이 임합니다. 성령이 기도할 때 우리와 함께하신다는 증거가 평강입니다. 이 세상이 줄 수 없는 안정감입니다. 기도할 때의 큰 축복이죠.

처음에는 이런 내용으로 기도했는데 하루 이틀 시간이 지나면서 기도의 내용이 바뀝니다. 이것이 주님의 뜻대로 기도하는 것입니다. 성령의 인도하심입니다. 이럴 때 두 마음을 품지 않게 됩니다.

두 마음을 품게 되면 기도가 안 됩니다. 성령의 인도하심대로 한마음을 품고 기도해야 합니다. 두마음을 품었다는 건 믿음으로 구하지 못하고 의심을 했다는 것입니다.

의심은 우리의 마음이 요동치는 걸 말합니다. 이랬다저랬다 하는 겁니다. 이럴 땐 성령의 도우심을 구하시고, 마음을 비우시기 바랍니다. 그럼 두마음, 즉 의심은 사라질 겁니다.

처음엔 우리의 욕심대로 구하지만, 계속 기도하세요. 기도의 내용이 바뀌고 주님의 뜻이 어디에 있는지 알게 됩니다. 기도는 꾸준히 계속하는 것이 중요합니다.

다시 말하지만, 꾸준히 계속하면 기도는 우리를 살립니다. 그것이 기도가 우리의 호흡이라서 그런가 봅니다. 기도하면 삽니다. 그리고 주님이 어떻게 일하는지 꼭 보시기 바랍니다. 기도를 통해 주님의 살아계심을 경험하십시오.

> "오직 믿음으로 구하고 조금도 의심하지 말라
> 의심하는 자는 마치 바람에 밀려 요동하는 바다 물결 같으니
> 이런 사람은 무엇이든지 주께 얻기를 생각하지 말라"
> (야고보서 1장 6~7절)

19

3월 7일

혹시 누군가를 저주하신 적이 있으십니까? 우리는 한입으로 찬송도 하고 저주도 합니다.

다윗왕은 시편 109편에서 "저주하기를 좋아하는 자들은 오히려 자신들이 한 저주가 본인들에게 임하고 축복하기를 기뻐하지 않았더니 복이 멀리 떠났다"고 적고 있습니다.

제겐 저와 우리 가족들에게 깊은 상처를 준 목사가 있습니다. 저에게 목사 안수를 받게 한 후 2억 원을 요구했던 자입니다. 제 아버지는 그 돈을 주지 않았습니다.

저는 사례비를 한 푼도 받지 못하고 교회를 나와야 했습니다. 그는 지금 대안학교를 지어 놓고 오히려 그전보다 잘 지내는 것 같습니다.

저는 다행히 미국으로 유학을 가면서 미주 노회로 적을 옮겼고, 한국으로 와서는 그 사람과 다른 노회로 옮겼습니다. 저는 지금도 화가 납니다. '목사가 돼서 뭘 그렇게 돈을 좋아할까? 담임목사가 돼서 사례비는 한 푼도 안 주고 자신의 배만 불리려고 했을까?' 그때 당시 새벽기도회와 금요기도회를 맡아 하면서 진짜 열심히 했습니다.

그 교회 성도들은 왜 제가 갑자기 그만두었는지 모를 겁니다. 저는 그 때의 상처가 지금도 남아 있습니다. 저주도 참 많이 했습니다.

주님은 모든 걸 다 알고 계십니다. 주님이 보호하셔서 지금의 내가 있는 것입니다. 저는 그 사람이 만든 목사직을 내려놓으려고 했습니다. 그러나 '그래 그 사람을 통해 주님이 주신 것이지'라고 생각을 정리했습니다.

저는 그 사람을 저주는 안 합니다. 그 사람이 진정으로 회개하기를 바랍니다. 자기 잘못을 깨닫게 되길 기도합니다.

이 일을 통해 저의 아버지와 막냇동생은 교회를 안 다닙니다. 목사의 추한 모습을 봤기 때문입니다. 다시는 이런 일이 생기지 않기를 바라고 있습니다.

저는 다윗왕이 저주의 시를 쓴 것이 십분 이해가 갑니다. 저는 그 사람이 불쌍합니다. 학교를 만들어 놓고 학부모들한테서 얼마의 돈을 뜯어낼까요? 주님은 다 보고 계신데 말입니다. 저는 저주는 안 합니다. 다시는 저와 같은 일을 겪는 사람들이 없길 바랍니다.

> "한 입에서 찬송과 저주가 나오는도다
> 내 형제들아 이것이 마땅하지 아니하니라"
> (야고보서 3장 10절)

3월 11일

마귀는 타락한 하늘 천사들 우두머리로 귀신들의 왕으로 사탄이라고도 합니다.

타락한 천사들인 귀신들을 지휘하며 하나님을 대적합니다. 솔직히 귀신 들린 사람을 대하면 무섭기도 합니다.

귀신들린 사람에게서 귀신을 내쫓는 것을 축사라고 합니다. 이 일을 전문적으로 하는 사람들도 있습니다.

축사하는 사람들은 병이 나서 장애인이 되면 귀신들이 들어 있는 줄 압니다. 물론 병들린 사람이 주님을 안 믿고 대적한다면 축사를 해야 합니다.

그러나 주님을 믿고 신앙생활을 한다면 그 사람의 병은 축사를 할 것이 아니라 병이 낫기를 위해 기도 해야 합니다.

어떤 이단들은 예수님을 믿는 사람들 안에 귀신들이 숨어 있다면서 귀신도 조상 귀신, 총각 귀신, 처녀 귀신 등이 있어서 구천을 떠돌아 다닌다고 합니다.

그러나 귀신은 죽은 자들의 영이 아닙니다. 귀신은 사탄과 같이 하나님을 대적해서 나온 타락한 천사들입니다. 구천을 떠도는 죽은 영혼은 없습니다.

인간들이 죽으면 천국 아니면 지옥으로 갑니다. 구천을 떠도는 죽은 영혼은 없습니다. 저도 축사의 당사자가 된 적이 있습니다. "주님을 믿고 신앙생활을 하고 있는데 왜 하느냐"라고 했더니 "한 번만 해보자" 해서 한 적이 있습니다.

결과는 귀신들의 역사는 아니었습니다. 주님을 사랑하고 말씀 보기를 좋아한다면 귀신들은 왔다가도 도망갑니다. 전설의 고향에 나오는 것처럼 한이 맺혀 구천을 떠도는 사람들의 영혼은 없습니다. 귀신들이 하는 속임수입니다. 주님의 뜻대로 살면 사탄은 우리를 넘어뜨릴 귀신들을 보내지도 않을 것이고, 사탄을 대적한다면 우리를 피할 것입니다.

사탄은 주님을 믿는 자들이 주님을 안 믿고 세상적으로 대충 사는 걸 좋아합니다. 이런 사람들은 건드리지도 않습니다. 오히려 주님을 잘 믿는 사람들을 유혹합니다. 이럴 때 사탄을 대적하시기를 바랍니다. "주께서 말씀하시길 서로 내 몸같이 서로 사랑하라고 하셨어. 미워하는 건 '사탄아! 네가 해!' 등 '마귀야! 너나 해. 나는 주님의 자녀야.'" 그럼, 마귀는 떠나갑니다.

다시 말하지만, 사탄과 귀신들은 존재합니다. 그러나 성령은 하나님으로 우리 안에 거하십니다.

사탄은 우리를 건드릴 수 없습니다. 미혹은 할 수 있지만, 말씀으로 이길 수 있습니다. 영적 전쟁에서 우린 이미 이긴 것입니다.

힘을 내시고 영적으로 깨어 있으시기를 바랍니다. 마귀를 대적하십시오. 그럼 떠날 것입니다. 그럼, 그 후에는 우리의 마음이 평온할 겁니다. 우리 모두 승리합시다. 화이팅!

"그런즉 너희는 하나님께 복종할지어다
마귀를 대적하라 그리하면 너희를 피하리라"
(야고보서 4장 7절)

21

3월 14일

제가 신학대학원에 다닐 때 저의 교단의 이사도 하고 중대형 교회의 담임목사로 어느 정도 이름이 알려진 목사가 있었습니다.

그런데 자신의 교회 여자 성도와 모텔에서 부적절한 관계를 맺는 것을 사모와 처남에게 들키게 됐고, 결국 에어컨 실외기가 있는 곳에 피해 있다가 팬티 바람으로 떨어져 죽고 말았습니다.

그때 목사의 나이는 60대 초반이고 상대 여자 성도의 나이는 30대 후반이었습니다. 목사의 죽음은 그야말로 개죽음이었습니다.

그 목사가 목회하던 교회는 새 담임목사를 데려왔지만, 교인 수가 계속 줄고 지금은 교회를 팔고 교인들은 뿔뿔이 흩어졌습니다.

왜 이 목사는 성적인 유혹을 이겨내지 못했을까요? 바로 욕심이 있었기 때문입니다. 교회가 어느 정도 커지고 안정되어 가니까 이쁘고 젊은 여자 성도가 눈에 들어왔던 겁니다.

이 목사는 여자 성도를 여러 번 만나 자주 부적절한 관계를 맺었다고 합니다. 죄가 여러 번 쌓이니 죄는 커지고 결국 죽었습니다.

성경 말씀대로 "욕심이 죄를 낳고 죄가 장성한즉 사망을 낳게 된 것"입니다. 목회자들은 성적인 유혹을 특히 조심해야 합니다. 아내 외에는 다른 여자들을 돌같이 봐야 합니다.

여러 가지 유혹들이 있지만, 담임목사나 장로들은 여자나 돈의 유혹에 특히 조심해야 합니다. 돈만 좀 있으면 언제든 부적절한 관계를 맺을 수 있습니다.

요새는 돈만 있으면 뭐든지 다 할 수 있는 세상입니다. 이삼십 대 청년들에게 1년간 감옥에 있으면 10억을 주겠다고 했더니 80%가 감옥에 가겠다고 했다고 합니다. 물질만능주의의 시대에 크리스천들은 세상의 유혹, 특히 성과 돈의 유혹을 어떻게 이겨낼까요?

우리 안에서 욕심이 생길 때마다 빈 마음이 되어야 합니다. 즉 자족하는 마음을 가져야 합니다. 사탄이 주는 유혹을 피하고 주님의 시각에서 자신을 봐야 합니다. 자신을 정확히 본다면 성과 돈에서 자유로울 수 있습니다. 욕심은 모든 유혹의 시작점입니다.

주님께 마음을 맡기지 못한다면, 인간의 욕심은 끝이 없습니다. 욕심에서 자유로워 지십시오.

모든 소원은 욕심이 없을 때 이루어집니다. 꼭 빈 마음을 가지시기 기도합니다. 욕심이 없는 주님의 뜻대로 사는 삶이 되길 바랍니다. 빈 마음은 소중하고 우리를 살립니다. 꼭 빈 마음을 가지세요.

> "오직 각 사람이 시험을 받는 것은 자기 욕심에 끌려 미혹됨이니
> 욕심이 잉태한즉 죄를 낳고 죄가 장성한즉 사망을 낳느니라"
> (야고보서 1장 14~15절)

22

3월 18일

　세상과 친하면 주님과 멀어집니다. 초대교회 당시에도 간음을 한 사람들이 꽤 있었던 것 같습니다. 우리 한글 성경에서는 간음한 여인들이라고 나오지만, 영어 성경에서는 간음한 사람들이라고 나옵니다.

　지금도 이혼을 한 이유 중 1위가 배우자의 외도입니다. 성적인 유혹은 매우 강합니다. 삼손은 그 유혹을 이겨내지 못했지만, 요셉은 이겨냈습니다. 이 차이는 어디에서 비롯될까요?

　이 차이는 자신이 얼마큼 주님과 친하느냐에 달려 있습니다. 자기 뜻대로 행하는 것이 아니라 주님의 뜻에 순종하느냐에 달려있습니다. 그만큼 말씀을 통해 주님을 만나야 합니다. 그리고 매 순간 기도를 해야 합니다.

　이런 주님과의 만남을 통해 주님이 뭘 원하시는지 알 수 있습니다. 성경적으로 옳은 것이면 마땅히 해야 합니다. 하지만 이거 하라 저거 하라 말해도 성경적으로 옳은 것이 아니면 하지 말아야 합니다.

　자꾸 세상과 벗이 되면 삼손처럼 나중엔 주님이 하지 말라고 신호를 보내도 무시합니다.

　자기 마음에 좋은 대로 하게 됩니다. 삼손은 나중에 두 눈이 뽑히고 주님이 주신 괴력의 힘도 없어집니다. 자기 뜻대로 살면 결국 주님은 떠나십니다.

그러나 주님을 희미하게라도 붙들고 있는 사람 곁은 떠나지 않으십니다. 어떤 어려움이 와도 주님을 붙드시기를 바랍니다. 주님을 마음에서 떠난 자는 끝이 좋지 못합니다. 그러나 끝까지 주님 곁에 있는자는 끝이 좋습니다.

성경에서는 "누구든지 세상과 벗이 되고자 하는 자는 스스로 하나님과 원수가 되는 것"이라고 했습니다. 여기서 스스로라는 뜻은 자신이 스스로 선택했다는 의미입니다.

지금까지 스스로 하나님과 원수가 돼서 잘 된 사람을 보셨습니까? 저는 보지를 못했습니다. 간음한 사람들은 주님을 경외하지 않습니다.

혹, 지금 주님 보시기에 죄를 짓고 있다면, 그 죄를 끊으시기를 바랍니다. 처음엔 양심에 찔리지만, 자꾸 하면 스스로 주님과 원수가 됩니다.

요새는 통계적으로 안 잡혀서 그렇지 간음을 하는 사람들이 많습니다. 이럴수록 주님과 가까워져야 합니다. 멀어지면 안 됩니다.

세상과 벗이 되지 마십시오. 주님과 벗이 되십시오. 주님이 항상 지켜주십니다. 주님과 벗이 되는 인생을 살 때 승리한 삶이 됩니다.

다시 힘을 냅시다. 주님과 함께 할 때 우리의 인생을 책임져 주십니다. 우리 모두 화이팅!

"간음한 여인들아 세상과 벗된 것이 하나님과 원수 됨을 알지 못하느냐
그런즉 누구든지 세상과 벗이 되고자 하는 자는
스스로 하나님과 원수 되는 것이니라"
(야고보서 4장 4절)

23
3월 21일

   엘리야는 어떤 사람일까요? 그는 예수님 다음으로 많은 이적을 행한 하나님의 사람입니다.
   그는 죽지 않고 불병거를 타고 하나님 곁으로 갔습니다. 그 모습을 제자인 엘리사가 봤습니다. 엘리야는 성경에 써 있는대로 3년 반 동안 비가 오지 않도록 간절히 기도했습니다.
   그리고 다시 기도하니 비가 왔습니다. 그것도 3년 반 동안의 가뭄의 고통을 없앨 정도의 양이었습니다.
   어떻게 이런 일이 일어나죠? 예수님의 동생으로 초대교회의 리더인 야고보는 기도 때문이라고 말합니다.
   우리도 기도하면 엘리야와 같은 기도의 용사가 될 수 있을까요? 결론을 말하자면 '될 수 있다'입니다.
   엘리야 곁에는 항상 성령이 계셔서 말씀하시고 까마귀를 통해 떡과 고기를 가져오게 하사 엘리야를 먹이셨습니다.
   우리 안에도 엘리야처럼 성령이 계십니다. 엘리야는 성령을 통해 자신이 "비야 오라"고 기도 안 하면 가뭄이 끝나지 않을 것임을 알고 있었습니다.
   우리도 엘리야처럼 할 수 있습니다. 단 성령이 허락하시고 기꺼이 하기를 원하실 때입니다.

우리는 기도하다 보면 이 기도는 정말 성령이 원하시는구나. 이 기도는 장기전으로 매일 기도해야겠구나' 등 성령이 가르쳐 주십니다.

기도할 때 성령과 같이 기도해야 합니다. 진짜 가슴에서 우러나는 기도를 해야 합니다. 목소리로 하는 기도가 아닌 성령께서 하시는 기도는 틀립니다.

자신 안에 계신 성령과 같이 기도한 것은, 반드시 기도한 대로 응답됩니다. 욕심이 없고 정욕대로 구하지 않은 것은 응답됩니다.

엘리야가 했던 기도가 이런 기도입니다. 지금 우리 안에 성령이 계십니다. 성령께 여쭤보십시오. 반드시 우리의 기도를 도우시고 성령 안에서 이끄십니다. 다시 말하지만, 우리도 성령이 이끄시는 대로 엘리야처럼 기도할 수 있습니다. 다들 엘리야의 기도를 하길 원합니다. 성령이 도와주십니다.

믿음의 기도는 엘리야처럼 성령 안에서 하는 기도입니다. 말할 수 없는 탄식으로 기도하시는 기도, 그 기도가 엘리야가 했던 기도입니다. 우리 모두 엘리야의 마음이 되길 기도합니다.

오늘부터 성령 안에서 기도합시다. 그분의 탄식 소리를 들읍시다. 5분만 더 기도합시다. 한 영혼을 사랑하는 애타는 심정, 이 마음을 가집시다. 엘리야처럼.

> "엘리야는 우리와 성정이 같은 사람이로되 그가 비가 오지 않기를 간절히 기도한즉 삼 년 육 개월 동안 땅에 비가 오지 아니하고 다시 기도하니 하늘이 비를 주고 땅이 열매를 맺었느니라"
>
> (야고보서 5장 17~18절)

24

3월 25일

우리가 인생길을 가다 보면 참아야 할 때가 많습니다. 저의 외할아버지는 한국전쟁 때 동생과 같이 부산으로 내려가다가 군인들에게 북한군으로 오인되어 거제도 수용소로 가게 되었다고 합니다.

그곳에서 하루에 한 명씩 수용소 안에서 진짜 북한군 포로들에 의해 북한을 싫어하는 반공포로들이 죽어가는 걸 봤다고 합니다. 외할아버지의 동생도 그곳에서 죽었습니다.

외할아버지는 그곳에서 참고 또 참았다고 합니다. 공산당들이 얼마나 잔인한지 뼈저리게 알게 되었다고 하신 말씀이 지금도 생생합니다.

외할아버지는 그때 인내를 배우셨다고 합니다. 저에게도 참아도 세 번 이상 참으라고 하셨습니다.

성경에도 인내를 온전히 이루라고 말씀하십니다. 우리가 부족해도 무슨 일을 끝마치기 위해서는 인내가 꼭 필요한 것입니다.

그 인내가 우리를 성숙하고 온전하게 만듭니다. 우리가 주님을 닮아가는데 인내는 꼭 필요합니다. 우리에게 부족함이 있더라도 인내심을 갖고 참으면 주님이 채우십니다.

우리가 억울한 일을 당하고 모욕을 받아도 낙심하지 말고 참으십시오.

주님이 회복시키시고 더 좋게 하십니다.

갈라디아서 6장 9절에서 다음과 같이 말씀하십니다.

"우리가 선을 행하되 낙심하지 말지니 포기하지 아니하면 때가 이르매 거두리라"

우리는 계속적으로 선한 일이나 선한 말을 해야 합니다. 절대로 화를 내거나 포기하면 안 됩니다. 우리는 농사짓는 농부처럼 인내를 해야 합니다.

그럼 우리는 추수할 때 기쁨으로 거둘 수 있습니다. 절대로 어려움이 온다고 낙심하거나 포기하지 마세요. 선한 일은 열매를 맺게 하십니다.

우리는 주님이 완전하시기에 온전할 수 있습니다. 우리가 망가지고 찌그러져도 다시 원상태가 될 뿐 아니라 새것처럼 될 수 있습니다. 주님이 온전하게 하시기 때문입니다.

어느 때든 선한 것에 진심으로 인내하십시오. 주님이 부족함 없이 채우십니다. 그리고 선을 행하십시오. 참으면 거두게 되어 있습니다. 단. 욕심과 정욕을 채우기 위해 참는 건 사단과 귀신들이 참는 것과 같습니다.

사단과 귀신들은 오래 못 참습니다 그들에겐 욕심이 있기 때문입니다. 정욕대로 구하고 욕심대로 주님께 매달린다고 주시지 않습니다

선한 동기, 선한 말, 선한 일을 할 때 그 인내가 가치가 있는 것입니다. 선하게 인내를 이루시기를 바랍니다 결코 헛되지 않을 겁니다

다음과 같이 다짐하면 좋겠습니다. 말을 할 땐 5초, 행동할 땐 5분을 참읍시다. 화이팅!

"인내를 온전히 이루라 이는 너희로 온전하고 구비하여
조금도 부족함이 없게 하려 함이라"

(야고보서 1장 4절)

25

3월 28일

지혜란 무엇일까요? 세상의 이치를 깨닫는 것입니다. 지식과는 또 다른 것으로 많이 배운다고 얻어지는 것은 아닙니다.

물론 지식이 많으면 지혜를 얻는 데 큰 도움이 됩니다. 그러나 지혜는 삶의 여정 가운데 얻어지는 것입니다. 그래서인지 대부분의 어머니들은 생활을 통한 지혜가 많으십니다.

그럼, 성경에서는 지혜를 뭐라고 할까요? 잠언 9장 10절에서 다음과 같이 말씀하고 있습니다.

"여호와를 경외하는 것이 지혜의 근본이요 거룩하신자를 아는 것이 명철이니라"

영어에서는 경외를 두려움이나 근접하기 어렵다는 'fear'를 쓰고 있습니다. 왜 하나님을 경외하는 것이 지혜의 시작일까요?

그 이유는 하나님이 이 세상을 창조하신 창조주이시기 때문입니다. 하나님을 모른다면 이 세상의 이치를 알 수 없고 삶 속에서 벌어지고 있는 여러 가지 일들을 알 수 없습니다.

그래서 성경을 통해 하나님을 알아가야 합니다. 그분의 뜻을 알아간다면 우리의 시야는 넓어져 가게 되어 있습니다.

지혜를 얻는 자는 하나님을 통해 얻은 자신의 삶을 사랑하게 되어있습니다. 복을 받는 것은 당연한 것이구요.

우리의 삶은 하나님에 의해 주어진 것입니다. 그렇기 때문에 하나님이 주신 지혜로 살아가야 합니다.

지혜가 부족하다고 느끼십니까? 하나님께 구하십시오. 그럼, 하나님께서 풍성히 주십니다. 하나님이 주시는 지혜는 완전한 것입니다. 부족함이 없는 지혜입니다.

하나님을 성경을 통해 알아 가시기 바랍니다. 그 지식이 성령을 통해 지혜가 됩니다. 이런 경우에 하나님이라면 어떻게 하셨을까? 그분의 뜻을 알고 순종하는 것이 지혜입니다.

하나님을 경외해야 매 순간 그분의 뜻을 알고 싶어집니다. 그래서 경외심이 지혜의 시작입니다. 매 순간 결정을 하기 전 하나님께 지혜를 구하십시오. 주님은 후히 주십니다. 우리가 구한 것보다 더 주십니다.

우리는 하나님의 지혜로 사는 자입니다. 이 사실을 알아야 합니다. 꼭 지혜를 하나님께 구하십시오. 주십니다.

하루를 살 때 하나님과 동행하십시오. 성경을 보며 지식을 얻고 성령을 통해 지혜를 얻기 바랍니다. 오늘 시작하시기 바랍니다. 성경 속에 지혜가 있습니다 성경을 읽으세요. 화이팅!

> "너희 중에 누구든지 지혜가 부족하거든 모든 사람에게 후히 주시고
> 꾸짖지 아니하시는 하나님께 구하라 그리하면 주시리라"
> (야고보서 1장 5절)

26

4월 1일

    기독교의 믿음은 주님이 믿어지는 겁니다. 다른 종교처럼 의지를 가지고 내가 믿겠다고 해서 믿는 것이 아닙니다.
    히브리서 11장 1절에서 믿음에 대해 다음과 같이 말하고 있습니다.
    "믿음은 바라는 것들의 실상이요 보이지 않는 것들의 증거니"
    영어 성경에서는 실상과 증거를 confidence와 assurance로 쓰고 있습니다. 두 단어 다 '확신'이란 뜻을 가지고 있습니다.
    영어 성경을 번역하면 믿음은 바라는 것들과 보이지 않는 것들의 확신이라는 뜻이 됩니다.
    믿음의 조상들은 마음속에 주님에 대한 확신이 있었습니다. 그래서 눈에 보이지도 않고 바라는 것인데 주님의 말씀이 믿어지게 된 것입니다.
    믿음이 생기고 주님의 말씀이 믿어지는 걸 성령이 하십니다. 그래서 아브라함은 고향을 떠나 주님이 약속하신 땅으로 갔던 것입니다.
    성령의 인도하심은 구약시대에는 주님이 선택하신 자들만이 인도하심을 받았습니다. 지금은 성령으로 누구나 믿어지게 하십니다. 지금은 성령이 역사하시는 시대입니다.
    믿음은 싸구려가 아닙니다. 성령이 주시는 선물입니다. 값진 것입니다.

히브리서 1장 6절에서는 믿음의 값어치가 얼마나 높은지 말하고 있습니다.

"**믿음이 없이는 하나님을 기쁘시게 하지 못하시니 하나님께 나아가는 자는 반드시 그가 계신 것과 또한 그가 자기를 찾는 자들에게 상주시는 이심을 믿어야 할지니라**"

우리가 믿는 주님이 어떤 분인가요? 자신이 믿어지고 자신을 찾는 자들을 좋아하십니다.

주님이 믿어지면 아브라함처럼 부르심을 받습니다. 그리고 순종을 합니다. 이 모든 과정을 성령께서 하신 것입니다.

우리가 어느 교회로 갈지, 선교사로 단기로 갈지, 장기로 갈지, 신학교를 갈지 말지 성령이 인도하십니다.

성령이 없이는 믿음도 없습니다. 성령이 우리가 바라는 걸 아시고 보이진 않지만, 영적인 눈으로 보게 하십니다. 믿음의 눈을 가지시기를 바랍니다.

우리는 주님이 주신 믿음으로 구해야 합니다. 그래야 의심이 생기지 않습니다. 두 마음이 생길 수가 없습니다. 성령이 주신 믿음을 가지세요.

우리 안엔 성령이 계시고 그 성령이 믿음을 주십니다. 그 믿음이 계속 기도하고 응답을 받으므로 커집니다. 성령이 우리를 성숙시키십니다. 성령은 우리를 사랑하십니다. 성령을 사랑하십시오. 믿음을 자라게 하십니다.

성령님 사랑합니다!

> "오직 믿음으로 구하고 조금도 의심하지 말라 의심하는 자는
> 마치 바람에 밀려 요동하는 바다 물결 같으니 이런 사람은 무엇이든지
> 주께 얻기를 생각하지 말라 두 마음을 품어 모든 일에 정함이 없는 자로다"
> (야고보서 1장 6~8절)

4월 4일

화가 났을 때 어떻게 하십니까? 보통 화가 나면 바로 화를 냅니다. 그러나 성경에서는 화를 더디내라고 합니다.

잠언 15장 18절에는 다음과 같이 나와 있습니다.

"분을 쉽게 내는 자는 다툼을 일으켜도 노하기를 더디 하는 자는 시비를 그치게 하느니라"

노하기를 왜 더디 해야 할까요? 자신의 성질이 급한 사람일수록 화를 다른 사람들에게 낼 수 있기 때문입니다. 특히 자신보다 약한 이들에게 화풀이하기 쉽습니다.

직장에서 화를 내지 않고 차분하게 말로 할 수 있는 것도 화를 내면서 합니다. 그럼, 그 화가 전가되어 제일 말단 직원만 죽어납니다. 이러면 안 됩니다.

화를 더디 내는 것이 주님의 자녀로서 해야 할 일입니다. 자꾸 화를 내면 그것이 습관이 되어 화를 안내도 되는데 화를 냅니다.

화를 내면 덕이 안 됩니다. 성경에서는 하나님의 의를 나타내지 못한다고 말합니다. 주님을 믿는 자로서 화를 자주 내는 것 같으면 기도하십시오. 자기 뜻대로 안 될 때마다 화를 낸다면 주님의 뜻이 아닙니다. 한 발짝

물러나 자기 뜻이 아닌 주님의 뜻을 구하기를 바랍니다.

화가 날 때마다 주님이 고난 당하신 것을 기억하시기를 바랍니다. 주님은 자신이 형벌을 받는 것이 억을할만도 할 텐데 화를 내지 않으셨습니다.

화는 보통 말로 나옵니다. 말을 조금만 참으시기를 바랍니다. 그것이 성숙한 주님의 자녀로 할 자세입니다. 화가 난다면 기도를 소리 내서 하십시오. 주님은 우리의 사정을 직접 듣기를 원하십니다. 그럼, 주님은 우리의 속사정을 듣고 풀어 주십니다.

화를 쉽게 내지 마십시오. 주님은 화가 나도 쉽게 분노하지 않으셨습니다. 진정 주님을 닮고 싶으십니까? 화를 더디 내세요. 화가 날 때 1분만 참으세요. 그럼, 보통 웬만한 건 화를 안 낼 수 있습니다.

그리고 찬양을 부르거나 들으시면 좋을 겁니다. 그것처럼 좋은 건 없습니다. 차분해지고 가슴이 뻥 뚫립니다.

오늘부터 화가 난다면 주님을 생각하시고 소리내서 기도하십시오. 그리고 찬양을 하든가 들으시기를 바랍니다. 화를 내는 건 좋은 것이 아닙니다.

다시 말하지만, 화가 난다면 1분만 참으시기를 바랍니다. 1분만!

"내 사랑하는 형제들아 너희가 알지니 사람마다 듣기는 속히 하고
말하기는 더디 하며 성내기도 더디 하라
사람이 성내는 것이 하나님의 의를 이루지 못함이라"
(야고보서 1장 19~20절)

28
4월 8일

　믿음은 행함과 같이 갑니다. 주님을 믿는다고 말하면서 행함이 없다면, 상당수는 귀신들이 갖는 믿음일 수 있습니다.
　귀신들도 하나님을 믿습니다. 그러나 그들은 하나님의 뜻대로 행하지 않습니다. 그들은 하나님이 무서워 떱니다.
　영어로 shudder라고 하는데 '무서워서 떤다'란 뜻입니다. 귀신들이 주는 믿음은 가짜입니다. 하나님을 무서워하고 순종을 하지 않습니다.
　아무리 방언 기도를 하고 병을 고치면 뭐 합니까? 귀신들도 똑같이 합니다. 귀신이 주는 믿음은 하나님을 믿는 것 같은데 사람을 믿으라고 강요합니다.
　하나님보다 목사님을 더 믿고 장로님을 더 믿는다면 잘못된 믿음입니다. 하나님을 신뢰하고 의지해야 하는데 사람을 더 의지한다면, 자신의 믿음을 점검 하시기를 바랍니다.
　한 교회나 단체의 리더인 담임목사나 장로의 말을 너무 맹신하는 건 아닌지, 리더가 혹 하나님보다 자신을 부각하고 신격화하는 건 아닌지, 잘 살펴봐야 합니다.
　귀신들이 주는 믿음은 삼위일체인 하나님을 부정합니다. 오직 한 분이신 하나님을 믿습니다. 우리는 성부 성자 성령의 하나님을 믿습니다. 이단 사이비들은 삼위일체를 안 믿습니다.

이단 사이비들은 성자이신 예수님의 자리에 자신의 교주를 집어넣고 믿게 만듭니다.

귀신들의 믿음을 갖지 마세요. 귀신들은 예수님을 못 믿게 합니다. 예수님을 진짜 믿고 행한다면, 잘못될 리가 없습니다. 제대로 예수님을 믿고 따르는 건강한 교회를 다니시기를 바랍니다. 귀신들이 역사하는 교회나 단체는 가지 마세요.

오직 예수님만이 우리의 구주이십니다. 주님 홀로 영광 받으옵소서!

"네가 하나님은 한 분이신 줄을 믿느냐
잘하는도다 귀신들도 믿고 떠느니라"
(야고보서 2장 19절)

29

4월 11일

　우리 자신은 교만하면 안 됩니다. 겸손해야 합니다. 그럼, 우리의 마음이 어떨 때 겸손한 것일까요?
　자신이 살고 죽는 것이 전적으로 주님 뜻에 달려 있음을 알고 욕심을 갖지 않고 사는 것입니다. 주님이 주신 것에 감사하며 사는 것입니다.
　죽기 전에 세상에 대해 미련을 많이 가진 분들을 보면 참 안타깝습니다. 주님을 제대로 믿었다면 모든 걸 내려났을 것 같은데 말입니다.
　저와 친했던 장로님은 암으로 돌아가셨는데 진정으로 교회가 잘 되길 바라셨습니다. 자신의 주위에 천사들이 보이신다며 죽음을 예감하셨든지, 교회와 남은 가족들을 위해 꼭 기도를 해달며 전화 통화를 했고, 20일 뒤 천국에 가셨습니다.
　저는 장로님이 툴툴 털고 일어나시길 바랬습니다. 그러나 주님은 데려 가셨습니다. 저는 장로님의 죽음을 접하면서 '나 자신은 아무것도 아니구나! 내 삶이 아니라 주님이 주신 삶이구나'라는 걸 알게 됐습니다.
　우리의 인생은 길지 않습니다. 그 인생 가운데 반쪽을 만나 산다는 것은 진짜 주님이 주신 선물입니다. 얼마나 귀한 선물입니까?
　우리는 주님 앞에서 낮아질 수밖에 없습니다. 우리들이 가진 자존심은 버리시고 자존감을 가지시기를 바랍니다. 우리들이 가진 자존심은 주님 앞에서 쓸데없는 고집으로 나타납니다. 그러나 자존감은 자신이 예수님을 믿는 자로서 담대함을 가지게 하는 자신감으로 나타납니다.

자존심은 버리시고 자존감을 가지시기 부탁드립니다. 이것이 진정한 겸손입니다. 목사가 자존심이 강하면 피곤해집니다. 자기 뜻이 틀렸는데도 밀어붙입니다. 장로도 마찬가지입니다. 서로 기도하며 주님의 뜻이 무엇인지 구해야 합니다.

자존감이 높은 사람은 다는 아니지만 미래를 바라보고 계획을 짭니다. 그 계획과 비전을 억지로 관철 시키지 않습니다. 먼저 성도들에게 자존감을 심어줍니다. 그 꿈을 향해 같이 나가도록 합니다.

교회나 기업이나 가족들의 구성원들이 자존감이 높을수록 똘똘 뭉칩니다. 이것이 진정한 겸손입니다. 자존감이 높을수록 더 낮아집니다.

주님은 자존감이 높은 자를 쓰십니다. 자존심은 버리세요. 기도하면 할수록 자신이 낮아져 보이기 때문에 주님을 의지할 수밖에 없고, 주님이 주시는 자존감은 높아집니다.

주님이 주신 자존감으로 살 때 마음이 편합니다. 자존심은 우리를 피곤하게 합니다. 자존감으로 사세요. 주님이 높이십니다.

자존감이 높은 사람이 진짜 겸손한 자입니다. 진짜 부탁합니다. 자존심을 버리세요.

"주 앞에서 낮추라 그리하면 주께서 너희를 높이시리라"
(야고보서 4장 10절)

30

4월 15일

우리는 도덕 시간에 말과 행동이 일치해야 한다고 배웠습니다. 그러나 살다 보면 그렇지 않을 때가 많습니다.

왜 그럴까요? 말과 행동이 마음과 달리 움직이기 때문입니다. 다들 초등학교 때 마음에 드는 여학생이 있으면 더 괴롭혔던 기억들이 있을 겁니다.

저는 초등학교 6학년 때 좋아하는 아이와 짝꿍이 되어 좋았습니다. 그러나 그 아이는 절 싫어해서 책상에 줄을 그어 넣고 넘어오면 무조건 한 대씩 때리기로 했던 기억이 납니다. 저는 제 마음과 달리 그 여학생을 때릴 때 마음이 너무 아팠습니다. 한 달 정도 짝꿍을 했는데 졸업할 때까지 서로 아는 척도 안 했습니다. 그 아이는 지금도 내가 자신을 싫어하는 줄 알 겁니다.

주님께 대한 믿음과 행동은 같이 가야 합니다. 그래야 온전한 신앙이 됩니다. 믿음과 행위가 따로 놀면 안 됩니다.

주님을 믿는데 믿음에 따르는 행위가 없다면, 그 믿음은 가짜입니다. 말로는 주님을 믿는다고 해놓고 그에 걸맞은 행함이 없다는 건 있을 수 없는 겁니다.

신앙생활을 하면 자신의 마음이 드러납니다. 자신의 신앙이 보입니다.

목사들 가운데 말로는 주님을 말하면서 행동은 돈을 요구한다면, 삯꾼입니다.

목사와 삯꾼은 처음에는 분간하기 어렵지만, 시간이 흐르면서 개인적인 만남을 통해 돈을 가져오라고 합니다. 삯꾼은 더 담대해져 액수가 커집니다. 이런 삯꾼을 누구나 만날 수 있습니다. 주의하시기를 바랍니다.

믿음이 온전하면 그에 걸맞은 행위는 당연한 겁니다. 그러나 어떤 경우를 보면 말로는 축복하면서 속으로는 저주하는 걸 봅니다. 이래서는 안 됩니다. 이런 자는 자신이 상대방에게 했던 저주가 자기한테로 갑니다. 주님은 우리의 마음을 다 아십니다.

진정으로 주님에 대한 믿음이 있다면 보여주세요. 주님을 향한 마음을 보여주세요. 예배에 참석하는 것도 자신의 믿음을 보여줄 수 있는 중요한 시간입니다.

이런 행동 하나하나가 자신의 믿음을 성장시킵니다. 꼭 당신의 믿음을 보여주세요. 주님과 사람들에게.

언행일치와 행함이 있는 믿음은 같이 갑니다. 주님 앞에서 진실합시다.

> "네가 보거니와 믿음이 그의 행함과 함께 일하고
> 행함으로 믿음이 온전하게 되었느니라"
>
> (야고보서 2장 22절)

31
4월 18일

　우리의 혀는 우리가 어떤 마음을 먹었느냐에 따라 달라집니다. 쓴물을 낼 때도 있고 단물을 낼 때도 있습니다.
　우리는 하루에도 매번 쓴물과 단 물을 오고 갑니다. 그것이 우리의 현실입니다 주님의 동생이었던 야고보도 잘 알고 있었습니다.
　그는 말하기를 혀는 우리의 몸 중에 작은 기관이지만, 우리의 몸 전체를 제어할 수 있는 열쇠라고 보았습니다. 맞습니다. 혀를 어떻게 쓰느냐에 따라 인생이 달라집니다.
　특히 아이들은 아빠나 엄마의 말투를 배웁니다. 아이들이 말하는 걸 보면 부모들이 평소에 어떤 말을 쓰는지 알 수 있습니다. 욕을 달고 살면 아이들의 입에서 욕이 나옵니다.
　그래서 혀를 잘 다스려야 합니다. 혀에서 단물이 나오게 하기 위해선 마음을 곱게 잘 다듬어야 합니다. 그것이 제일 먼저 해야 할 일입니다.
　단물이 말을 할 때마다 나오게 하기 위해선 성령의 충만을 받아야 합니다. 우리의 일상이 성령으로 가득 차야 합니다.
　어떻게 하면 우리의 삶이 성령으로 가득 찰까요? 매 순간마다 성령이 내 안에 있다는 것을 인정하며 '성령님 도와주세요'라고 기도를 해야 합니다.

그럼, 쓴물이 서서히 사라집니다. 그리고 우리의 샘이 단물로 가득 차게 될 겁니다. 성령은 우리의 기질을 알고 계시기 때문에 맞춤 전략을 써서 우리의 기질을 바꿔 놓으십니다.

저는 원래 감정 표현을 잘 못하고 수줍은 타입인데, 주님을 믿고 나서 의사를 확실히 표현하는 타입으로 변했습니다.

주님은 우리를 변화시켜 끊임없이 단물이 나오게 하십니다. 처음엔 조금밖에 안 나오지만, 점점 단물이 많이 나오게 하십니다.

성령으로 충만한 삶을 살기 위해선 기도해야 합니다. 성령께 솔직히 말하세요. 나의 말들이 달아지게 해 달라고.

우리는 진심으로 쓴 물이 아닌 단물을 내야 합니다. 격려가 되고 힘이 되고 희망을 주는 말을 자연스럽게 해야 합니다.

힘을 내세요. 우리는 단물을 내는 샘입니다.

"샘이 한 구멍으로 어찌 단 물과 쓴 물을 내겠느냐"
(야고보서 3장 11절)

32

4월 22일

시기와 다툼이 있는 곳에는 혼란과 모든 악한 일이 있다고 말합니다. 시기와 다툼이 주님에게서 온 것이 아니고, 세상적이요 귀신적이라고 합니다.

다툼을 영어 성경으로 보니 selfish ambition으로 나와 있습니다. 즉, '이기적인 야망'이란 뜻입니다.

이기적인 야망을 왜 다툼으로 번역했을까요? 그럼, 이타적인 야망은 괜찮은 것일까요?

이기적인 야망을 가진 사람은 욕심이 많습니다. 개인적인 욕심입니다. 그런 욕심을 채우기 위해 싸웁니다. 그래서 다툼이라고 번역한 것입니다.

이타적인 야망은 남들이 진짜 잘되기를 바라는 마음이 가득한 걸 말합니다. 자신보다는 남을 먼저 생각합니다.

성경에서는 시기도 그냥 시기가 아니라, 쓰디쓴 시기인 독한 시기라고 말합니다. 시기가 생기면 남들이 잘되는 꼴을 못 봅니다. 그리고 잘되는 사람이 안 되도록 뒤통수를 칩니다.

지독한 시기와 이기적인 야망은, 주님이 주신 것이 아닙니다. 세상적이고 자신들의 욕심에서 시작된 것입니다.

이런 욕심은 사탄이 준 것입니다. 거짓되고 선한 것이 없고 이기적인 것들에게서 벗어나기 위해서는 마음을 비워야 합니다.

어떻게 해야 마음을 비울까요? 주님이 우리를 위해 하신 일을 묵상해 보시기 바랍니다. 주님은 이타적으로 사셨습니다. 빈부 귀천에 상관없이 병자들을 고치셨습니다. 빈 마음은 텅 비우라는 뜻이 아닙니다. 주님으로 채우라는 것입니다.

주님을 믿지 않는 사람들은 주님이 자신들에게 잘못한 것이 없는데 주님을 싫어하고 믿는 우리들을 미워합니다.

참 신기합니다. 주님 얘기만 해도 듣기 싫어합니다. 주님의 말이 양심을 찌르고 심각한 얘기이기 때문입니다.

우리 모두 이타적인 야망을 가졌으면 좋겠습니다. 주님은 이타적인 야망을 가진 사람들을 좋아하십니다. 앞으로는 우리보다 어려운 이웃들을 봤으면 합니다. 고아와 나이 드신 과부와 장애인들을 돌보는 눈들이 있기를 바랍니다.

지독한 시기는 미움을 만들고, 나중엔 상대방을 죽이고 싶어 하는 단계까지 갑니다. 실로 배가 몹시 아픕니다. 그러나 진정으로 남들이 잘 될 때 축하해 주시고 축복까지 해 주십시오. 그래야 우리의 속이 편합니다.

쓰디쓴 시기와 이기적인 야망을 버리세요. 이 두 가지는 사탄이 주는 것입니다. 주님이 주시는 것이 아닙니다. 꼭 버리시길 기도합니다.

"그러나 너희 마음 속에 독한 시기와 다툼이 있으면 자랑하지 말라 진리를 거슬러 거짓말하지 말라"

(야고보서 3장 14절)

33

4월 25일

　세상과 친구가 되고 우정을 쌓으면 안 될까요? 술과 담배를 하면서 마음대로 살 수는 없는 건가요?
　성경에서는 세상과 친구가 되는 것은, 주님과 원수가 되는 것이라고 말합니다. 너무 심한 것이 아닌가요?
　세상과 친구가 되는 것은, 우리의 선택에 달려 있습니다. 주님과 잘 지내면서 세상과 친구는 될 수 없습니다. 불가능합니다.
　세상과 친구가 됐을 때 제일 강하게 오는 유혹이 성적인 유혹입니다. 남의 아내나 남편을 유혹합니다. 사탄이 쓰는 가장 강력한 무기가 성적인 타락입니다.
　야고보도 성경에서 *"간음한 사람들아 세상과 벗이 되지 마라 주님과 원수가 된다"*고 적고 있습니다.
　베드로와 바울이 있던 초대교회 안에도 간음한 자들이 있었던 것입니다. 지금도 교회는 다니면서 성적인 쾌락을 좇는 사람들이 있습니다. 이러면 안 됩니다. 성적인 유혹에서 벗어나십시오. 주님과 원수가 되지 마십시오.
　교회를 다니며 신앙생활을 하면서 술과 담배를 안 하길 바랍니다. 우리

나라에 온 선교사들은 사람들이 술과 담배를 달고 살며 중독된 모습을 봤습니다. 그래서 술과 담배를 금지했습니다.

주님과 같이 신앙생활을 하면서 술과 담배를 한다면 어떻겠습니까? 중독성이 있는 술과 담배 냄새가 예배실 안에 가득할 것입니다. 교회의 좋은 정통을 따르는 것이 좋다고 생각합니다. 물론 건강에도 좋고요.

간음한 사람들은 빨리 진심으로 회개하십시오. 그리고 다시는 간음을 하지 마십시오. 그것이 주님을 믿는 자의 자세입니다. 주님과 원수가 되지 마십시오.

우리 안엔 성령이 계시고 질투를 하실 정도로 우리를 사랑하십니다. 이 정도로 우리가 주님과 멀어져 세상과 벗이 되는 걸 싫어하십니다.

부탁입니다. 세상이 주는 유혹에서 벗어나세요. 주님이 도와주십니다. 선택하십시오. 주님인지 세상인지.

주님께로 온다면 평생 함께하십시오.

"간음한 여인들아 세상과 벗된 것이 하나님과 원수 됨을 알지 못하느냐
그런즉 누구든지 세상과 벗이 되고자 하는 자는
스스로 하나님과 원수가 되는 것이니라"
(야고보서 4장 4절)

34
4월 29일

우리는 부자가 되고 싶어 합니다. 문제는 돈이 어느 정도 있는데 만족을 못한다는 겁니다. 조금만 더 돈이 있었으면 좋겠다고 생각합니다.

디모데전서 6장 10절을 보면 다음과 같이 나와 있습니다.

"돈을 사랑함이 일만 악의 뿌리가 되나니 이것을 탐내는 자들은 미혹을 받아 믿음에서 떠나 많은 근심으로써 자기를 찔렀도다"

지금 사람들은 돈을 너무나 좋아하는 걸 떠나 사랑하고 있습니다. 주님을 믿는 우리도 마찬가지입니다.

돈을 사랑하는 것이 왜 일만 악이 뿌리가 될까요? 이유는 돈만 자기 수중에 들어온다면 악한 일에도 모른 척 눈을 감기 때문입니다.

돈에는 힘이 있습니다. 그래서 사람들이 그 돈에 묶여 있게 만듭니다. 돈에서 자유스러운 사람이 몇 명이나 있을까요?

좋은 동기를 가지고 돈을 모으고 좋은 일에 돈을 쓰면 됩니다. 그런데 우리에게는 욕심이 있고 돈도 주님이 주신 것이라는 사실을 잊기 쉽습니다. 그래서 부자가 욕을 먹는 것입니다.

주님과 돈을 똑같이 섬길 순 없습니다. 우리는 하나님을 더 중요하게 여겨야 합니다. 왜냐하면 돈을 하나님이 주시기 때문입니다. 돈은 이 세상을 창조하신 주님이 주십니다.

돈을 하나님보다 더 가치 있게 여기지 마십시오. 주님은 마태복음 6장 24절에서 다음과 같이 말씀하십니다.

"한 사람이 두 주인을 섬기지 못할 것이니 혹 이를 미워하고 저를 사랑하거나 혹 이를 중히 여기고 저를 경히 여김이라 너희가 하나님과 재물을 겸하여 섬기지 못하느니라"

돈의 많고 적음이 문제가 아닙니다. 하나님을 섬겨야 하는데 돈을 섬기기 때문에 돈으로 인한 문제가 생기는 겁니다.

인간의 욕심엔 끝이 없습니다. 부자가 되는 건 좋지만, 돈 버는 과정이 중요합니다. 항상 주님께 먼저 자신이 번것의 1/10을 드리는 것이 중요합니다,

우리들은 항상 마음을 비우고 자신을 봐야 합니다. 내 안에 욕심은 없는가? 혹 주님보다 돈 때문에 선택한 건 없는가?를 말입니다.

우리 자신을 볼 시간이 있어야 합니다. 그리고 주님의 말씀을 볼 시간이 있어야 합니다. 그래아 우리 자신을 주님의 시각으로 봅니다.

욕심을 버리세요. 돈의 주인은 주님이십니다. 주님은 그중의 얼마를 우리에게 맡기신 겁니다.

다들 부자가 되면 좋겠습니다. 부자가 되게 하시는 분은 주님이십니다. 주님이 인정하시는 참 부자가 되십시오. 화이팅!

"너희 금과 은은 녹이 슬었으니 이 녹이 너희에게 증거가 되며 불같이 너희 살을 먹으리라 너희가 말세에 재물을 쌓았도다"
(야고보서 5장 3절)

35

5월 2일

우리는 새해가 되면 많은 계획들을 세웁니다. 특히 개인적인 계획들을 만들어 놓고 시작합니다.

혹 새해에 세운 계획들을 지금까지 계속하고 있는 것들이 있습니까? 저는 운동을 꾸준히 하겠다는 계획을 못 하고 있습니다. 그래서 지금도 계획을 짜고 있습니다.

성경을 보면 오늘과 내일 떠나서 일 년 동안 사업을 해서 돈을 벌기 위해 떠날 것이라고 자랑을 하는 사람이 있습니다.

야고보는 이것이 허탄한 자랑이라고 합니다. 영어 성경을 보면 허탄한 자랑을 다음과 같이 쓰고 있습니다.

arrogant schemes, 즉 건방지고 교만한 계획들이란 뜻입니다.

우리는 어떻게 해야 건방지고 교만한 계획들을 세우지 않을까요? 성경을 보면 다음과 같이 겸손하게 말하라고 나옵니다.

만약 주님의 뜻이라면 우리가 언제 죽을지 모르지만, 살아서 이것도 하고 저것도 하자라고 말입니다.

우리는 주님의 뜻도 모른 채 얼마나 많이 내 뜻대로 계획들을 세웠습니까? 정말로 건방지고 교만한 계획들입니다.

주님의 뜻대로 계획들을 세워야 합니다. 저는 오늘 하루의 일과만을 봅니다. 그리고 치밀하게 계획들을 만들어 놓지 않습니다.

성령이 인도하시는 시간과 공간을 비워 놓습니다. 특히 새벽에 일어나 집중이 잘 되면 글을 씁니다. 그리고 자기 한 시간 전에 오늘을 정리하며 감사기도를 드린 뒤에 잡니다.

주님의 뜻대로 하는 계획엔 여백이 있습니다. 그래서 계획에 쫓겨 분주하게 움직이지 않습니다. 계획들의 노예가 되지 마세요. 하루하루가 소중합니다.

우선순위를 정해 놓고 하루 일과를 주님께 드려보세요. 성령이 인도하십니다. 성령이 정해주시는 것이 가장 마음이 편합니다.

건방지고 교만한 계획들을 만들지 마세요. 내일 일을 모르고 1년 뒤의 일을 모릅니다. 성령의 인도하심대로 살면 자유롭습니다.

주 안에서 계획들을 세우시기를 바랍니다. 오늘은 참으로 소중한 날입니다. 자기 전 '오늘은 정말 좋았어'란 말이 나오기를 바랍니다. 화이팅!

> "이제도 너희가 허탄한 자랑을 하니 그러한 자랑은 다 악한 것이라"
> (야고보서 4장 16절)

36
5월 6일

우리는 왜 원망할까요? 아버지의 사업이 안 망했더라면, 대학에 갈 수 있었을 텐데. 아버지가 무능력하지 않았다면, 어머니가 고생을 안 했을 텐데.

우리는 평생을 살면서 누구나 원망 거리가 있습니다. 자신이 하고 싶은 것은 따로 있는데 못한 것에 대한 아쉬움 같은 것이죠.

저는 대학에 다닐 때 주님을 만났고, 그때 사귀던 여친에게 "불교 믿지 말고 예수 믿어라. 안 믿으면 헤어지겠다"라고 말을 했고 결국 헤어졌습니다.

저에게 예수님은 그만큼 소중했고, 사시를 준비하면서도 주님의 사랑은 끝이 없었습니다.

그리고 29살까지 합격을 못 하면 30살에 신대원에 간다고 주님과 약속을 한 후 목사가 됐습니다.

저는 사시에 불합격한 것에 누군가를 원망한 적이 없습니다. 사시를 그만두는 것에 아쉬움이 없었습니다.

보통 자기 뜻대로 안 될 때 원망합니다. 그리고 아쉬움이 진하게 남을 때 원망합니다.

영어 성경을 보니 원망하다를 grumble이라고 적고 있습니다. 이 단어의 뜻은 '불평하다'란 뜻입니다. 약간 뉘앙스가 틀리죠.

출애굽기를 보면 이스라엘 백성들이 마라의 쓴 물 사건으로 원망했다고 나옵니다. 하나님을 원망했는데 여기서도 grumble이 쓰였습니다.

원망보다는 약한 불평을 한 것입니다. 시부렁시부렁한 건데, 그 불평이 지속되고 쌓이면 원망이 되는 것입니다.

성경에서는 서로 원망하지 말라고 합니다. 서로 껄끄러운 것이 있으면 풀라는 것입니다. 불평과 불만이 있다면 서로 대화를 통해 푸세요. 원망이 되기 전에 말입니다. 만약 원망을 계속하면 심판을 받을 것이라고 합니다.

불평하지 말고 감사하며 사세요. 그것이 우리가 가질 자세입니다. 우리 뜻대로 안 되지만 주님 뜻대로는 됩니다.

그러니 감사한 것이죠. 불평과 원망보단 감사하고 또 감사하세요. 감사하며 사는 인생이 멋진 겁니다.

"형제들아 서로 원망하지 말라
그리하여야 심판을 면하리라 보라
심판주가 문 밖에 서 계시니라"
(야고보서 5장 9절)

37

5월 9일

베드로는 말하기를 자신은 예수님을 부인하지 않을 거라고 자신 있게 말합니다.

그러나 결과는 어떻습니까? 예수님의 말씀대로 베드로는 예수님을 3번 부인합니다. 닭이 울기 전 3번을 부인한다고 하셨는데, 정말 말씀한 대로 된 겁니다.

베드로는 닭의 울음소리를 듣고 사람들이 없는 구석에 가서 대성통곡을 합니다. 이때 베드로의 마음은 어땠을까요?

정말 마음이 아프고 자신의 맹세가 덧없다는 걸 알게 되었을 겁니다. 예수님은 베드로가 3번 부인할 것을 알고 계셨습니다. 미리 알고 있었습니다.

우리는 결혼할 때 자매에게 평생 손에 물 안 묻히게 하겠다고 맹세합니다. 그러나 그건 거짓이라는 걸 우리는 잘 압니다.

사람들끼리의 맹세는 깨지기 쉽습니다. 말로 하는 건 믿기 어려워서 서류로 작성해서 공증까지 받습니다.

사람들 사이도 이런데 하나님과 인간들 사이의 약속은 어떻습니까? 하나님이 하신 약속은 지켜지지만, 인간이 한 약속, 즉 맹세는 깨지기 일쑤입니다.

삯꾼이 한 약속은 지켜지지 않습니다. 하나도 지켜진 것이 없습니다. 성도들이나 교역자들 하고의 약속이 지켜지는지, 삯꾼이 맹세한 것이 지켜지는 것이 있는지 보십시오.

우리는 함부로 맹세하면 안 됩니다. 일반적인 약속보다 강한 것이 맹세입니다. 그래서 성경에서는 하나님 앞에서 하늘과 땅, 그리고 다른 것을 걸고서 맹세하지 말라고 합니다.

하나님은 베드로 같은 수제자도 맹세한 것을 못 지키는데 우리 같은 사람들은 아예 맹세하지 말라고 하십니다.

우리는 반드시 너에게 무엇을 할게라며 강한 약속, 즉 맹세하지 말고 간단하게 예나 아니요로 말하라고 하십니다.

그래서 서원, 즉 하나님이 뭘 해 주시면 무엇을 하겠다고 말한 것은 함부로 하지 말고, 주님이 진짜 해 주셨다면 서원한 것을 지키라고 하십니다.

무엇을 걸고 하는 맹세는 잘못된 것입니다. 함부로 걸지 마세요. 그저 하나님의 뜻에 순종하시기를 바랍니다. 우리들은 연약합니다. 그 사실을 안다면 맹세하지 마십시오. 하나님은 우리의 속마음을 다 아십니다. 말씀대로 사십시오. 하나님이 힘을 주십니다.

성령님이 우리의 말조차도 함께 하십니다. 성령께 도움을 구하시기를 바랍니다. 지혜와 지식을 주실 겁니다. 힘을 내세요. 화이팅!

> "내 형제들아 무엇보다도 맹세하지 말지니 하늘로나 땅으로나 아무 다른 것으로도 맹세하지 말고 오직 너희가 그렇다고 생각하는 것은 그렇다 하고 아니라고 생각하는 것은 아니라 하여 정죄 받음을 면하라"
>
> (야고보서 5장 12절)

5월 13일

염려하면 나의 일이 되지만, 기도하면 주님의 일이 됩니다. 그리고 응답은 기도해야 옵니다.

믿음의 기도는 어떤 기도일까요? 바로 믿음으로 드려진 기도를 말합니다. 영어 성경에서는 다음과 같이 표현합니다.

The prayer offered in faith

즉, 믿음 안에서 드려진 기도입니다. 우리의 믿음이 어떻게 표현되어야 할까요? 우리의 진심이 들어가야 합니다. 진실된 마음이죠. 겉으로 아무리 표현이 돼도 진심이 없다면, 그 믿음은 가짜입니다.

진실한 마음이 있는 기도는 주님의 사랑이 전달된 기도입니다. 누군가가 진심으로 병이 낫기를 바라는 그 마음이 있다면, 그 기도엔 능력이 있습니다.

주님이 병든 자를 일으키십니다. 진실한 마음이 있는 사랑의 기도가 병든 자를 낫게 합니다.

또한 진심이 있는 기도는 죄를 지었다 하더라도 사하심을 받습니다. 진실되고 사랑이 있는 기도는 회개가 있습니다. 병이 낫기 위해 서로 죄를 고백하며 서로 기도를 해야 합니다.

가족 간에 같이 기도하며 서로 죄를 고백하고 병이 낫기를 위해 기도한다면 그 병은 낫습니다.

기도에는 능력이 있습니다. 귀신을 쫓아내는 건 기도 없인 불가능합니다. 예수님의 이름으로 병든 자를 고치고 귀신들을 쫓아내는 건 지금도 합니다.

믿음의 기도는 우리들에겐 대단한 무기입니다. 다시 말하지만, 진심으로 기도하셔야 합니다. 한 영혼을 향한 사랑, 병이 낫기를 바라는 간절함, 그리고 염려될 때 기도합시다. 그럼, 주님이 도우십니다. 아니 주님이 직접 하십니다.

때를 얻든 못 얻든 기도합시다. 특히 아픈 자들을 위해 합시다. 우리의 진심과 사랑이 전달되어 반드시 나을 겁니다.

염려되었던 일이 기도하면 주님의 일이 됩니다. 주님을 믿고 기도하세요. 우린 병자들을 고치고 귀신들을 내쫓게 할 것입니다. 믿음 안에서 드려진 기도를 꼭 하십시오.

주님을 진심으로 믿는 우리가 의인입니다. 그 사실을 믿고 기도하세요. 의인의 기도는 힘이 있고 효과적입니다.

우리 기도합시다. 시시때때로 합시다. 주님과 같이하는 우리는 승리자입니다. 화이팅!

"믿음의 기도는 병든 자를 구원하리니 주께서 그를 일으키시리라
혹시 죄를 범하였을지라도 사하심을 받으리라
그러므로 너희 죄를 서로 고백하며 병이 낫기를 위하여 서로 기도하라
의인의 간구는 역사하는 힘이 큼이니라"
(야고보서 5장 15~16절)

39

5월 16일

    신유 은사자로부터 기도를 받았다면 그때부터 약을 먹지 말아야 할까요? 약을 먹으면 고친 건 없어지고 원래대로 돌아갈까요?

    약을 먹으면 성령이 소멸한 것일까요? 데살로니가전서 5장 19절을 보면 "성령을 소멸하지 말라"고 나옵니다. 그럼, 성령을 근심시켜 드린 것일까요?

    결론부터 말하면 진짜 신유 은사가 있는 사람에게서 기도를 받았다면, 기도를 받은 즉시 자신의 몸이 달라졌다는 걸 압니다.

    예수님과 사도들의 고침이 그랬습니다. 만약 기도를 받은 즉시 변화가 없다면 가짜일 가능성이 농후합니다.

    기도를 받은 즉시 고침이 있으면, 당사자가 제일 잘 알기 때문에 약을 안 먹습니다. 그러나 약을 먹는다는 것은 신유 은사자가 가짜라는 걸 의미합니다.

    고침을 못 받았다고 성령이 소멸하거나 근심하지 않으십니다. 성령이 소멸하는 건 성령의 근심이 지속될 때 생깁니다.

    계속적으로 성적인 죄를 저지르거나 우월한 지위에서 상습적으로 돈을 뜯어낸다든가, 등 상습적이든가 지속적인 죄는 성령을 근심시키시는 것이며 근심이 쌓이고 쌓이면 성령은 소멸합니다.

성령이 소멸되면 어떻게 될까요? 사단과 귀신들의 밥이 됩니다. 먼저 성령을 근심시켜 드리면 안 됩니다.

악하고 독한 마음, 노하거나 분을 내는 것, 말다툼과 남을 지속적으로 비방하는 것, 그리고 악한 뜻을 가지고 하는 모든 행위들.

이런 것들이 성령을 근심시켜 드립니다. 성령을 근심시켜 드리면 마귀에게 틈을 주는 것입니다. 즉 마귀에게 기지를 마련해 주는 것, 다시 말해 기초가 되는 발판을 주는 것과 같습니다.

우리의 마음을 날마다 새롭게 합시다. 무엇보다 우리의 마음을 깨끗하게 해야 합니다. 마귀에게 틈을 주면 안 됩니다.

성령이 근심하는 마음과 행동을 하면 안 됩니다. 성령이 소멸하면 끝장입니다.

성령이 도와주시고 인도하실 때 순종하십시오. 상습적으로 죄를 짓지 마세요. 우리 곁에 성령이 없다는 건 살아있으나 죽은 것입니다.

성령이 지속적으로 근심하면 소멸합니다.

성령의 불이 꺼지지 않도록 주의하세요.

"성령을 소멸하지 말며"
(데살로니가전서 5장 19절)

40

5월 20일

보통 아기들은 어머니의 품 안에 있을 때 안정감을 느끼고 새근새근 잠을 잡니다.

주님을 믿으면 어머니의 품안에 있는 것처럼 평안합니다. 세상이 알 수 없는 평안함입니다.

이 평안함은 세상이 줄 수도 없는 겁니다. 오직 주님만 주실 수 있습니다. 주님은 마가복음 11장 28절에서 다음과 같이 말씀하셨습니다.

"수고하고 무거운 짐 진 자들아 다 내게로 오라 내가 너희를 쉬게 하리라"

주님이 어떻게 쉬게 하신다는 거죠? 우리가 주님을 통해 쉬기 위해선 주님께로 가야 합니다. 주님을 나의 구주로 영접해야 합니다.

주님을 믿고 자녀가 됐을 때 평안이 밀려옵니다. 돈이나 재물이 있어서 갖는 평안과 다릅니다. 내 주위는 시끄럽고 안정적이지 못한데, 나의 마음은 평안합니다. 이것이 신기합니다.

영어로 평안함 평강은 peace입니다 주님은 우리에게 평강의 복을 주십니다. 돈이 많든 적든 주님은 평안을 주십니다.

우리가 기도하거나 찬양할 때 처음엔 마음이 요동을 치는데 기도나 찬양에 집중하면 세상의 걱정거리는 사라지고 평안함 속에 내가 뭘 해야 되는 지가 떠오릅니다.

지금 어려운 일이나 중요한 결정이 있으십니까? 주님께 맡기세요. 짧게라도 기도하세요. 안 한 것과는 큰 차이가 납니다. 그때 주님이 주시는 평안은 경험한 사람은 압니다.

다들 평강의 복을 받으세요. 그건 진짜 복중의 복입니다. 마음이 편안하다면 주님이 주신 복입니다.

다들 평강의 복을 누리세요. 주님이 함께하십니다. 돈이나 재물보다 더 좋은 세상이 줄 수 없는 평안을 누리세요.

"여호와께서 자기 백성에게 힘을 주심이여
여호와께서 자기 백성에게 평강의 복을 주시리로다"
(시편 29편 11절)

41

5월 23일

    사람들은 마음을 어떻게 먹느냐에 따라 그의 인생이 달라지는 걸 봅니다. 진짜로 마음먹기에 달린 것 같습니다.
    저의 아버지는 26살에 어머니를 만나셨습니다. 당시엔 약사라는 면허증이 있어도 약국을 차릴만한 돈이 부족했기 때문에 대부분 제약회사에 취직했습니다.
    어머니를 정식으로 만나기 1년 전 다른 병원에서 인사를 나누는 정도였다고 합니다. 그런데 어머니가 다른 병원의 간호사로 가시고 만나지를 못했다고 합니다.
    그런데 1년 후 병원 계단에서 만났다고 합니다. 아버지는 굉장히 기뻤고 그 이후 매일 어머니가 계시는 병동으로 가서 어머니를 보는 것이 큰 기쁨이었고, 마침내 연애에 성공하셨다고 합니다.
    그때 아버지는 저 여자와 살면 뭐든지 할 수 있을 것 같은 생각을 했고, 결혼 후 1년 뒤 약국을 개업해서 40년 가까이 하셨습니다.
    연애하는 것도 결혼하는 것도 우리의 마음에 달려있는 것 같이 보입니다. 그러나 이 모든 것이 주님 뜻에 달려 있습니다.
    인간의 마음을 움직이시고 이끄시는 분은 주님이십니다. 누구를 사랑하는 것도 자신이 하는 것 같지만, 주님이 하시고 친구가 되는 것도 주님이 하십니다.

우리가 선택하는 것 같지만, 주님이 하십니다. 오늘 하루도 선택할 것이 얼마나 많습니까? 주님께 기도한 후 선택하세요.

잠언에서는 마음을 먹는 과정을 마음의 경영이라고 쓰고 있습니다. 영어 성경에서는 마음의 계획들이라고 말하고 있습니다.

우리는 마음속에 여러 가지 계획들이 있지만, 하나님은 그중에 한 가지만 응답하십니다.

주님을 전적으로 신뢰하세요. 자신의 마음을 살펴보세요. 성경에 어긋나지 않다면 그 마음을 갖고 기도하세요. 반드시 주님이 응답하십니다.

주님은 좋으신 분이십니다. 우리를 가장 좋은 곳이나 사람에게로 인도하십니다. 그것이 주님의 은혜입니다.

주님은 우리의 마음속에 자석을 주셔서 자신의 짝을 찾도록 하셨습니다. 짝을 찾으신 분들은 더 뜨겁게 사랑하시고, 그렇지 않다면 주님이 우리에게 주신 자석을 믿으세요. 화이팅!

> "마음의 경영은 사람에게 있어도
> 말의 응답은 여호와께로부터 나오느니라"
>
> (잠언 16장 1절)

42

5월 27일

여러분은 시간들을 어떻게 보내시나요? 보통 다들 9시까지 출근하시죠? 근데 문제는 집에 있을 때 무엇을 하느냐에 달린 것 같습니다.

집에 있을 땐 무조건 쉬기보단 자신의 미래를 위해 책을 읽거나 어학 공부를 하는 것이 생산적입니다.

우리 인간들이 갖는 시간은 하루 24시간입니다. 그것이 모여 인생이 됩니다. 그럼, 주님이 갖는 시간은 어떻게 될까요?

주님은 우주를 창조하신 분이시고, 우주의 시간을 만드셨습니다. 그리고 인간을 창조하시고, 육체를 가지고 있는 동안 24시간의 틀 안에 있게 하셨습니다. 우리 인간들도 죽으면 24시간의 틀을 벗어납니다. 주님이 다시 오실 때 영광의 몸을 다시 입지만, 24시간의 틀 안에 있지 않습니다.

주님의 시간은 우리와 다릅니다. 그런데 주님은 인간들을 구원하시기 위해 인간의 육체를 입고 오셨습니다. 인간의 시간 속으로 오신 겁니다.

주님은 승천하셔서 주님의 시간 속으로 가셨습니다. 그분은 다시 오십니다. 그리고 우리들을 인간의 시간이 아닌 주님의 시간에 살게 하실 겁니다.

우리가 주님의 시간을 조금이라도 인식한다면, 시간에 쫓겨 살기보다는 여유로운 자기만의 시간을 가질 겁니다.

주님의 시간을 크로노스라고 합니다. 주님이 우주를 비롯해 세상을 창조하셨을 땐 24시간이 생기기 전입니다. 창조 때의 6일이 지금의 6일이 아닙니다.

성경에서는 주님의 시간을 다음과 같이 말합니다.

"주께는 하루가 천년 같고 천년이 하루 같다는 것을 잊지 말라"

우리는 주님이 언제 다시 오실지 아는 사람은 없습니다. 단지 그 징조는 알 수 있습니다. 바로 모든 민족과 종족들에게 복음이 전해질 때입니다.

그래서 우리는 모든 사람들에게 복음이 전해지도록 선교사도 보내고 기도를 해야 합니다. 가는 선교사도 중요하지만, 후원하고 도와주는 보내는 선교사도 중요합니다.

주님은 정확하게 말씀은 안 하셨지만, 반드시 오시겠다고 말씀하셨습니다. 인간의 시간으로 2천 년이 지났습니다. 언제인지 정확히 모르지만, 반드시 오십니다.

주님이 오시는 때는 도둑이 오는 것같이 옵니다. 우리들은 항상 믿음 안에서 마음이 준비를 해야 합니다. 주님의 시간을 염두에 두세요. 점점 모든 민족과 종족들에게 복음이 전해지고 있습니다. 특히 인터넷이나 AI 기술로 복음이 더 멀리 전해지고 있습니다.

인간의 24시간이 아닌 주님의 시간으로 세상이 돌아가는 걸 보십시오. 그런다면 우리의 시야는 좀 더 넓어질 겁니다.

주님은 주님의 때에 반드시 오십니다.

"사랑하는 자들아 주께는 하루가 천 년 같고
천 년이 하루 같다는 이 한 가지를 잊지 말라"

(베드로후서 3장 8절)

43

5월 30일

    주님 안에서 기뻐한다는 것은 무슨 뜻일까요? 우리들은 보통 좋은 일이 있을 때 기뻐합니다. 그런데 주님 안에 있으면 좋지 않거나 아무 일이 없어도 기뻐합니다.
    주님 안에서의 기쁨은 잔잔한 기쁨입니다. 상황에 상관없이 주님을 믿는 사람들 안에서 흐르는 기쁨입니다.
    주님을 진정으로 믿는 자 안에는 성령이 거하십니다. 이 세상이 주는 기쁨과는 다른 겁니다. 성령이 충만하면 감정에 좌우되지 않습니다.
    성령은 마음이 아플 때 기도하게 하십니다. 주님을 의지하게 하십니다. 그리고 우리 마음 깊은 곳에 있는 진정한 바람을 보게 하십니다.
    기쁜 마음으로 그 바람을 위해 기도하게 하십니다. 우리의 마음속 깊이 있는 바램은 세상속에 있는 소원과는 다릅니다.
    우리의 마음속에 있는 진정한 바람은 무엇일까요? 그 바람은 주님을 정말 닮고 싶은 영적인 갈망입니다. 주님의 자녀로서 갖는 소망입니다.
    주님을 닮아 가려면 어떻게 해야 할까요? 주님을 알아야 합니다. 그래서 주님에 대해 쓰여 있는 성경을 봐야 합니다.
    주님을 알아 갈수록 주님을 더 사랑하게 되고 믿어지게 됩니다. 믿음이 자랄수록 성령은 더 기뻐하십니다. 영적인 축복은 물론 세상적인 복도 주십니다.

세상적인 복은 영적으로 성장할수록 덤으로 주시는 겁니다. 주님은 영적인 성장 없이 세상적인 복을 주지 않으십니다.

우리가 영적인 갈급함을 채울수록 육적인 갈급함도 채워주십니다. 성경 말씀을 먹으세요. 그것을 제일 먼저 하시기를 바랍니다. 진정한 바람을 구하십시오.

그 안에 기쁨이 있습니다. 진정한 기쁨이 샘솟듯이 일어납니다. 다시 말하지만, 주님의 말씀을 드시기 바랍니다.

주님을 더 닮아 가고 더 사랑하고 싶으시다면 말씀을 드세요. 배가 부를 겁니다. 자 오늘부터 당장 시작하세요.

말씀을 씹어 드시기를 바랍니다. 우리의 소원을 이루어 주실 겁니다.

"또 여호와를 기뻐하라 그가 네 마음의 소원을 네게 이루어 주시리로다"
(시편 37편 4절)

44

6월 3일

    우리는 왜 돈을 벌까요? 조금이라도 편하게 살기 위해서 또는 내가 이렇게 좋은 집에서 산다는 것을 과시하기 위해서일까요?
    돈을 버는 이유 중 가장 큰 것은 자녀들을 교육하기 위해서 일 겁니다. 좀 더 괜찮은 대학에 보내기 위해 최선을 다합니다.
    돈을 잘 벌면 국제학교에 보내 미국의 대학에 가게 합니다. 여유가 없으면 국내의 괜찮은 대학으로 보냅니다.
    학원에 다니는 아이를 픽업하는 것이 부모의 일이 되었습니다. 아이들은 학원에 가고 싶을까요? 저는 아니라고 생각합니다.
    전혀 아이들에게 꿈이나 비전도 없는 일에 돈을 쓰죠. 돈을 투자한 만큼 성적이 오릅니까? 왜 비생산적인 일에 투자를 하죠.
    자녀들이 자신들의 꿈을 발견하도록 시간을 주면 안 될까요? 그 꿈대로 간다면 학창 시절이 즐거울 텐데요. 우린 돈 버는 이유가 자녀의 성적 향상이 되어선 안 됩니다.
    돈을 버는 이유는 주님이어야 합니다. 주님이 주신 꿈을 위해 돈을 벌어야 합니다. 제가 아는 교수님은 방학하면 두 아이를 데리고 단기선교로 한 달을 튀르키예로 가서 지낸다고 합니다. 여러 지방의 선교사님들을 보고 배우고 온다고 합니다. 선교사님들 집에 머물며 선교사님들이 어떻게 사는지 보고 옵니다. 자연스럽게 영어와 아랍어를 익히고 꿈을 구체적으로 꾸게 합니다. 돈은 이런데 쓰는 겁니다.

저는 많은 분들이 돈만 많으면 다 된다는 생각을 아이들에게 심어 주면 안 된다고 봅니다. 돈으로도 안 되는 것이 있고 돈보다도 가치가 큰 것이 있다는 것을 가르쳐야 합니다.

명절이 되면 아이들은 어른들의 뜻대로 돈을 받기에 바쁩니다. 돈보다 값진 걸 줘야 합니다.

돈을 많이 버는 것이 인생의 목표가 아니라, 주님이 주신 꿈대로 가다 보니 돈을 버는 것이 정상입니다. 주님을 믿는데 돈을 사랑한다면 비정상입니다 뭔가 잘못된 겁니다.

주님이 주신 일터에서 열심히 해서 돈을 버는 걸 뭐라 하겠습니까? 돈이 있는데도 더 가지려는 욕심이 문제입니다.

그 욕심이 돈을 사랑하게 만듭니다. 주님은 돈을 사랑하지 말라고 분명히 말씀하십니다. 돈을 잘 벌어도 돈을 사랑할 수 있고, 적게 벌어도 돈을 사랑할 수 있습니다.

돈에 대한 우리의 자세가 중요한 것입니다. 더 가지려고 하지 마세요. 추해 보입니다. 멋있어 보이기 위해선 욕심을 버리세요. 우리 모두 추해지지 맙시다.

> "돈을 사랑하지 말고 있는 바를 족한 줄로 알라
> 그가 친히 말씀하시기를 내가 결코 너희를 버리지 아니하고
> 너희를 떠나지 아니하리라 하셨느니라"
> (히브리서 13장 5절)

45

6월 6일

주님의 인도하심을 받은 적이 있으신가요? 저는 대학교 1학년 때 학교 내에 있는 기독교 서클인 겟세마네를 소개받을 때입니다. 당시 선배들의 후원으로 학교 근처에서 재학생들이 카페를 운영하고 있었습니다.

그곳에서 선후배 간에 교제도 있었고 성경 공부도 했었고 돌아가면서 서빙도 했습니다.

겟세마네를 통해 수련회 때 주님을 인격적으로 만났고, 성령 체험을 했습니다.

그때 성령을 만난 뒤로 제 인생이 달라졌습니다. 제일 먼저 달라진 건 성경 말씀이 꿀처럼 달아졌습니다. 말씀이 내 눈에 박히는 것 같았습니다.

말씀이 내 가슴을 시원하게 했습니다. 지금 생각해 보면 어리숙하고 경험은 부족했지만, 열정만큼은 대단했습니다.

저는 지금까지 인생의 청년과 장년의 시간에 주님을 인정하고 받아들였습니다. 주님은 전에도 그랬고 지금도 인도하십니다.

저는 목사가 된 뒤로 욕심을 버리려고 애썼습니다. 특히 담임목사가 돈을 좋아하는 것 같으면 그 교회를 미련 없이 떠났습니다. 목사가 돈을 좋아한다는 것은 주님보다 돈을 더 사랑한다는 뜻입니다. 그런 목사에게서 뭘 배웁니까?

요새 목회자들이 돈을 많이 주는 대형교회를 선호한다고 합니다. 정말 개탄스럽습니다. 한국교회의 패기는 어디로 갔습니까?

돈이 한국교회를 지배하게 그냥 두어서는 안 됩니다. 돈에서 자유로웁시다. 돈의 인도함을 받는 것이 아니라 주님의 인도하심을 받읍시다.

한국교회가 부흥하려면 돈에 상관없이 주님을 따라야 합니다. 우리를 죽을 때까지 인도하시는 주님을 순수하게 믿읍시다.

목회자가 썩으면 안 됩니다. 돈에서 자유로운 목회자를 선택할 수 있는 우리들이 되길 기도합니다. 교회는 기업이 아닙니다. 교회는 진정으로 교회다워야 합니다.

우리의 교회와 목회자들을 위해 기도합시다.

"이 하나님은 영원히 우리 하나님이시니
그가 우리를 죽을 때까지 인도하시리로다"
(시편 48편 14절)

46

6월 10일

　누가복음 18장에 나와 있는 과부와 불의한 재판관 얘기를 잘 알 것입니다. 재판관은 자신이 하나님을 두려워하지도 않고 어렵게 살고 있는 자들을 무시한다는 것을 잘 알고 있었습니다.

　그야말로 세상이 무서운지를 모르는, 돈만 주면 유죄를 무죄로 만들어서 여러 사람들과 척지며 사는 사람입니다.

　이렇게 못말리는 사람인데 이 재판관보다 더한 사람이 있습니다. 바로 당시 사람들에게는 무시당하며 자식이 없으면 몸을 팔아 생계를 유지할 수밖에 없는 과부입니다.

　당시 재판관은 왕 다음으로 힘이 센 사람이고 풍족하게 살았습니다. 과부는 항상 도움을 받는 대상으로 그래도 젊은 과부는 다시 시집을 갈 수 있었지만, 늙은 과부는 대부분 고아들을 돌보듯 나라에서 돌봐야 했습니다.

　재판관은 과부의 청인 원수에 대한 원한을 풀어 달라고 하는 것을 무시해도 뭐라고 할 사람이 없었습니다. 그런데 이 과부를 너무 얕잡아 본 것입니다. 성경엔 안 쓰여 있지만 6개월 이상을 매일 찾아온 것입니다.

　얼마나 원수에 대해 원한이 맺혔으면 매일 와서 그것도 6개월 이상 재판관을 괴롭힐까요?

결국 재판관은 과부의 청대로 과부의 원수에게 벌을 내립니다. 재판관이 공의롭고 사명감이 투철해서 내린 것이 아닙니다. 자신을 번거롭게 해서 귀찮게 하고 괴롭히니까 들어준 겁니다. 불의한 재판관도 이 정도인데 하나님은 당신 자녀들의 원한을 반드시 풀어주십니다.

원수 앞에서 상을 주시는 분이 하나님이십니다. 원한이 있으십니까? 밤낮으로 기도하세요. 주님이 그 기도를 듣고 응답하십니다. 하나님은 번거롭고 귀찮아서 기도에 응답하시는 분이 아닙니다. 끈질긴 기도를 원하십니다. 제가 분당으로 이사 온 것도 기도를 시작하고 1년 만에 응답을 받았습니다.

원한이 있으면 기도하세요. 억울한 것이 있으면 기도하세요. 특히 사회적으로 약자면 더 간절히 기도하세요. 하나님이 응답하십니다. 하나님은 재판관과 다릅니다. 속히 응답하십니다. 공의로우셔서 자녀들이 고통당하는 걸 못 보십니다. 진정으로 항상 기도하고 낙심하지 마세요. 원수가 된 것이 상대방의 잘못으로 인해 된 것이어야 합니다.

원수를 사랑하라고 하시는데 그것이 쉽고 원한이 풀어집니까? 진정으로 원수에게 복수하는 길은 내가 주안에서 즐겁게 사는 겁니다.

끈질긴 기도를 하세요. 상대방이 강하고 내 힘으로 할 수 없을 때 몇 년이 걸리든 기도하세요. 내가 잘못해서 원수가 된 것이면 빨리 푸세요. 그것이 사는 길입니다.

> "예수께서 그들에게 항상 기도하고
> 낙심하지 말아야 할 것을 비유로 말씀하여"
> (누가복음 18장 1절)

47

6월 13일

어둠은 빛을 이기지 못합니다. 어둠은 죄와 깊은 관련이 있습니다. 그 죄는 우리 인류들이 가진 근원적인 죄입니다.

그 근원적인 죄를 없애신 분이 주님이십니다. 주님이 우리들에게 새 생명을 주셨습니다. 주님을 믿으면 성령이 우리 안에 들어오십니다.

이 성령이 우리를 살게 하는 생명입니다. 여기서 빛이 나옵니다. 성령이 우리 안에서 사시면서 빛을 비추십니다.

우리가 주님께 순종할수록 성령의 빛이 더 밝게 빛납니다. 주님을 더 사랑할수록 우리 안에 거하신 성령의 빛은 더 밝아져 주님을 모르는 이들이 가진 어둠을 이깁니다.

진정으로 주님을 사랑하십니까? 자꾸 복음을 전하고 싶으십니까? 교회에 가서 찬양과 기도를 하고 싶으십니까? 이럴 땐 성령의 빛이 있는 겁니다.

이 빛이 세상의 어둠을 이깁니다. 그리고 이 빛이 사람들의 마음 안으로 들어갑니다. 이것이 성령의 역사이고 성령의 인도하심입니다.

주님을 믿고 따르면 그 사람에게서 빛이 납니다. 그래서인지 주님을 믿는 사람들은 서로 압니다. 그게 신기합니다. 저를 도와주시는 활동지원사를 이사를 하면서 찾고 있었는데, 저는 어느 누구에게도 개인정보를 말한 적이 없었는데 "목사님 아니세요?" 하는 겁니다.

이처럼 주님을 믿으면 티가 납니다. 20년을 목사로 있었는데 티가 안 나는 것이 이상하죠. 참 빛인 주님을 매일 만나는데 빛이 안 나는 게 이상한 겁니다.

참 빛이 육신이 되어 우리 곁에 왔다는 것은 그 자체가 사랑이고 은혜입니다. 그분이 우리를 선택하시고 자녀 삼아주신 게 너무 고맙습니다.

하나님의 자녀가 된 것이 우리가 태어나기 전부터 정해진 것은 우리 보고 '너처럼 이미 나의 자녀가 되기로 정해진 자들이 있으니 그들에게 복음을 전하라'는 뜻입니다.

얼마나 우리를 사랑하셨으면 참 빛이 육신이 되어 3차원의 세계로 오신 겁니다. 진짜로 사랑하신 겁니다.

진짜 사랑하면 정말 잘 되기를 기도합니다. 주님이 이런 분입니다.

자! 정말로 주님을 사랑하십니까? 그렇다면 다른 사람들도 사랑할 마음이 되어 있는 것입니다.

주님을 사랑하고 우리가 서로 사랑합시다.

> "그가 태초에 하나님과 함께 계셨고
> 만물이 그로 말미암아 지은 바 되었으니
> 지은 것이 하나도 그가 없이는 된 것이 없느니라"
> (요한복음 1장 2-3절)

48
6월 17일

저는 어려서 어머니의 권유로 수영을 배울려고 많이 애썼습니다. 그러나 저의 장애의 특성상 찬물에 들어가면 몸이 경직이 돼서 수영을 할 수 없었습니다.

이렇게 저에겐 힘든 일인데 남들은 다 수영을 하니 도전을 하는 것이 용기가 있는 행동일까요?

그것은 저에겐 무모한 도전이고 용기입니다. 어리석은 용기죠. 저는 여러 가지 운동을 하기엔 제약이 따릅니다.

제가 어렸을 때만 해도 장애인에 대해 정보가 부족해서 장애마다 하는 운동이 다르고 장애 정도에 따라 운동의 강도가 다르다는 것을 몰랐습니다.

도전하는 용기는 주님은 사람마다 다르게 주십니다. 무턱대고 다 똑같이 주시는 것이 아닙니다.

어떤 사람의 믿음은 적은데 너는 돈을 많이 버니까 십일조를 이 정도 해야 한다고 강요해서는 안 됩니다.

사람마다 믿음의 분량은 다릅니다. 어떤 사람은 영적 전쟁에서 선봉에 섭니다. 그러나 그렇지 못한 사람도 있습니다. 믿음이 약한 사람들은 고민

할 필요가 없습니다.

주님이 믿음을 주십니다. 한순간에 주실 수도 있고, 서서히 주실 수도 있습니다. 자신이 지닌 믿음으로 신앙생활을 하다 보면, 어느 순간 자신의 믿음이 성장하여 있는 걸 보게 됩니다.

믿음이 도리어 약해질 때도 있습니다. 그럴 땐 자신을 돌아봐야 합니다. 무엇 때문에 자신 안에 은혜와 사랑이 없는지 그럴 때 용기가 필요합니다.

예배를 계속적으로 드리고 말씀을 보며 기도해야 합니다. 찬양하거나 들으시기를 바랍니다. 찬양은 곡조 있는 기도입니다.

각자가 지닌 믿음은 소중합니다. 그러나 지금의 믿음에 안주하지 마십시오. 주님은 우리가 성장하길 원하십니다. 주님을 믿은 지 10년이 넘었는데도 밥이 아닌 모유를 먹으면 안 됩니다.

자신을 주님께로 인도한 사람의 말을 목사님의 말이나 말씀을 묵상하다가 깨달은 은혜의 말씀보다 더 믿고 따른다면 모유를 먹고 있는 갓난아기입니다.

믿음이 다들 성정하시길 기도합니다. 믿음에 있어서 어른이 되시기를 바랍니다. 이럴 때 용기가 필요한 겁니다. 주님이 믿음을 주십니다.

허튼 데 용기를 쓰지 마세요. 믿음이 성장하는 데 쓰시고 마음을 강하게 하십시오. 주님이 도우십니다.

"여호와를 바라는 너희들아 강하고 담대하라"
(시편 31편 24절)

49
6월 20일

마태복음 5장 8절에 주님은 다음과 같이 말씀하셨습니다.
"마음이 청결한 자는 복이 있나니 그들이 하나님을 볼 것임이요"
여러분 가운데 하나님을 보신 분이 있으신지요? 본 사람들은 하나님이 불꽃 가운데 계시고 보좌에 있으셨다고 합니다.

다 믿을 수 있는 건 아니지만, 공통점은 불꽃 가운데 계시며 그룹들이 하나님 주위에 있었다는 것입니다.

그럼, 마음이 청결하다는 것은 어느 정도로 깨끗하다는 말일까요? 그냥 아무 욕심도 없는 빈 마음일까요?

사람들은 욕심도 많고 자신을 합리화해서 죄까지 저지릅니다. 그래서는 안되는 걸 알지만 사람들은 주님이 믿어지기 전까지 즉, 주님 안에 있기 전까지 죄를 짓습니다.

우리들의 마음이 청결해지려면 주님 안에 있어야 합니다. 그래야 주 안에서 새로운 피조물이 됩니다.

주님 안에 있으면 욕심도 줄고 성령의 인도하심을 받습니다. 무엇보다 걱정거리가 줄어듭니다.

왜냐하면 주님께 맡기기 때문입니다. 주님께 맡기는 것은 주님이 우리의 걱정거리를 대신 맡아주시고 해결까지 해 주신다는 뜻입니다.

그래서 주님 안에 있으면 좋은 겁니다. 주님께서 걱정거리를 해결해 주시는 걸 보면 주님이 더 믿어지게 되고 의지하게 됩니다.

주님 안에 계십시오. 과거의 내가 아닙니다. 새로운 피조물입니다. 그렇기 때문에 우리의 마음이 청결할 수 있는 겁니다.

우리의 마음을 깨끗하게 해 줄 분은 주님밖에 없습니다. 다음과 같이 기도하세요.

"주님 안에서 새로운 피조물인데 마음 안에 더러움이 많습니다. 깨끗하게 해 주세요. 주님을 의지합니다. 도와주세요."

주님 없이는 우리의 마음을 청결하게 할 수 없습니다. 주님 안에 꼭 있으시기를 바랍니다. 우리는 주님 안에서 다시 태어난 새로운 피조물입니다.

우리는 하나님을 성경 말씀을 통해 봅니다. 더 잘 보기를 원하십니까? 그럼, 성경을 또 보시기 바랍니다. 주님 안에서 새로운 피조물답게 사시게 될 것입니다.

"그런즉 누구든지 그리스도 안에 있으면 새로운 피조물이라
(고린도후서 5장 17절)

50

6월 24일

인생을 살면서 선택의 기로에 서 있을 때가 많습니다. 특히 결혼할 상대방을 고를 때 여러 사람들의 얘기를 들어 보지만, 결국 내가 선택하는 것 같아 보입니다.

그러나 주님은 그 선택의 순간에도 우리와 함께하십니다. 대학 친구가 결혼하기 전에 했던 말이 아직도 기억납니다.

"기도를 하니 내 배우자가 누구인지 알 것 같아"

주님이 기도 가운데 배우자가 누구인지를 가르쳐 주신 겁니다. 이 친구는 기도의 용사이고 영적 전쟁에서 선봉에 섰던 5살 연상의 교회 누나와 결혼했습니다.

결혼한 지 28년이 됐지만 모든 어려움을 기도로 이겨냈습니다. 아이들도 다 성장해 결혼시킬 나이가 돼서 아이들에게 "다른 조건은 안 볼 테니 교회에 다니며 믿음이 신실한 사람이면 된다"고 했답니다.

모든 일들의 선택을 내가 하는 것 같지만 그 선택도 주님이 하시는 겁니다. 선택이 잘못된 것도 주님이 허락하신 것이고, 이혼하는 것도 우리를 향한 주님의 계획 속의 하나입니다.

저는 개인적으로 이혼을 반대합니다. 부득이한 경우가 아니라면 이혼은 안 하는 게 좋습니다. 이혼했다면 황혼 이혼이 아닌 한 재혼하는 것이 좋습니다.

인생의 모든 일들을 주님은 다 아십니다. 모든 일에 주님의 뜻에 순종하겠다고 인정하십시오. 그리고 기도하세요. 그럼, 주님이 인도하시는 길이 보일겁니다.

자기 뜻대로 한 것들은 주님이 허락하신 거지만 다시 돌아오게 되어 있습니다. 주님이 다시 시작하게 하십니다. 우리 뜻대로 할 땐 주님이 기다려 주십니다. 그때 빨리 방향을 바꾸세요. 성령이 도우십니다.

우리 인생은 주님이 인도하실 때 제일 좋습니다. 내가 선택할 때 주님이 함께하시고 인도하십니다. 잘못된 선택도 주님이 허락하신 것이지만 빨리 돌이키시기를 바랍니다. 주님이 돌이키게 하실 때 돌아서 나오시기를 바랍니다.

우리는 주님의 손바닥 안에 있고 그분의 인도함을 받는 것이 가장 안전합니다. 그 안에 진정 자유함이 있습니다. 주님의 자유함을 누리시길 기도합니다.

> "너는 범사에 그를 인정하라 그리하면 네 길을 지도하시리라"
>
> (잠언 3장 6절)

51

6월 27일

잠언 15장 23절을 보면 다음과 같은 말씀이 있습니다.

"사람은 그 입의 대답으로 말미암아 기쁨을 얻나니 때에 맞는 말이 얼마나 아름다운고"

영어 성경을 보니 때에 맞는 말을 a timely word라고 쓰고 있습니다. 인생을 살면서 때에 맞게 말할 수 있다는 건 정말 지혜로운 것입니다.

많은 경우 우리는 칭찬할 때나 사과를 할 때를 놓칩니다. 대부분 상대방을 깔보거나 아니면 자존심이 강해서 때를 놓칩니다.

주님은 이 세상에서 남을 깔보거나 무시할 사람을 주신 적이 없습니다. 주님은 다 아시고 있습니다. 우리의 마음을 다 살피십니다.

사과도 해야 할 때가 있습니다. 그 시기를 놓치면 사과하고 싶어도 못 하고 관계는 어그러집니다.

때에 맞는 말이 곧 입과 혀를 지키는 것입니다. 말을 안 하고 침묵을 한다고 해서 입과 혀를 지키는 것이 아닙니다.

시기적절한 말이 자신을 살리는 말입니다. 즉 환난에서 자기 스스로를 지킵니다. 말을 많이 하고 빨리할수록 실수가 많습니다. 마음을 차분히 다스릴 필요가 있습니다.

우리는 종종 상대방의 마음을 상하게 할 때가 있습니다. 그것도 습관적으로 하다 보면 입에 뱁니다. 그래서 우리는 기도해야 합니다. 우리의 혀를 주님이 다스려 달라고 말입니다.

지금 혹 말로 누군가에게 상처를 주었나요? 빨리 사과하시기를 바랍니다. 친한 사이일수록 더 조심해야 합니다. 사과할 수 있는 사람이 진짜 용기 있는 사람입니다.

진정으로 멋있는 사람이 되고 싶으십니까? 사과하시고 잘못을 인정하십시오. 그것이 입과 혀를 지키는 자의 자세입니다.

"입과 혀를 지키는 자는 자기의 영혼을 환난에서 보전하느니라"
(잠언 21장 23절)